上海并购金融集聚区

Shanghai M&A Financial Agglomeration District

蓝发钦　国文婷　龙 欣　编著

中国证券市场典型并购
2017

上海远东出版社

图书在版编目(CIP)数据

中国证券市场典型并购.2017/蓝发钦,国文婷,龙欣编著.—上海:
上海远东出版社,2018
ISBN 978-7-5476-1395-5

Ⅰ.①中… Ⅱ.①蓝…②国…③龙… Ⅲ.①证券公司-企业合
并-案例-中国 Ⅳ.①F832.39

中国版本图书馆 CIP 数据核字(2018)第 149945 号

责任编辑 程云琦
封面设计 李 廉

中国证券市场典型并购 2017
蓝发钦 国文婷 龙 欣 编著

出 版 上海远东出版社
(200235 中国上海市钦州南路 81 号)
发 行 上海人民出版社发行中心
印 刷 昆山亭林印刷有限责任公司
开 本 710×1000 1/16
印 张 20.75
插 页 1
字 数 328,000
版 次 2018 年 8 月第 1 版
印 次 2018 年 8 月第 1 次印刷
ISBN 978-7-5476-1395-5/F·628
定 价 56.00 元

前言

收购兼并作为企业较高层次的经营方式,其意义不仅体现在企业规模的迅速扩张上,而且还体现在企业资产质量的快速提升上,这在海内外跨国企业的发展史中得到了充分的印证。中国企业此一轮并购重组浪潮开始于2013年,主阵地选择在中国证券市场。当时无论是因为中国上市公司出于自身资产重组的需要,还是因为中国IPO进程受阻,许多准上市企业变相实现上市的目标,还是因为满足众多PE/VC实现套现的诉求,很明显,此轮并购重组的浪潮一开始体现出典型的两大特征,其一是自发性,上市公司自发的纯市场行为;其二是市值管理的痕迹明显,通过并购重组,尤其是跨界并购互联网资产、文化传媒资产、健康医疗资产等进军热门概念行业,实现公司市值的快速提高。不过,进入2014年,随着中国经济发展进入新常态,中央政府顺势而为,为中国企业收购兼并给予了更重要的注释,尤其是2015年底中央经济工作会议明确提出,"积极稳妥化解产能过剩。资本市场要配合企业兼并重组。要尽可能多兼并重组、少破产清算。"在中国,并购重组势必将进入一个伟大的战略发展机遇期。

2017年对中国并购重组市场而言是意义非凡的一年,监管趋严,自2016年9月证监会出台了"史上最严"的重组新规后,2017年一系列针对并购重组市场的监管新规陆续出台。再融资新政、减持新规、信息披露新规一系列重拳组合对忽悠式、跟风式及盲目跨界重组进行了严厉打击,但对于促进行业整合、产业升级的并购重组加大了支持力度。在这样一个大背景下,并购重组市场开始告别野蛮生长,逐渐回归理性,比如并购失败成为一个常态,航母级并购不再比比皆是,并购溢价渐归正常,等等。

本书选取2017年发生在中国证券市场的40宗典型并购案例,涵盖国企重组并购、混合所有制改革并购、借壳上市并购、中概股回归并购、跨界并购、跨境并购、"一带一路"典型并购、其他典型并购等八个部分呈现。每个案例的写作过程切实体现了如下两个特点：一是精简案例的同时提高案例本身的还原度，本书的每个案例都对并购交易相关方、并购事件发生一览、并购方案重点和全景开展详尽介绍，高度还原了并购交易的本身。二是深度挖掘案例特点，从政策法规、并购背景、并购手段、并购主旨等方面对并购交易进行解读和述评，完美契合市场关注点、业界讨论面。

此外，为了让读者更确切地了解 2017 年中国证券市场并购重组的整体特点和发展变化，本书在 40 宗并购典型案例之前提供了一份《中国证券市场 2017 年并购市场报告》，该份报告根据 2017 年中国证券市场特点，对上市公司并购交易活动进行统计和描述。具体从交易规模、并购溢价、并购监管、并购产业、主体性质、行业分布、地区分布、海外并购和热点标的等维度，系统全面地展示中国证券市场并购交易的整体特点以及发展变化。

本书作为华东师范大学与上海市普陀区人民政府联合成立的上海并购金融研究院的研究成果之一，编写工作得到了上海并购金融集聚区、普陀区金融办的大力支持，在此深表感谢！同时，华东师范大学金融硕士邱天、蔡娜婷、陈思佳、刘清纯、邵雨卉、施维、王思敏、严丽君、杨珊珊，工商管理硕士许平平等参与了案例的编写工作，在此一并感谢！

目录 contents

导论

　　并购重组①一直以来都是资本市场中企业实现对外扩张、完善产业战略布局的首选。从微观层面来看,并购重组不仅是对企业管理层面、治理层面以及业务执行层面的完善和调整,还是对企业资源、业务和产品的选择和整合;从宏观层面来看,并购重组的实施途径及方式往往与国家政策意见、战略部署紧密相连。随着国家供给侧改革的进一步深化、国内产业的进一步升级以及"一带一路"政策战略的进一步实施,2017年国家经济改革的主要目标仍然是"去库存、去产能"。与此同时,影子银行的合理化以及金融中介的规范化,拓宽了中国企业的融资渠道;贸易经济的逐步放开以及人民币国际化进程的加速,丰富了中国企业境内境外经济交往的支付方式,带动了企业进一步的发展和持续扩张。

　　纵观2017年中国证券市场上发生的并购活动,整体而言,小额并购发展态势迅猛,航母级别的百亿元收购案例明显缩水;与之相对应的是并购支付溢价的理性回落以及溢价支付方式的多元化。在"去产能、去库存"的落实方面,2017年就产业并购而言,跨界并购大受追捧;行业并购层面,制造业仍是领头羊,第三产业中的信息技术、"互联网＋"等紧随其后;就地区并购而言,东部地区较中西部地区仍保持活跃态势;经济带并购方面,环渤海、珠三角和长三角经济带引领了并购潮流,三个经济带在并购产业侧重点方面也有所不同、并购发展参差不齐;就海外并购而言,并购交易略有回落、理性并购崭露头角;就并购的热点标的行业而言,科技并购异军突起、"互联网＋"依旧活跃。

　　本书将根据课题组对2017年中国上市公司并购交易活动的统计数据,从

---

① 报告对是否发生并购的判断依据是:公司的实际控制权是否发生转移,以及是否达到控制或共同控制。

上市公司并购规模、并购溢价倍数、并购失利原因、并购产业布局、并购主体性质、并购行业分布、并购地区划分、海外并购浪潮和并购热点行业等九个维度，系统、全面地展示中国上市公司并购交易的特点。

一、航母级并购退潮，小额并购迅猛崛起

2017 年是中国并购国企改革初获成效之年，主板上市公司共发生了 7 笔涉及金额过百亿元的并购交易，如渤海金控(000415.SZ)斥资 100.57 亿美元收购境外 C2 Aviation Capital, LLC、国电南瑞(600406.SH)以 189.04 亿人民币合并境内南京南瑞、沙隆达(000553.SZ)以 28.26 亿美元(约合人民币 184.71 亿元)跨境收购以色列企业 ADAMA 等，其中国企百亿元并购占比更是高达 71.43%。2016 年主板和中小板上市公司分别发生了 19 笔和 8 笔过百亿元的并购交易，如长江电力(600900.SH)以 797.35 亿元收购三峡金沙江川云水电开发有限公司、国企石油济柴(＊ST 济柴：000617.SZ)斥资 755.09 亿元收购中国石油集团资本有限责任公司以保壳强体、鼎泰新材(002352.SZ)以 433 亿元跨界收购顺丰控股(集团)股份有限公司等成为拉高 2016 年并购交易规模的巨头，其中国企百亿元并购占比 48.15%。2015 年主板和中小板上市公司分别发生了 12 笔和 6 笔过百亿并购交易，如中国南车(601766.SH)合并中国北车，交易金额涉及 758.88 亿元人民币，一跃成为 2015 年并购对价支付的龙头；再次是金丰投资(600606.SH)斥资 667.32 亿元保壳收购绿地集团，继而证券简称更名"绿地控股"；紧随其后的是中小板的七喜控股(002027.SZ)以 457 亿元保壳收购分众多媒体技术(上海)有限公司，此后证券简称更名为"分众传媒"，2015 年发生的百亿元级并购交易中国企主导占 55.56%。可见在企制改革背景下，2017 年证券市场航母级并购潮退，但国企主导并购迅速崛起，引领民营企业大步迈向企业整合、产业融合、提速发展的新时代(图 a)。

从全部并购案例特点来看，2017 年继 2015 年并购"井喷"式发展和 2016 年并购小幅回落之后继续稳步向前推进。根据课题组统计，2017 年中国上市公司

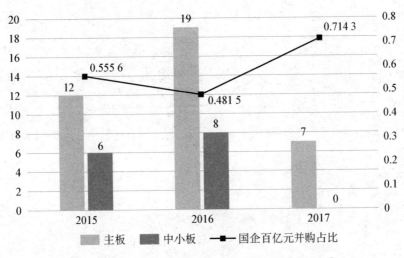

图 a　2015—2017 年中国证券市场百亿元级并购对比①

成功实施②了 1 114 起并购重组事项,共涉及交易金额 7 612.18③ 亿元人民币,平均交易金额 6.83 亿元人民币。2016 年全年中国上市公司成功完成了 926 起并购交易,共涉及交易金额 14 029.10 亿元人民币,平均交易金额 15.15 亿元人民币。从两组数据对比来看,2017 年并购案例宗数同期有所提升,但无论从绝对金额还是从平均金额来看都有了较大幅度的缩水,分别下降了 45.74% 和54.92%,可以说 2017 年小额并购在中国企业并购交易中的发展态势迅猛。

从发生并购交易的上市公司所处板块来看,2017 年 A 股市场中,主板市场的上市公司无论从数量还是金额上都占据了绝对优势。全年主板上市公司共成功实施了 528 起并购交易,占全年并购交易总数的 47.40%;中小板上市公司共成功进行了 298 起并购交易,占全年并购交易总数的 26.75%;创业板上市公司共发生了 287 笔并购交易,占全年并购交易总数的 25.76%(图 b)。

从上市公司并购板块的金额占比情况来看,主板上市公司贡献了全年并购

① 数据来源:笔者搜集上市公司并购相关数据整理而来(下同)。
② 成功完成并购交易的判断标准为:第一,重大资产重组需证监会审核的情形,经证监会审核批准;第二,非重大资产重组不需证监会审核的情形,以股东大会表决通过为准;第三,不需股东大会投票表决情形,以董事会表决通过为准。
③ 数据来源:从新浪财经、巨潮资讯、同花顺等公开披露上市公司信息的渠道手动收集 2016 年和 2017年中国主板、中小板及创业板的上市公司成功完成并购交易的相关数据。其中,交易金额不含未公告金额和不确定金额;若包含不确定金额,预估交易金额为 7 632.155 亿元人民币。

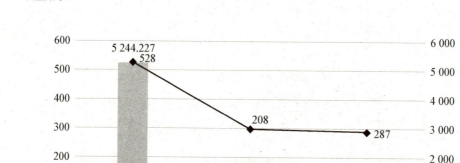

图 b　2017 年 A 股市场上市公司并购交易板块分布状况

交易总量的 68.89%,中小板和创业板的这一数字分别为 17.38% 和 13.73%
(图 c)。主板上市公司规模较大、业务较繁杂、在资本市场上也更容易获得金融
机构的支持,更有能力实施和主导大型的国内外并购交易。而中小板及创业板
上市公司相对规模较小,在国内外并购市场上所发挥的资金能力和并购整合能
力等相对有限,总体在交易宗数和交易金额方面与主板上市公司相比稍逊
一筹。

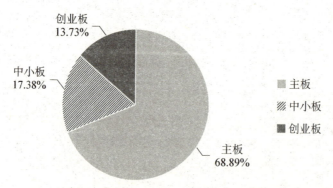

图 c　2017 年上市公司并购交易金额板块分布状况

　　与 2016 年对比,无论是主板、中小板还是创业板的上市公司,发生并购交
易都更加频繁,并购数量上都表现出稳定增长。尤其中小板上市公司在 2017
年的并购交易中表现更加活跃,从 2016 年的 225 笔增长到 2017 年的 298 笔,增
长了 32.44%。创业板和主板并购数量也表现出了增长态势,增长率分别达

13.44%和17.86%(图d)。

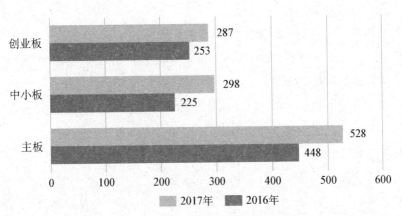

图d　2017年与2016年板块并购交易数量对比

从并购交易涉及的金额来看,唯有创业板市场的上市公司较2016年交易金额所有提升,增长率为8.84%,主板和中小板的上市公司较2016年交易金额均有所下降,增长率分别为－48.40%和－54.46%(图e)。

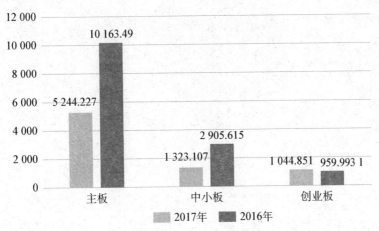

图e　2017年与2016年板块并购交易金额对比

二、并购逐渐回归理性,溢价普遍走低

标的公司定价在并购活动中是至关重要的,也是并购活动价值及交易双方

意愿的体现。并购溢价①不仅可以反映目标公司本身的价值,还可以反映并购双方对并购后企业价值的预期。从并购溢价倍数来看,2017 年上市公司并购市场总体溢价倍数为 2.68 倍,远低于 2016 年的 11.38 倍,略高于 2015 年 1.94 倍,呈现出继 2016 年弹簧式飙升后迅速回归的态势,这与中央政府下达的关于理性并购政策的落地实施不无关系。

　　从并购交易板块分布来看,主板上市公司平均愿意支付的溢价倍数最低,为 2.28 倍,其次是创业板上市公司的 3.07 倍,中小板上市公司在三板中愿意支付最高的溢价,为 4.48 倍(图 f)。与 2016 年并购溢价倍数相比,三板并购溢价倍数的高低顺序与 2016 年完全一致,但 2017 年主板、创业板和中小板上市公司愿意支付的溢价倍数均低于 2016 年。其中,诸如广州越秀集团有限公司以无偿划拨的方式借壳收购净资产近百万元的越秀金控(000987.SZ),一跃成为越秀金控(000987.SZ)的控股股东的案例也是层出不穷,这类案例大幅度拉低了 2017 年整体的并购溢价倍数。

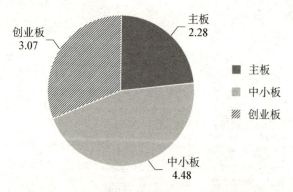

图 f　2017 年不同板块并购主体愿意支付的溢价倍数

　　从并购交易涉及的产业分布来看,第一产业的并购溢价倍数最高,为 3.65,较 2016 年下降了 75.76%;其次是第三产业的 3.02;第二产业的并购溢价倍数最低,为 2.33。与 2016 年并购溢价倍数相比,处于不同产业的主并方所愿意支付并购溢价倍数的高低顺序与 2016 年一致,但数值均低于 2016 年(表 a)。

---

① 并购溢价:报告以并购案例交易成交价格与并购主体应享有的交易标的净资产账面价值份额之比作为并购溢价倍数。其中剔除标的方净资产为负的并购案例,最终得到 965 例标的方净资产非负的并购案例。

表 a　2017 年和 2016 年上市公司并购溢价倍数对比

	并购板块			并购行业			合计
	主板	中小板	创业板	第一产业	第二产业	第三产业	
2017 年	2.28	4.48	3.07	3.65	2.33	3.02	2.68
2016 年	8.96	11.41	9.59	15.06	7.97	13.49	11.38

　　从标的资产所处行业来看,标的方是否处于热点行业以及并购方对标的方所处行业的预期等都会影响并购方支付并购溢价的意愿。2017 年并购方为教育行业支付的溢价倍数最高,达 13.23,是 2017 年全年溢价倍数 2.68 的 4.94 倍,在超率[①]方面甚至高于 2016 年溢价倍数最高的房地产行业(相对于 2016 年全年溢价水平的 3.13 倍),以及教育行业(相对于全年溢价水平的 3.05 倍)。其次是文化、体育和娱乐业的 10.22 倍以及租赁和商务服务业的 8.24 倍(图 g)。

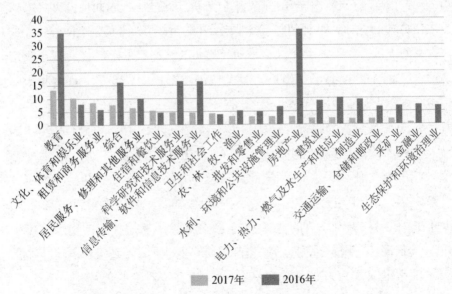

图 g　2017 年和 2016 年不同标的行业并购溢价倍数对比

　　从 2017 年与 2016 年不同标的行业并购溢价倍数来看,整体而言,2017 年各标的行业的溢价倍数均低于 2016 年,除了文化、体育和娱乐业的 10.22 倍、租赁和

① 这里的超率是指每一类行业溢价倍数超过当年整体溢价倍数的比率。

商务服务业的8.24倍、住宿和餐饮业的5.32倍、卫生和社会工作的4.25倍高于2016年相应行业的溢价倍数(图g)。可见,随着科教兴国战略的部署和实施,2017年上市公司更看重第三产业未来的发展潜力,尤其是教育、文体等行业。

　　从并购方选择的溢价支付方式来看,尽管支付手段愈发多元化,如资产置换、换股合并、无偿划转等,但现金方式仍居主导地位。2017年共有801宗并购交易使用纯现金作为支付手段,占总体交易数量的比例为74.86%[①],交易金额约为3 653.46亿元;一共有269宗并购交易采用股票、无偿划转、资产置换等一系列创新方式支付,占比25.14%,交易金额约为3 905.46亿元。2017年现金支付占比与2016年的74.30%基本持平,说明现金收购手段仍然具有它的优势和吸引力。究其原因,证监会加强对并购重组的监管,对涉及发行股份购买资产类的重组方案的审核更加严格,这使得现金收购的灵活性优势和速度优势得以充分发挥。现金收购只需经过公司内部程序审核,并购效率大大提高,而上市公司往往期望在较短时间内完成并购交易,规避风险,因此现金支付方式更受上市公司的青睐。纵观2017年的中国并购市场,以纯现金支付方式完成并购交易的上市公司频频出现,如阳光城(000671.SZ)以64.49亿元现金收购北京慧诚房地产100%股权,招商蛇口(001979.SZ)以20.15亿元现金将天津汤臣100%股权纳入囊中。此外,在"一带一路"战略形式和我国企业"走出去"的背景下,现金支付成为跨国并购的主要支付手段,例如中国交建(601800.SH)以75.09亿元现金巨资收购加拿大Aecon公司100%股权。

　　当然,单纯使用现金支付不仅会导致公司现金流紧张,还可能造成沉重的财务负担。由于上市公司现金流的不确定性,并购交易规模受到一定的限制。因此在并购价款支付方式的选择上,上市公司除了使用传统的现金支付手段外,还会借助定向增发、股权互换、资产置换等多种形式及其组合来支付对价。

　　第一,纵观2017年的并购交易事件,支付并购对价的创新度还不算高,现金和股份支付的结合以及单独股份支付在创新支付中依然占据主导地位,其他创新支付方式并存。总体而言,2017年中国上市公司并购交易以现金和股份支付相结合作为支付手段的共有145起,占创新支付宗数的53.90%;交易金额达

[①]　报告2017年案例共有1 114例,其中有44例未披露具体的支付方式,该比例由剔除44例之后的并购案例宗数计算获得。

到 2 074.49 亿元,占创新支付交易金额比例为 53.12%。可见现金和股份支付相结合的支付方式仍然是上市公司最偏好的创新交易方式。另外,纯股份支付的地位也不容忽视,2017 年共发生 75 宗该种形式的并购交易,占创新支付交易总数的 27.88%,且交易金额达到 1 395.53 亿元,占创新支付交易金额总额的 35.73%,平均单笔交易金额 18.61 亿元,高于现金和股份支付相结合支付方式的平均交易金额 14.31 亿元(图 h 和图 i)。

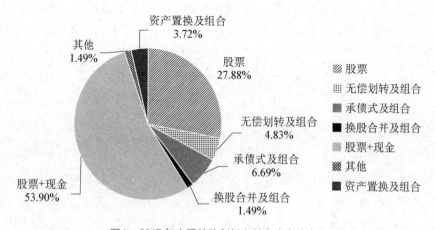

图 h　2017 年中国并购创新支付方式宗数占比

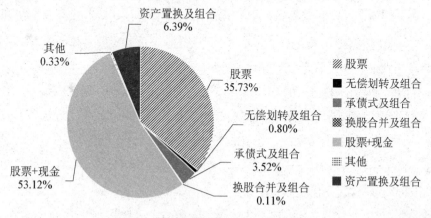

图 i　2017 年中国并购创新支付方式金额占比

第二,2017 年涉及承债式支付方式共有 18 起,其中 4 起由上市公司单纯承担标的公司债务而获得控制权,14 起交易采取现金和承债式相结合的方式,占创新支付方式宗数之比分别为 1.49% 和 5.20%(图 h 和图 i)。可见,承担债务方式已逐渐演变为上市公司新型并购交易支付方式。例如,新宙邦(300037.
SZ)为巴斯夫(苏州)应归还巴斯夫及其关联公司总额人民币2.13亿元的债务
提供担保而获得其100%的股权;蓝光发展(600466.SH)为收购森林绿野100%
股权,除支付现金1.6亿元外,还提供资金以便森林绿野偿还借款19.7亿元。

　　第三,上市公司也采用了更具创新色彩的支付方式,如履行质押合同、换股合
并、可转债、资产置换等。动力源(600405.SH)由于吉林合大的合同出现违约情
况,两者签订的《质押合同》生效,上市公司根据合同规定将吉林合大90%股权收
入囊中。通源石油(300164.SZ)境外子公司APIH全体股东以其持有的APIH的
100%股权向TWG出资,CGM全体股东以其持有的CGM的100%股份向TWG
出资,换股合并完成后通源石油子公司TWG持有APIH及CGM的100%股权,
以此通源石油实现了对CGM的控制。合力泰(002217.SZ)通过现金与3 200万
元可转换公司债权行权后,获得了蓝沛科技50%以上的股权。美欣达(002034.
SZ)以其拥有的置出资产与美欣达集团拥有的旺能环保85.92%股份的等值部分进
行资产置换,置换差额部分由上市公司以非公开发行股份及支付现金的方式购买。

　　第四,产业并购基金助力并购。纵观2017年的并购事件,私募投资基金成
为上市公司收购的平台,不仅拓宽了公司的融资渠道、减少银行贷款对于并购
的不确定性,还在并购之后由其对并购基金实施专项管理,有利于并购业绩的
提升。如天神娱乐(002354.SZ)以认购主要投资游戏行业的并购基金作为收购
深圳口袋科技有限公司的跳板,实现了对标的公司的控制;禾盛新材(002290.
SZ)同样借助产业投资基金的力量,成功收购了智美篮球。

　　随着中国信息技术产业和现代化产业的高速发展,2017年上市公司看重的
投资机会不仅仅局限于标的公司当前的资债构成,更多还是关注其未来的发展
潜力。尤其是对于成长期上市公司而言,在并购标的公司的进程中,更看重对
方的持续发展能力,愿意在审慎标的公司现有权益构成的基础上,选择更适合
的支付方式以及更高的支付溢价。

三、并购监管越来越严,并购失败成为常态

　　随着2016年资本市场监管趋严,2017年中国上市公司失败案例比比皆是。
失败案例宗数方面,重大资产重组失败案例为234例,占全部失败案例258例

的 90.70%。失败案例的失败原因方面,多数在于"未能达成一致意见",占比 47.67%,其次是"市场及政策环境发生变化",占比 24.81%。随着 2017 年并购监管政策趋严,"未获相关部门批准"导致并购失败的案例在全部失败案例中也占据了 5.04%的份额(图 j)。

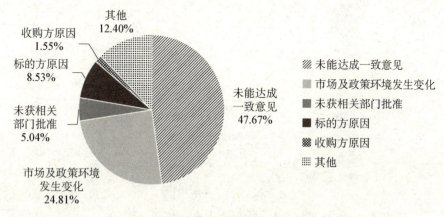

图 j 2017 年失败并购案例失败原因占比

2017 年市场环境和政策环境发生剧烈变化,30%的并购失败案例因政策及监管因素所致[①]。这一比例很可能随着政策监管的趋严而进一步提高。如宁波热电(600982.SH)收购宁波能源集团有限公司、金利科技(002464.SZ)收购微屏软件科技(上海)有限公司等直接收到证监会不予核准通知;洲际油气(600759.SH)收购上海泷洲鑫科能源投资有限公司,因证监会审核停滞主动撤回重组申请等。

四、产业整合温和推进,跨界并购持续受追捧

近年来中国上市公司不断强化以扩大生产规模、提高经营效率、同业市场扩张为目的,以横向并购为主导的并购重组交易。自 2014 年至 2016 年,横向并购交易案例宗数在总并购案例宗数中的比重持续维持在 50%以上。至 2017 年,横向并购交易宗数占比首次跌破 50%。从整体交易数量来看(图 k,左轴),全年共发生横向并购交易宗数为 519 宗,纵向并购 195 宗,混合并购 400 宗,占

---

① 报告中的政策及监管因素包括"市场及政策环境发生变化"和"未获相关部门批准"两因素。

比分别为 46.59%、17.50%、35.91%。从整体交易金额来看(图 k,右轴),横向并购的大宗交易规模仍居首位,横向并购 4 214.04 亿元,纵向并购 1 099.12 亿元,混合并购 2 299.02 亿元,占比分别为 55.36%、14.44%、30.20%。

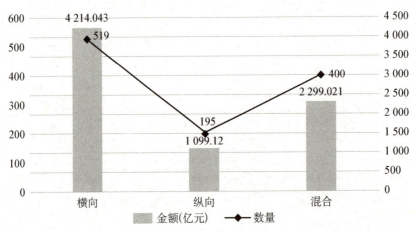

图 k　2017 年中国证券市场并购交易类型分布状况

尽管横向并购交易案例宗数占比自 2014 年以来逐年下滑,但依然在并购重组市场上占据至关重要的地位。在横向并购为企业做大做强的主要战略目标的同时,纵向并购和混合并购逐渐出头,尤其是混合并购,自 2014 年以来在全年并购案例宗数中的比重逐年增长,持续受并购方追捧(图 l)。

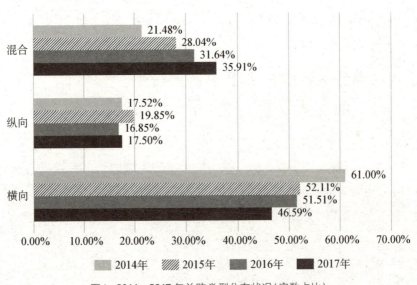

图 l　2014—2017 年并购类型分布状况(宗数占比)

从 2014—2017 年的平均指标来看,混合并购平均成交价格跳水最厉害。从 2016 年的 24.12 亿元直接下滑到 5.75 亿元,同比下滑 76.16%;纵向并购从 2016 年的 4.63 亿元增至 5.64 亿元,变化相对平缓;横向并购较 2016 年也有所下滑,同比下降 37.92%(图 m),这也是市场交易溢价逐渐趋于理性的征兆。

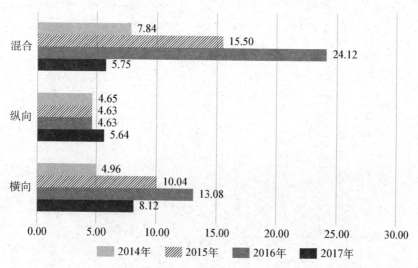

图 m　2014—2017 年中国证券市场并购类型平均单笔交易金额(亿元)

从速度指标上分析,整个交易市场看似扑朔迷离。横向、纵向、混合并购总量同比增长率分别为 8.81%、25%、36.52%,横向并购平稳,纵向和混合并购依势直线上行;横向、纵向、混合并购交易金额同比增长速率分别为 - 32.45%、52.23%、- 67.48%,除纵向并购金额较 2016 年有增长外,横向和混合并购均呈现出下降态势。值得注意的是,混合并购交易宗数较 2016 年提升了 36%之多,但总交易金额较 2016 年却下降了近 70%,不难发现 2017 年的混合并购中,小额并购居多,如四川省宜宾五粮液集团有限公司以无偿划转方式借壳收购宜宾纸业(600793.SH)、百联集团有限公司以无偿划转方式借壳收购第一医药(600833.SH)等。从国家政策的双向调控到短期形态的形成,相对于 2015 年和 2016 年并购市场交易的井喷式增长,2017 年证券市场并购的行为趋于合理化。

从混合并购标的行业分布来看,科学研究和技术服务业交易宗数较 2016

年的 4 例增长 21 倍,占 2017 年当年混合并购宗数的 22.53%[①],一跃成为跨界并购的投资焦点,这与 2017 年政府大力支持科技并购的政策密不可分。紧随其后的是制造业,以占全年混合并购宗数 21.27% 的地位领跑多数行业。这与国家"一带一路"策略的继续推进、政策性的收紧行为、深化改革的落实和发展重心的转移息息相关。与 2016 年相比,租赁和商务服务业从 17 例增加至 53 例,增长了 211.76%;建筑业从 1 例增加至 10 例;批发和零售业以及水利、环境和公共设施管理业较 2016 年均翻了一番;综合业交易宗数保持不变,均为 1 例(图 n)。

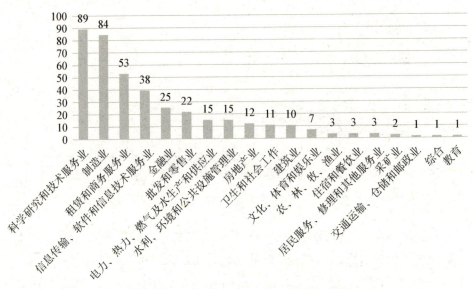

图 n   2017 年中国上市公司混合并购标的资产行业分布状况

五、国企重组崭露头角,市场主导仍占鳌头

中国的并购市场长期受政府主导,具有浓郁的行政色彩。但随着近年来国企改革和市场对民营企业重视程度的增加,以及中国市场化趋势的演变,以国有企业为主体的并购市场局面逐渐转变为民营与国营共同主导、以市场自主性

---

① 混合并购标的行业中包含 5 个未披露标的公司行业的案例,因此从全部混合并购案例 400 例中剔除掉上述 5 个案例作为计算混合并购标的行业宗数和金额的基数。

并购为依托的新型并购交易模式。

从并购主体来看,2017 年以国营企业为主体的并购交易和以民营企业为主体的并购交易迎来共同增长。全年以国企为主体的并购交易总量为 270 宗,以民企为主体的并购交易总量为 844 宗,较 2016 年同比分别增长了 33.66% 和 16.57%。以民企为主体的并购交易虽然同比增长稍逊于以国企为主体的并购交易,但在全年的相对占比高达 75.76%。从交易金额来看,以国企为主体的全年并购交易规模为 2 605.44 亿元,以民企为主体的并购交易金额为 5 006.75 亿元,占比分别为 34.23% 和 65.77%。2017 年以国企为主体的并购金额增长率为 - 54.60%,以民企为主体的并购金额增长率为 - 39.61%。值得注意的是,2017 年以国企为主体的交易宗数增长率基本相当于民企的两倍,但交易金额负增长率却明显高于以民企为主体的交易金额负增长率,这表明国企改革初获成效,对价支付更富理性。总体而言,民营企业继续扮演并购主体中的主流角色,市场主导仍独占鳌头(表 b)。

表 b　2017 年和 2016 年上市公司并购主体交易对比

	2017 年		2016 年		增长率	
	数量	金额(亿元)	数量	金额(亿元)	数量	金额
国企	270	2 605.44	202	5 738.27	33.66%	- 54.60%
民企	844	5 006.75	724	8 290.83	16.57%	- 39.61%

从交易金额来看,民企并购交易金额在 2017 年 3 月达到全年最高点 1 006.38 亿元,这主要归功于渤海金控(000415.SZ)以 100.57 亿美元收购美国纽交所的上市公司 CIT 下属商业飞机租赁业务,进而跻身全球飞机租赁行业的第一梯队;国企并购交易金额除了 5 月仅交易了 12.30 亿元外,整体变动幅度不大。从交易数量来看,民营企业全年交易宗数基本保持同水平下的波动,从年初的 72 宗开始,围绕年均 70 宗上下波动,最终于年末回归至 65 宗;国企并购交易全年呈现出稳中有升的趋势,整体波动幅度不及民营企业,全年交易宗数从年初的 27 宗波动升至年末的 48 宗,这也是国企全年交易宗数的最大值(图 o)。

从并购标的行业分布来看,无论基于国企视角还是民企视角,无论是交易宗数还是交易规模,制造业都是首当其冲。从交易宗数来看,以国企为主体的并购交易前三位行业分布分别为 27.78% 的制造业、11.48% 的批发和零售业、

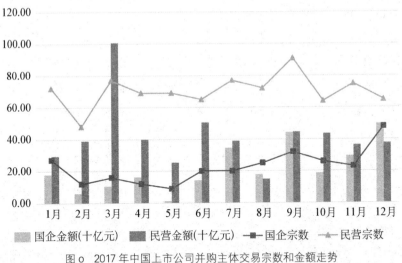

图 o　2017 年中国上市公司并购主体交易宗数和金额走势

9.26% 的电力、热力、燃气及水生产和供应业；以民企为主体的并购交易前三位行业分布分别为 33.37% 的制造业、14.23% 的科学研究和技术服务业、10.65% 的信息传输、软件和信息技术服务业。从交易规模来看，以国企为主体的并购交易前三位行业分布分别为制造业、电力、热力、燃气及水生产和供应业、房地产业，分别占政府主导并购交易金额的 36.95%、10.53% 和 10.10%；以民企为主体的并购交易前三位行业分布分别为制造业、租赁和商务服务业、房地产业，分别占市场主导并购交易金额的 31.24%、18.82% 和 10.46%（图 p）。这个分布充分体现了上市公司在并购标的产业时对国家战略把握的准确性，积极向前瞻性战略产业集中、向具有核心竞争力的优势企业集中。以制造业为主线，结合科技创新和信息技术，大力实施国企连同其他所有制企业之间的科技创新与优势互补的并购交易，培养相关领域的技能型人才和科技型人才。

在全面深化国资国企改革的进程中，自 2015 年起政府主导的并购如火如荼。并购重组不仅可以甄选出一批国际化的领头羊企业，还可以优化国有资本的结构布局，更能够发挥调整产业结构和转换重点领域的作用。其中，国营企业在实施创新驱动发展战略和制造强国战略中能够发挥其骨干和表率作用，也能带动民营企业的发展方向和积极性。近年来在政府主导的激励下，涌现了大量以市场为导向的民营企业，借助改革利好的东风乘势前行，积极寻求产业调整、新的盈利增长点、快捷的路径和创新模式，初步迎来了政府主导与市场主导的同比增长。

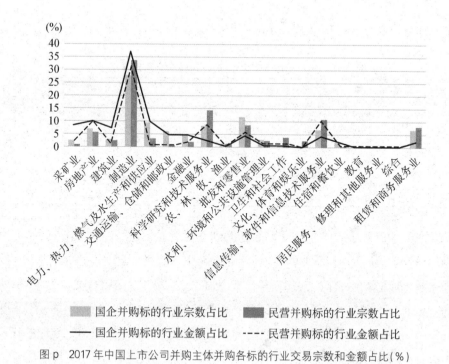

图 p　2017 年中国上市公司并购主体并购各标的行业交易宗数和金额占比(%)

六、制造业领跑并购,脱虚向实初获成效

中国是制造业大国,并购交易也多聚焦于制造业行业。2017 年中国证券市场上市公司的并购交易中,制造业仍发挥着主力军的作用,中国的资本市场并购也正逐步脱虚向实。

2017 年第一产业中的并购宗数仅 11 起,交易金额约 59.14 亿元,同比分别增长 57.14% 和 150.28%;全年的并购宗数中有 700 起集中在第二产业,涉及金额约为 3 955.20 亿元,占全年交易金额的 51.96%,宗数同比增长 14.19%,但是交易额同比下降 58.58%;2017 年归属第三产业的并购共有 403 例,占全年交易宗数的 36.18%,比 2016 年的 33.05% 增长了 31.70%,更是自 2014 年以来首次超过第二产业的 50%,此外并购交易金额约为 3 597.85 亿元,占全年交易金额的 47.26%,同比下降 19.27%。2017 年第二产业、第三产业并购交易与 2016 年相比在交易宗数上有增无减,但交易金额却均不足 2016 年全年交易金额的 1/3。因此与 2016 年相比,2017 年的并购交易以小额交易为主。平均单笔成交价格 6.83 亿元较 2016 年的 15.15 亿元也明显下降(表 c)。

表 c   2017 年和 2016 年中国上市公司并购交易产业分布状况

板块	2017 年并购情况			2016 年并购情况		
	宗数	金额(亿元)	平均金额(亿元)	宗数	金额(亿元)	平均金额(亿元)
第一产业	11	59.14	5.38	7	23.63	3.38
第二产业	700	3 955.20	5.65	613	9 549.04	15.58
第三产业	403	3 597.85	8.93	306	4 456.37	14.56
合计	1 114	7 612.18	6.83	926	14 029.10	15.15

在三大产业中并购主体交易活动的细分行业显示,第一产业中进行并购交易的是农业/畜牧业和渔业,其中渔业的交易宗数仅有 1 起,农业和畜牧业在交易宗数上旗鼓相当,都为 5 起。第二产业中发生并购的行业种类较为丰富,制造业依然扮演着主力军的角色,共计 608 起,在第二产业的并购中占比高达86.86%。随后依次是 52 例的电力、热力、燃气及水生产和供应业、26 例的建筑业以及 14 例的采矿业(表 d)。

表 d   2017 年并购主体三大产业细分行业并购交易情况

板块	大类行业	宗数	比例	金额(亿元)	比例
第一产业	农、林、牧、渔业	11	100%	59.14	100%
第二产业	制造业	608	86.86%	3 166.50	80.06%
	电力、热力、燃气及水生产和供应业	52	7.43%	151.45	3.83%
	建筑业	26	3.71%	191.57	4.84%
	采矿业	14	2.00%	445.67	11.27%
	合计	700	100.00%	3 955.20	100.00%
第三产业	房地产业	99	24.57%	965.43	26.83%
	信息传输、软件和信息技术服务业	96	23.82%	751.07	20.88%
	批发和零售业	51	12.66%	412.82	11.47%
	租赁和商务服务业	33	8.19%	868.37	24.14%
	文化、体育和娱乐业	28	6.95%	65.61	1.82%
	交通运输、仓储和邮政业	25	6.20%	206.67	5.74%
	卫生和社会工作	22	5.46%	63.51	1.77%

板块	大类行业	宗数	比例	金额(亿元)	比例
	科学研究和技术服务业	19	4.71%	28.71	0.80%
	水利、环境和公共设施管理业	16	3.97%	123.94	3.44%
	金融业	6	1.49%	52.00	1.45%
	住宿和餐饮业	3	0.74%	34.37	0.96%
	农、林、牧、渔服务业	2	0.50%	7.56	0.21%
	开采辅助活动	2	0.50%	7.17	0.20%
	综合	1	0.25%	10.60	0.29%
	合计	403	100.00%	3 597.85	100.00%

随着产业结构调整进程的不断加速,作为中国产业龙头的制造业在产业转型中占有举足轻重的地位。不断推进上市公司的并购活动,一方面可以提高整个市场的产业集中度,延伸产业链以促进上市公司商业模式的创新,另一方面可以加速上市公司布局新领域的战略进程,实现制造业行业业务的转型。例如美欣达(002034.SZ)以其拥有的置出资产与美欣达集团进行等值资产置换,获得旺能环保的控制权,公司由此实现了由纺织业向环保业的转型。

第三产业中房地产业与信息传输、软件和信息技术服务业分别以 99 起和 96 起的交易数合计占据第三产业并购宗数的近一半,是第三产业中最为活跃的两大细分行业。从第三产业中各类细分行业的并购宗数占比中不难看出,2017 年第三产业子行业发生并购交易的种类丰富而复杂。房地产行业与信息传输、软件和信息技术服务业并驾齐驱,说明了技术的发展需求依然受到关注;而房地产行业并购宗数占比较 2016 年的 21.57% 略有增长,且仍以增加土储、可扩大企业规模的横向收购为主导,表明房地产行业仍处于野蛮生长期,在规模上仍有一定的容纳量(图 q)。虽然经济增速不如从前,且受国家宏观调控的影响,房地产景气程度有所下滑,但许多房地产企业还是尝试用并购的手段来壮大企业规模,以获取整个资本市场的认可,因此房地产行业的并购活动也比较活跃。

七、地区并购发展不平衡,经济带并购参差不齐

受我国经济发展历史的影响,我国东、中、西三个地区中,东部经济最为发

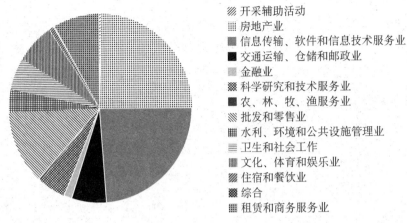

图例：
▨ 开采辅助活动
▦ 房地产业
▩ 信息传输、软件和信息技术服务业
■ 交通运输、仓储和邮政业
▨ 金融业
▨ 科学研究和技术服务业
■ 农、林、牧、渔服务业
▨ 批发和零售业
▦ 水利、环境和公共设施管理业
▤ 卫生和社会工作
▥ 文化、体育和娱乐业
▨ 住宿和餐饮业
▨ 综合
▦ 租赁和商务服务业

图 q　2017 年并购主体第三产业并购宗数占比

达,上市公司也集中于东部地区,而且东部地区投资环境优越且国际化程度更高。因此,我国上市公司并购交易主力军集中于东部地区。

2017 年东部的并购交易共有 825 宗,交易金额达 4 987.16 亿元,宗数和金额分别占全年总量的 74.06% 和 65.52%。其中交易宗数同比增长 18.19%,而交易金额同比下降了 50.43%,可见虽然总体交易数量增多,总体交易金额却呈下降态势,与 2017 年并购市场的整体趋势一致。2017 年中部地区的并购宗数为 191 宗,同比增长 31.72%,交易金额约为 1 139.86 亿元,同比下降 51.45%。其中,湖北、湖南和吉林等地的并购交易数量较多,沙隆达(000553.SZ)以 184.7 亿元收购 ADAMA 成为中部地区并购规模最大的一例。西部地区在 2017 年共计发生并购 98 宗,交易金额约 1 485.17 亿元,分别占全年总量的 8.80% 和 19.51%,交易地区主要集中在川、渝、滇等地,交易宗数同比增长 18.07%,交易金额同比下降 8.41%(表 e)。位于新疆的渤海金控(000451.SZ)购买纽交所上市公司 CIT 下属商业飞机租赁业务一例,凭借其百亿美元的交易价格成为 2017 年最大宗的并购交易,这也是西部地区交易金额同比下降幅度相对较缓的重要原因。

表 e　2017 年和 2016 年中国上市公司并购地区分布状况

	2017 年		2016 年	
	宗数	金额(亿元)	宗数	金额(亿元)
东部	825	4 987.16	698	10 059.88
中部	191	1 139.86	145	2 347.61

续表

	2017 年		2016 年	
	宗数	金额（亿元）	宗数	金额（亿元）
西部	98	1 485.17	83	1 621.61
合计	1 114	7 612.18	926	14 029.10

总体看来，2017 年三个地区的并购交易宗数相比 2016 年均有所增加，而并购金额总体呈缩减态势。

并购经济带方面，主要集中于以北京、广东、江苏和浙江等地为代表的环渤海、长三角以及珠三角三大经济带①。整体而言，2017 年经济带共发生 738 宗并购交易，占全年并购交易宗数的 66.25%；涉及金额 4 200.88 亿元，占全年交易规模的 55.19%。对经济带所处的地区而言，2017 年经济带交易案例占全年东部地区交易数量的 89.45%，交易金额占比高达 84.23%。不难发现，经济带并购不仅贡献了中国证券市场半数以上的交易，还几乎涵盖了东部地区市场的全部并购交易。

其中，长三角经济带 2017 年发生并购案例 320 宗，交易金额 1 633.33 亿元；环渤海经济带和珠三角经济带当年并购案例均为 209 宗，涉及的交易规模分别为 1 625.08 亿元和 942.48 亿元。注册地位于长三角经济带的国电南瑞（600406.SH）进行重大资产重组，交易金额超过 266 亿元，成为长三角经济带的并购最大单，同时也是 2017 年东部地区全年并购最大单。位于环渤海经济带的兖州煤业（600188.SH）境外收购联合煤炭工业有限公司、中国石化（600028.SH）收购上海赛科以及珠三角经济带的深天马（000050.SZ）收购厦门天马和天马有机发光，这三起并购交易金额均超过了百亿元。

从经济带发生并购板块的宗数来看，珠三角经济带和环渤海经济带的并购板块占比几乎一致，横向并购分别占 46.41% 和 47.85%、纵向并购分别占 19.62% 和 16.27%、混合并购分别占 33.97% 和 35.89%，整体表现为横向并购占据主流地位。只有长三角经济带的混合并购宗数 148 例反超横向并购宗数

① 报告对经济带划分与国家划分一致：环渤海经济带包括诸如辽宁、北京、山东、天津等地；长三角经济带包括上海、江苏、浙江等地；珠三角经济带包括广州、珠海、深圳等地。东部地区中的福建省、黑龙江省、吉林省、海南省等地不包括在经济带内，因此东部 825 起并购交易在划分为经济带后有 87 起并购交易属于非经济带。

125 例,占当年长三角经济带并购比例为 46.25%（图 r）。这表明以上海、江苏、浙江等为代表的长三角经济带近年愈来愈重视跨界并购,较珠三角经济带和环渤海经济带形成了独树一帜的并购风格。

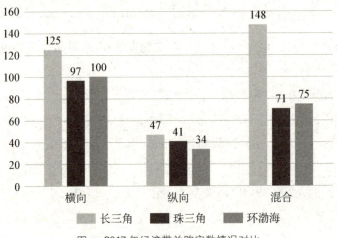

图 r　2017 年经济带并购宗数情况对比

从经济带发生并购板块的金额来看,环渤海经济带在三大经济带中的横向并购金额最高,为 873.45 亿元;珠三角经济带在三大经济带中的各类并购板块金额均处最低位;长三角经济带三大板块不仅并购金额基本相当、变化幅度不大,还在纵向并购和混合并购板块均居经济带并购金额榜首(图 s)。这意味着在经济带发展进程中,长三角经济带发展相对稳定、并购规模也处于相对高位。

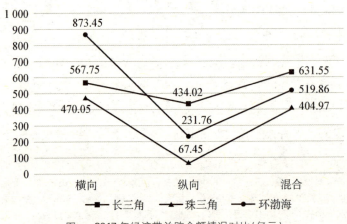

图 s　2017 年经济带并购金额情况对比(亿元)

八、理性跨境并购政策落地，"一带一路"布局热情如潮

　　随着我国供给侧改革进一步深入、国内产业升级及"一带一路"、"走出去"战略的稳步推进,企业海外并购仍呈现活跃态势。自 2015 年起,中国的境外并购可谓风生水起,2015 年、2016 年连续两年海外并购数量有较大幅度的增长。而 2017 年境外并购交易规模相较 2016 年略有回落,全年共发生 115 宗跨境并购案例,占全年交易总数的 10.32%,共涉及交易金额 1 836.77 亿元,占全年交易总规模的 24.13%(表 f)。与 2016 年的 126 宗海外交易相比,2017 年的海外并购数量减少了 8.73%,自 2014 年以来,境外并购浪潮首次出现退潮迹象,这主要缘于中央政府下达的关于开展理性海外并购政策在资本市场中的落地。

表 f　2017 年并购市场类型分布状况

并购类型	数量	数量占比	并购金额(亿元)	金额占比
国内并购	999	89.68%	5 775.42	75.87%
海外并购	115	10.32%	1 836.77	24.13%
合计	1 114	100%	7 612.18	100%

　　从并购主体所处产业来看,第二产业的制造业企业仍是领头羊,共计有 71 宗境外并购交易由制造业企业展开,占 2017 年境外并购交易宗数的 61.74%。其次是第三产业的信息传输、软件和信息技术服务业,共计开展 11 宗境外并购交易,占当年全部境外交易宗数的 9.57%。而第一产业的农、林、牧、渔业仅发生 2 宗境外并购交易(图 t)。

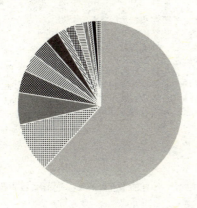

制造业
信息传输、软件和信息技术服务业
房地产业
租赁和商务服务业
采矿业(不含开采辅助活动)
建筑业
批发和零售业
农、林、牧、渔业
交通运输、仓储和邮政业
卫生和社会工作
电力、热力、燃气及水生产和供应业
开采辅助活动
科学研究和技术服务业
水利、环境和公共设施管理业

图 t　2017 年跨境并购方所处行业分布状况

从并购主体的性质来看,民营企业是绝对的主力军。在2017年发生的115宗境外并购案中,93宗是由民营企业发起的,占交易总数的80.87%;而国有企业发起的海外并购交易共计22宗,占总数的19.13%。在"走出去"战略的引导下,中国民营企业凭借良好的经营基础、开阔的国际视野和充足的资金成为境外并购市场上最活跃的一支队伍。

从并购目的来看,中国上市公司进行境外并购的主要目的是扩大规模,拓展海外市场。2017年全年共发生69宗境外横向并购交易,占总数的60%;混合并购交易37宗,占总数的32.17%;纵向并购交易共计发生9宗,占总数的7.83%。相比2015年和2016年,当年混合并购类型占比明显提升,纵向并购占比有所下降。可以看出,在2017年的境外并购中,大部分上市公司"出海"的目的仍然是扩大规模,获得协同效应。与此同时,也有部分企业选择投资并购与自身从事行业不相关的标的资产,以丰富经营业务种类,抢先布局新兴产业。

从并购标的所处产业来看,中国企业并购的境外资产以第二产业、第三产业为主。2017年全年发生的以制造业为主的第二产业占全部跨境交易总宗数①的48.60%,略低于第三产业占全部交易总宗数的占比49.53%。海外并购标的资产属于第一产业的仅有2宗,占比1.87%。具体到行业,标的资产所属行业的分布较广。其中在第三产业的53宗海外并购交易中,信息传输、软件和信息技术服务业交易宗数占第三产业交易宗数的26.42%。紧随其后的是批发和零售业、科学研究和技术服务业,均占第三产业交易总数的15.09%(图u)。

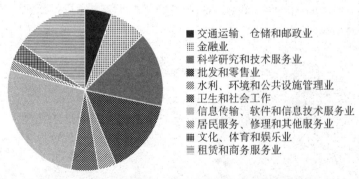

图u 2017年境外并购标的资产在第三产业中的分布状况

---

① 报告在确定跨境并购标的公司行业的计算基数时,有8个并购标的未披露所处行业,因此报告在115例海外并购交易基础上剔除上述8笔交易,以107例为基准进行并购标的的行业分析。

并购标的产业涵盖制造业、租赁和商务服务业、金融业等十四大行业。国企海外并购行业多样化还体现在海外并购结构的不断优化,从传统产能过剩的行业逐步向新兴领域过渡。

从并购标的所处地区来看,目前中国"走出去"企业的足迹已经遍布全球各地,不少企业将眼光放在了更加广阔的海外市场。2017 年 32.17%的海外并购交易发生在亚洲,共计 37 宗,其中香港是 2017 年的热门投资地,以 14 宗的交易数量位居海外并购亚洲地区中的第一位。欧洲和北美洲则紧跟亚洲之后,分别占交易总数的 30.43%和 26.09%(图 v)。而从交易总价来看,发生在北美洲的交易总金额达 1 011.44 亿元,占境外并购交易总金额的 55.07%,遥遥领先其他地区。

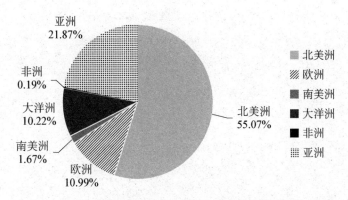

图 v　2017 年境外并购标的资产所处大洲分布状况(金额占比)

值得关注的是,2017 年的跨境并购中,交易金额最高的三起案例分别发生在西部、中部和东部三个地区:渤海金控(000415.SZ)百亿美元收购 CIT 下属商业飞机租赁资产,成为全球第三大飞机租赁公司;沙隆达(000553.SZ)185 亿元收购农药巨头 ADAMA;兖州煤业(600188.SH)24.5 亿美元收购 C&A,其控股的兖煤澳洲成为澳大利亚最大的独立煤炭生产商。其中,渤海金控(000415.SZ)与沙隆达(000553.SZ)的两宗并购也分别是西部、中部地区全年度最高交易额的案例。但总体而言,位处沿海地区的公司在境外扩张方面表现更为积极。东部的境外并购交易量最高,占比全年海外收购宗数的 72.17%,中部占比20%,西部占比 7.83%(图 w)。在"一带一路"国际化发展战略的推动下,中国企业俨然成为全球跨境并购交易中的一股重要力量。

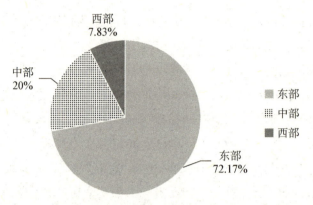

图 w 2017 年参与境外并购的上市公司所在地区分布状况

在"一带一路"战略布局大背景下,中国证券市场跨境并购依旧热情如潮。2017 年共发生 20 宗"一带一路"并购交易,占全年并购宗数的 0.18%,占全年海外并购交易宗数的 17.39%;较 2016 年 14 例"一带一路"并购交易增长了42.86%。2017 年以印度尼西亚、马来西亚、新加坡等为代表的亚洲海外并购共发生 16 例,占"一带一路"并购的 80%,其余 20%"一带一路"并购均发生在欧洲大陆。不难发现,中国上市公司响应"一带一路"并购政策多集中于亚欧大陆,非洲大陆并购成功案例并不多见。

从"一带一路"并购主体来看,2017 年整体情况与 2016 年基本类似。市场主导仍处于首位,2017 年有市场主导发生的"一带一路"并购交易数量占全部"一带一路"并购交易的 75%,与 2016 年的 64.29%略有增长;横向并购仍占优势,2017 年"一带一路"并购中横向并购占 70%,比 2016 年的 78.57%略有回落;东部地区仍领风骚,2017 年"一带一路"并购中东部地区占 70%,继续保持2016 年东部地区 92.86%的领先地位,但 2017 年中部地区参与度较 2016 年的7.14%提高至 30%,西部地区仍持观望态度;第二产业仍是涉足的主要产业,2017 年"一带一路"并购中第二产业占比 80%,较 2016 年的 71.43%略有提升。

九、科技并购异军突起,"互联网十"并购继续活跃

从并购标的资产所处行业的分布,不难递推出并购资本追逐的热点所在。与 2016 年相比,并购标的为"互联网十"、健康医疗、金融业、文化传媒的交易宗

数均出现了下滑。2017 年并购标的为"互联网＋"行业的交易从 2016 年的 132 宗略有回落至 103 宗,占总交易数的份额也从 14.25% 下降到 9.25%,但整体依旧活跃;健康医疗行业的交易数量从 62 宗下滑至 33 宗,减少了近一半;金融业的交易 2017 年共发生了 30 宗,较 2016 年的 39 宗下滑了 23.08%;而文化传媒行业也下降了 32%。同样,在交易金额上并购热点行业相比 2016 年也均大幅下降。"互联网＋"、健康医疗、金融业、文化传媒行业的交易金额同比分别下降了 64.98%、50.16%、88.86% 和 79.39%(表 g)。

与此同时,科技并购成为并购资本追逐的新兴热点,从 2016 年的 22 宗成交量一跃至 2017 年的 141 宗,占总成交数的比重也从 2.38% 大幅上升至 12.66%,呈现爆发式增长,一举超越"互联网＋"成为 2017 年度的最热行业。而房地产业则是仅次于"互联网＋"行业的并购热点,全年成交 62 宗,较 2016 年的 48 宗上升了 29.17%(表 g)。

表 g　2017 年和 2016 年中国上市公司并购市场热点行业

热点行业	宗数	占总宗数之比	金额(亿元)	占总金额之比	宗数	占总宗数之比	金额(亿元)	占总金额之比
			2017 年				2016 年	
互联网＋	103	9.25%	607.59	7.98%	132	14.25%	1 735.06	12.37%
健康医疗	33	2.96%	250.34	3.29%	62	6.70%	502.33	3.58%
文化传媒	17	1.53%	38.09	0.50%	25	2.70%	184.82	1.32%
金融业	30	2.69%	230.36	3.03%	39	4.21%	2 068.70	14.75%
房地产业	62	5.57%	781.16	10.26%	48	5.18%	621.93	4.43%
环保	26	2.33%	81.40	1.07%	33	3.56%	399.36	2.85%
科技	141	12.66%	492.53	6.47%	22	2.38%	19.39	0.14%

科技行业受到并购资本的热烈追捧并不稀奇。资本市场层面,高科技投资始终保持活跃,人工智能等技术驱动型的行业一直以来受到资本市场的密切关注。对尖端技术和知识产权的渴求,正是中国市场强劲的海外并购驱动力之一。另一方面,科技行业的火热说明了我国企业越来越多地关注科技、专利,在实施并购时更愿意从企业长期发展的战略出发,注重收购标的对企业核心技术实力的提升。政策层面,中国对科技研发产业的重视程度日渐新高,尤其是对独角兽企业,中国更是持续出台优惠政策。对中国而言,独角兽企业主要分为

互联网与生活相融合的企业、互联网及人工智能等因素与制造业相融合的企业,以及在人工智能、大数据、生物科技等核心技术领域具备竞争优势的企业三大类。由此可见,近年来随着中国对科研技术领域的日趋重视,上市公司2017年在科研技术领域迅速扩张,切实向着政策落地的方向靠拢。此外,以"互联网+"为代表的信息技术行业虽然在交易规模上略有下滑,但仍然是仅次于科技行业的并购热点,持续地受到市场关注。

第一辑　国企重组并购

000058

深赛格：
收购大股东资产包，实现上市公司业务整合

一、收购相关方简介

(一) 收购方：深圳赛格股份有限公司

深圳赛格股份有限公司于 1996 年成立，是采用募集设立方式设立的股份有限公司，发起人股东为深圳赛格集团公司(赛格集团前身)。1996 年 6 月，赛格集团作为发起人出资认购深赛格 20 460 万股，向境外社会公众发行 8 000 万股境内上市外资股(B 股)而设立深赛格。1996 年 12 月，国务院证券委员会同意深赛格向社会公开发行人民币普通股 2 500 万股，本次发行后，赛格集团、其他 A 股投资者、B 股投资者所占的股份比例分别为 66.09%、6.07%、25.84%。2006 年 9 月，深赛格进行了股权分置改革，流通股占比提高到了 69.75%。深赛格的主营业务为电子专业市场经营及物业出租业务。在电子专业市场经营方面，深赛格是中国电子专业市场经营模式的创办者，在行业内居领先地位，形成了覆盖珠三角、长三角，辐射全国的连锁专业电子市场体系，在国内外拥有较高的品牌影响力。2016 年 3 月，深赛格与网鱼科技达成战略合作，进军电竞业务。

（二）收购标的

1. 深圳市赛格创业汇有限公司

深圳市赛格创业汇有限公司于 1992 年成立,其前身为深圳市新思达工业产品展销有限公司。2014 年 7 月,原股东深圳市对外经济贸易投资有限公司将其所占的深圳市新思达工业产品展销有限公司的 100% 股权无偿划转给赛格集团。2015 年 5 月,公司更名为深圳市赛格创业汇有限公司。赛格创业汇是一家以创客产业为核心,集赛格商务中心、赛格商务公寓、赛格创客中心、电子专业市场经营为一体的公司。

2. 深圳市赛格康乐企业发展有限公司

深圳市赛格康乐企业发展有限公司成立于 1981 年,前身为深圳康乐电子有限公司。2005 年 5 月 12 日,名称变更为深圳市赛格康乐企业发展有限公司。赛格康乐的主营业务是以通信市场为主,写字楼和仓库以及物流为辅的一体化专业市场服务,其收益主要来自收取的大厦租金。

3. 深圳市赛格物业发展有限公司

深圳市赛格物业发展有限公司成立于 1994 年,前身为深圳赛格物业发展公司,为全民所有制有限责任公司。2001 年 2 月 28 日,赛格集团拟转让其拥有的深圳赛格物业发展公司的 49% 产权予深圳市赛格广场投资发展有限公司,改制完成后,深圳赛格物业发展公司更名为深圳市赛格物业发展有限公司。2007年 8 月 28 日,经深圳市国资委批准,深圳市赛格广场投资展有限公司将所持赛格物业发展的 49% 股权转让给赛格集团,本次股权转让后,赛格集团再次持有赛格物业 100% 股权。赛格物业发展在本次交易前是赛格集团旗下全资控股的物业管理公司。赛格物业发展目前管理的物业包括赛格广场大厦、赛格经济大厦、赛格苑、赛格景苑、益田花园、绿茵阁等。

4. 深圳市赛格地产投资股份有限公司

深圳市赛格地产投资股份有限公司于 1986 年成立,前身为深圳电子工程公司,为全民所有制企业。1992 年 12 月公司进行了股份制改革,改组为深圳市赛格工程实业股份有限公司。变更为股份公司后,赛格集团持有 79.02% 股份。2012 年 11 月公司名称改为深圳市赛格地产投资股份有限公司。本次交易前赛格地产为赛格集团旗下的物业管理与房地产开发公司,主要从事商业运营及物业管理、电子专业市场经营,并涉及商业地产开发业务。近几年,赛格地产主营业务未发生变化。

本次交易前,收购相关方股权关系结构如图1所示。

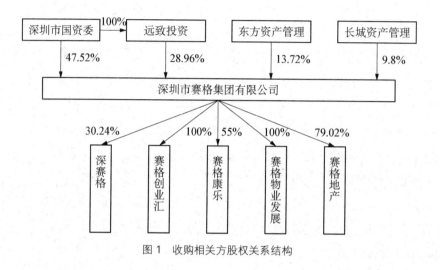

图1　收购相关方股权关系结构

二、收购事件一览

● 2015年11月4日,深赛格发布公告称正在筹划重大资产重组事项,公司股票开始停牌。

● 2016年1月20日,深圳市国资委出具《深圳市国资委关于深圳赛格股份有限公司以发行股份及支付现金方式购买资产并募集配套资金的重大资产重组交易预案的函》,原则同意本次交易预案。

● 2016年2月4日,深赛格发布《发行股份及支付现金购买资产并募集配套资金暨关联交易预案》,拟以发行股份及支付现金购买资产的方式购买赛格集团所持有的赛格创业汇100%股权、赛格康乐55%股权、赛格物业发展100%股权、赛格地产79.02%股权,并向不超过10名特定投资者非公开发行股份募集本次重组的配套资金,募集资金总额不超过拟购买资产交易价格的44.40%。

● 2016年2月25日,深赛格股票复牌。

● 2016年8月3日,深赛格召开第七届董事会第三次临时会议,审议通过了《关于公司本次发行股份及支付现金购买资产并募集配套资金构成关联交易的议案》等议案。同日,深赛格与赛格集团签署了《发行股份及支付现金购买资产协议》和《业绩承诺及补偿协议》。

● 2016 年 8 月 24 日,深圳市国资委批准了本次重大资产重组的方案。

● 2016 年 8 月 26 日,深圳市国资委对本次重大资产重组拟购买标的资产涉及的资产评估报告予以备案。

● 2016 年 9 月 2 日,深赛格召开 2016 年第二次临时股东大会,审议通过了《关于公司本次发行股份及支付现金购买资产并募集配套资金暨关联交易方案的议案》等议案,同意了本次重组方案。

● 2017 年 1 月 17 日,本次重大资产重组获得证监会核准。

三、收购方案

深赛格收购赛格集团旗下赛格创业汇 100%股权、赛格康乐 55%股权、赛格物业发展 100%股权、赛格地产 79.02%股权的交易方案主要包括发行股份及支付现金相结合的方式,和向不超过 10 名特定投资者非公开发行股份募集本次重组的配套资金两个部分。其中发行股份募集配套资金以发行股份购买资产为前提条件,但发行股份募集配套资金成功与否并不影响发行股份购买资产的实施。

(一)发行股份及支付现金购买资产

深赛格以发行股份及支付现金相结合的方式,购买其控股股东赛格集团所持有的赛格创业汇 100%股权、赛格康乐 55%股权、赛格物业发展 100%股权、赛格地产 79.02%股权。本次交易标的资产评估基准日为 2016 年 3 月 31 日。赛格创业汇 100%股权所对应的账面净资产为 23 224.83 万元,以资产基础法估值为 259 768.24 万元,增值率 1 018.49%;赛格康乐 55%股权所对应的账面净资产为 2 470.63 万元,以资产基础法估值为 31 024.47 万元,增值率 1 155.73%;赛格物业发展 100%股权所对应的账面净资产为 5 158.70 万元,以收益法估值为 13 523.59 万元,增值率 162.15%;赛格地产 79.02%股权所对应的账面净资产为 22 040.07 万元,以资产基础法估值为 211 398.42 万元,增值率 859.10%。以评估值为基础,标的资产包合计成交价格为 515 714.72 万元,其中,以发行股份的形式支付 448 152.10 万元,以现金的形式支付 67 562.62 万元。

(二) 发行股份购买资产

深赛格向不超过 10 名特定投资者非公开发行股份募集配套资金,募集资金用于支付购买标的资产的现金对价、西安赛格广场建设项目后续建设投入、深圳赛格国际电子产业中心建设项目后续建设投入。配套募集资金总额不超过人民币 20 亿元,占本次拟购买资产交易总金额的比例未超过 100%,对应发行股份数不超过 201 207 243 股。交易完成前后深赛格股权结构变化情况如表 1 所示。

表 1　交易完成前后深赛格股权结构变化情况

股东名称	本次交易前		本次发行股数（万股）	本次交易后	
	股数（万股）	持股比例		股数（万股）	持股比例
赛格集团（A股）	23 735.97	30.24%	45 085.72	68 821.69	47.90%
配套资金认购对象	—	—	20 120.72	20 120.72	14.00%
A股其他股东	30 097.80	38.35%	—	30 097.80	20.95%
B股股东	24 646.13	31.40%	—	24 646.13	17.15%
合计	78 479.90	100%	65 206.44	143 686.34	100%

本次重组交易构成关联交易,构成重大资产重组。本次交易后上市公司控股股东仍为赛格集团,实际控制人仍为深圳市国资委。

四、案例评论

(一) 深化国企改革政策推动,实现国有资产保值增值

党的十八大报告指出,要推行公有制多种实现形式,深化国有企业改革,完善各类国有资产管理体制,不断增强国有经济活力。2015 年 8 月 24 日,中共中央、国务院印发的《关于深化国有企业改革的指导意见》,是新时期指导和推进中国国企改革的纲领性文件。该指导意见要求赛格集团这样的商业类国企的改革目标为按照市场化要求实行商业化运作,以增强国有经济活力、放大国有

资本功能、实现国有资产保值增值。2015 年 8 月 31 日,中国证监会、财政部、国务院国资委和银监会等四部委联合发布《关于鼓励上市公司兼并重组、现金分红及回购股份的通知》,鼓励国有控股上市公司依托资本市场加强资源整合,调整优化产业布局结构,提高发展质量和效益。有条件的国有股东及其控股上市公司要通过注资等方式,提高可持续发展能力。支持符合条件的国有控股上市公司通过内部业务整合,提升企业整体价值。

通过本次并购,将赛格集团持有的优质国有资产注入上市公司,可以实现国有资产的证券化,进一步提高国有资产的市场价值。本次重组落实了国家关于深化国企改革的要求,有利于国有资产按照市场化要求实行商业化运作,提升上市公司的资产质量,实现国有股东权益的最大化。

(二) 进行业务整合,减少同业竞争

赛格创业汇目前主营业务包括商务中心、商务公寓、创客中心三项业务;赛格康乐为赛格集团旗下的物业租赁公司;赛格物业发展为赛格集团旗下全资控股的物业管理公司;赛格地产为赛格集团旗下的物业管理与房地产开发公司,主要从事商业运营及物业管理、电子专业市场经营,并涉及商业地产开发业务。通过此次重组,一方面将赛格集团拥有的优质的电子专业市场、物业经营、商业地产等核心资产注入上市公司,将会提升上市公司的资产质量,有利于业务整体筹划与整合,并借助上市公司平台全面整合电子专业市场业务,实现上市公司现有业务整合及转型升级,建立赛格"互联网 +"新型生态圈。另一方面,本次并购的标的公司的业务在商业租赁、电子市场等领域与上市公司的业务重合。通过本次并购,将标的公司的同类业务注入深赛格,这样深赛格与赛格集团之间的同业竞争将减少,并且能够利用标的公司的客户资源,发挥协同效应。

(三) 标的公司业绩可观,提升上市公司盈利能力

从营业收入看,赛格创业汇、赛格康乐、赛格物业发展和赛格地产在并购前两年营业收入分别为 2.4 亿元、1.1 亿元、1.2 亿元和 12.9 亿元,2015 年实现净利润分别为 3 629.79 万元、2 854.81 万元、1 282.54 万元和 4 937.17 万元,且保持着业绩持续增长的态势。从电子专业化市场行业发展来看,随着科技的发展和人们对电子娱乐需求的提高,电子专业市场行业近年来始终保持较快增

长,市场功能不断扩展。根据 Wind 资讯的统计,截至 2014 年底,我国共有纳入统计的亿元电子产品专业市场 154 个,成交总金额达到 972.05 亿元。

　　本次收购以上标的公司股份均超过 50%,收购完成后标的公司将与上市公司并表,加之电子专业市场的发展,并购后上市公司的经营业绩将得到提高。

五、市场表现(000058)

　　深赛格交易前后股价变动情况见图 2。

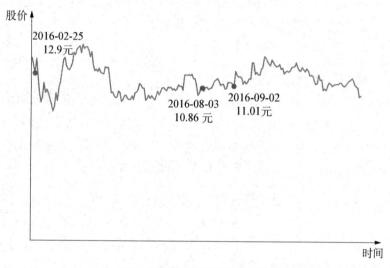

图 2　深赛格交易前后股价走势

000155
川化股份:
国企重组并表,助力重整上市

一、收购相关方简介

(一) 收购方:川化股份有限公司

川化股份有限公司于 1997 年由川化集团股份制改造重组设立,设立时是由川化集团全资控股,四川省国资委实际控股的国有企业。公司股票于 2000 年 9 月 26 日在深交所上市挂牌交易,本次公开发行后,公司总股本变为 470 000 000 股,其中发起人国有法人股股本 340 000 000 股,占股本总额的 72.34%,社会公众股股本 130 000 000 股,占股本总额的 27.66%。上市公司破产重整前,所处行业为化学肥料及化学制品制造业,主要经营范围是化学肥料、基本化学原料、有机化学产品的生产和销售。由于业绩持续亏损,上市公司股票简称于 2015 年 5 月改为"＊ST 川化"。2015 年 12 月,公司对外宣告主营生产装置处于全面停产状态,主营业务全面停滞。2016 年 3 月,由于川化股份不能清偿到期债务,在债权人的要求下开始破产重整。破产重整过程中,上市公司通过剥离原有资产,妥善安置职工,并通过关联方借款开展贸易业务,主营业务变为化工贸易业务。

（二）收购标的：四川省能投风电开发有限公司

四川省能投风电开发有限公司于 2011 年成立,目前注册资本金为 11.3 亿元,总资产约 39 亿元,是由四川省国资委实际控制的国有企业。公司主营业务是包括风力发电、太阳能发电为主的可再生能源发电,主要产品是电力。近年来,我国用电需求回暖,装机容量持续增加,同时风力发电占比上升,平均利用小时数增加,能投风电是顺应我国新能源行业发展前景趋好的格局而设立。截至目前,公司建成了 9 个风电、光伏项目,总装机 39.42 万千瓦。在建项目 1 个,装机容量 8.5 万千瓦,已核准待建项目 5 个,总装机容量 41.2 万千瓦。

二、收购事件一览

- 2017 年 4 月 28 日,川化股份发布筹划重大资产重组的公告。

- 2017 年 6 月 21 日,川化股份发布《川化股份有限公司重大资产重组进展公告》,本次并购的标的资产为能投集团持有的能投风电 55% 股权,交易对方为能投集团,系上市公司控股股东。本次交易初步确定为采用现金方式购买能投集团持有的能投风电 55% 股权,本次交易涉及关联交易。

- 2017 年 8 月 9 日,川化股份第六届董事会第九次会议审议并通过了与本次重大资产重组相关的议案。

- 2017 年 8 月 11 日,川化股份发布《重大资产购买暨关联交易报告书(草案)》,详细披露了本次交易的相关细节。

- 2017 年 8 月 25 日,川化股份发布《川化股份有限公司关于深圳证券交易所重组问询函回复的公告》,回复了深交所提出的关于标的公司 2017 年一季度净利润大幅增长的主要原因的问题,以及将转让中相关股权的估值、交易价格和单位交易价格,与本次交易的估值以及交易价格进行比较,并说明了差异原因。

- 2017 年 8 月 29 日,本次重大资产重组方案获得 2017 年第四次临时股东大会表决通过。

三、收购方案

本次交易为上市公司使用自有资金以现金购买交易对手方能投集团持有

的能投风电 55% 股权。根据中企华评估出具的《评估报告》,以 2017 年 3 月 31 日为评估基准日,能投风电经评估的股东全部权益价值为 148 234.61 万元。考虑到能投风电在评估基准日后现金分红 43 125 773.86 元,经交易双方友好协商,能投风电 55% 股权作价 79 157.12 万元。本次交易构成重大资产重组,构成关联交易,不构成借壳上市。由于本次并购支付方式为现金,因此上市公司的股权结构不变。

四、案例评论

(一) 国内化肥行业产能过剩和需求下降,上市公司急需调整业务结构

　　川化股份破产重整前,所处行业为化学肥料及化学制品制造业,主要经营范围是化学肥料、基本化学原料、有机化学产品的生产和销售。2013 年以来,一方面国内化肥行业面临产能过剩,行业发展陷入瓶颈。另一方面,国内主要农产品价格出现了全面下跌,导致部分耕作条件较恶劣的土地弃耕、土地承包户出现亏损和再生产面临困难等问题,加之国家和地方的农业政策调减种植面积带来的化肥需求的下降,国内化肥需求量大幅下降。受上述因素影响,从 2014 年开始,上市公司持续亏损,股票简称被改为“＊ST 川化”,股票面临退市风险。2015 年 12 月,川化股份对外宣告主营生产装置处于全面停产状态,主营业务全面停滞,上市公司急需通过并购调整业务结构。

　　本次并购完成后,能投风电将成为川化股份的控股子公司,川化股份将通过能投风电拥有 214.50MW 的风电并网装机容量和约 2 000MW 的风电资源开发权,不仅能够有效提升上市公司的整体实力和盈利能力,强化公司竞争力,还将有力推动上市公司向新能源行业的转型升级。

(二) 上市公司需求新的盈利增长点,并购推动重整上市

　　由于川化股份不能清偿到期债务且资产不足以清偿全部债务,其债权人四川天投于 2016 年 2 月提出对公司进行重整的申请。2016 年 3 月,成都市中级人民法院受理申请人四川天投对川化股份有限公司的重整申请,并于 2016 年 4 月 5 日,指定了北京大成律师事务所担任公司破产重整的管理人,全面开展川

化股份重整工作。除剥离不良资产等措施外，上市公司通过对外借款、招聘专业经营团队等方式开展贸易业务，上市公司的主营业务由化肥制造转变为化工贸易业务。同时，根据公司开展贸易业务需要，决定向四川省能源投资集团有限责任公司申请借款人民币 50 000 万元。通过实施破产重整和开展贸易业务，2016 年公司实现扭亏为盈，2016 年度实现的归属于母公司所有者的净利润为 86 858.33 万元，扣除非经常性损益后的归属于母公司所有者的净利润为 1 227.10 万元。

贸易业务只是上市公司为改善业绩和恢复上市的过渡性业务。2017 年 4 月，川化股份进一步明确了未来经营发展规划，将致力于通过并购重组由传统化工向新型化工和新能源行业转型升级，促进产能结构优化和提升。此次收购的能投风电 2015 年、2016 年和 2017 年第一季度的净利润分别为 4 623.26 万元、6 147.18 万元和 7 384.81 万元，经营业绩持续提高，同时该公司是以风力发电、太阳能发电为主的可再生能源发电企业，符合川化股份的战略发展方向，本次交易则可看作公司向新能源产业发展转型的实质性举措。

截至 2017 年 6 月 30 日，川化股份的资产总额为 62 亿元，归属于公司股东的净资产为 28.6 亿元。2017 年上半年，川化股份取得营业收入约 39.9 亿元，实现归属净利润约 1.7 亿元，较上一季度增长了 109%，这很大程度上得益于收购能投风电从而并表后能投风电对上市公司利润表的贡献。11 月 9 日，* ST 川化发布 2017 年度业绩预告，预计 2017 年实现净利润 3 亿至 3.3 亿元，利润来源主要是公司本部开展化工产品贸易业务与机电物资贸易业务实现的经营性盈利，以及能投风电实现的收益。2017 年 12 月 18 日，停牌了一年半后，公司重整上市，股票简称改回"川化股份"。

五、市场表现(000155)

川化股份在本次并购的持续期间处于公司停牌重整期，股票价格停留在 2016 年 4 月 25 日的收盘价 10.27 元/股，见图 3。

图3 川化股份交易前后股价走势

000505

珠江控股：
资产置换，深化国有企业改革

一、收购相关方简介

（一）收购方：海南珠江控股股份有限公司

海南珠江控股股份有限公司成立于 1988 年 3 月 22 日，设立初是一家全民所有制企业，并于同年 10 月 14 日更名为海南珠江实业公司。1992 年 1 月 11 日，海南珠江实业公司重新注册成立股份有限公司——海南珠江实业股份有限公司，并在同年 12 月在深圳证券交易所上市交易。1999 年 6 月，广州珠江实业集团有限公司将所持珠江股份的 112 628 976 股国有法人股全部转让给北京市万发房地产开发股份有限公司，此时北京市万发房地产开发股份有限公司成为珠江股份的控股股东。2000 年 1 月，珠江股份公司名称再次变更，更名为海南珠江控股股份有限公司。2016 年 9 月，北京万发将所持珠江控股股份全部转让给京粮集团，至此京粮集团成为珠江控股的控股股东，北京市国资委为实际控制人，而北京万发不再持有公司股份。珠江控股的主营业务分为物业管理、酒店旅游、房地产开发三大板块，其中物业管理与酒店旅游板块仅能实现盈亏平衡，主要利润来源为房地产开发板块。

（二）收购标的：北京京粮股份有限公司

北京京粮股份有限公司是由京粮集团、国管中心、国开金融、鑫牛润瀛共同发起设立的股份有限公司。京粮股份总股本为 97 500 万股，其中京粮集团持 65 325 万股，占总股本的 67%；国管中心持 16 575 万股，占总股本的 17%；国开金融与鑫牛润瀛各持 7 800 万股，共占总股本的 16%，因此京粮股份的实际控制人也为北京市国资委。

（三）关联控股方：北京粮食集团有限责任公司

北京粮食集团有限责任公司是由北京市人民政府投资组建的国有独资公司，成立于 1999 年 6 月 11 日。公司拥有粮油储备、粮油贸易、粮油加工、商贸服务、商业不动产五大产业板块，培育了诸如"古船"、"绿宝"、"火鸟"、"古币"、"小王子"等众多知名品牌。京粮集团经营范围包括粮食收购、储存、加工、销售；商贸物流；不动产开发、销售、出租。主要业务板块为粮油加工及销售，粮油仓储及商贸物流、不动产经营等，是全国粮食行业具有极强影响力的知名企业。

二、收购事件一览

- 2016 年 5 月 17 日，上市公司发布《关于重大资产重组停牌公告》。
- 2016 年 7 月 29 日，上市公司召开第七届董事会第三十次会议，审议通过了《关于海南珠江控股股份有限公司重大资产置换及发行股份购买资产并募集配套资金暨关联交易方案的议案》及相关议案。
- 2016 年 8 月 2 日，第七届董事会第十四次决议通过《关于海南珠江控股股份有限公司符合重大资产置换及发行股份购买资产并募集配套资金条件的议案》。
- 2016 年 8 月 8 日，公司收到深圳证券交易所许可类重组问询函〔2016〕第 52 号《关于对海南珠江控股股份有限公司的重组问询函》。
- 2016 年 8 月 15 日，公司发布了《关于延期回复深圳证券交易所重组问询函并继续停牌的公告》。
- 2016 年 11 月 15 日，北京粮食集团有限责任公司接到北京市人民政府国有资产监督管理委员会出具的《关于同意海南珠江控股股份有限公司重大资产置换及发行股份购买资产并募集配套资金有关事项的批复》(京国资〔2016〕130号)。

● 2016年11月21日,2016年第二次临时股东大会通过《关于海南珠江控股股份有限公司重大资产置换及发行股份购买资产并募集配套资金暨关联交易方案的议案》。

● 2016年12月23日,收到中国证券监督管理委员会出具的《中国证监会行政许可项目审查一次反馈意见通知书》(163540号)。

● 2017年5月19日,开市起撤销退市风险警示,证券简称由"＊ST珠江"变更为"珠江控股"、"＊ST珠江B"变更为"珠江B",证券代码000505、200505保持不变。

● 2017年5月26日,公司第八届董事会第十五次会议通过《关于向北京粮食集团有限责任公司借款暨关联交易的议案》。

● 2017年6月21日,公司收到中国证券监督管理委员会的通知:中国证监会上市公司并购重组审核委员会将于近日召开工作会议,对公司重大资产置换及发行股份购买资产并募集配套资金暨关联交易事项进行审核。

● 2017年6月28日,收到中国证券监督管理委员会的通知,公司本次重大资产置换及发行股份购买资产并募集配套资金暨关联交易事项获得有条件通过。

● 2017年7月31日,收到中国证券监督管理委员会核发的《关于核准海南珠江控股股份有限公司向北京粮食集团有限责任公司等发行股份购买资产并募集配套资金的批复》(证监许可〔2017〕1391号)。

● 2017年9月6日,京粮股份经北京市工商行政管理局朝阳分局核准,名称变更为北京京粮食品有限公司,并取得北京市工商行政管理局朝阳分局换发的《营业执照》(统一社会信用代码:91110000567455524Y)。

● 2017年9月14日,京粮集团及相关交易对方合计持有的京粮食品100%股权变更至公司的工商登记手续已办理完成。

三、收购方案

重组的整体方案由以下三个步骤组成:(1)重大资产置换;(2)发行股份购

买资产;(3)募集配套资金。

(一) 重大资产置换

珠江控股以 2016 年 5 月 31 日为审计、评估基准日,置出资产与京粮集团持有的京粮股份 67% 股权中的等值部分进行置换,其中珠江控股的置出资产为其持有的主要资产及部分负债。根据中天华出具的评估报告,珠江控股拟置出资产的评估值为 60 898.36 万元,相对于 2016 年 5 月 31 日拟置出资产母公司口径的账面价值 42 795.19 万元增值 42.30%。最后根据相关资产评估结果,置出资产的交易价格为 60 898.36 万元。

(二) 发行股份购买资产

根据相关评估报告,珠江控股拟注入资产的评估值为 230 852.72 万元,最终交易价格为 230 852.72 万元;而拟置出资产的评估值为 60 898.36 万元,最终交易价格为 60 898.36 万元,两者之间差额部分为 169 954.36 万元。差额部分由珠江控股向京粮股份的全体股东发行境内上市人民币 A 股普通股补足。

(三) 募集配套资金

为重组需要并提高重组效率实现重组后企业的可持续发展,珠江控股向京粮集团非公开发行股票募集配套资金。珠江控股募集配套资金总额不超过 43 187.49 万元,且不超过拟购买资产交易价格的 100%,按照此次发行股票价格 8.82 元/股测算,珠江控股向京粮集团募集配套资金发行股份数量不超过 48 965 408 股。募集的资金主要用于渠道品牌项目建设与技术研发项目建设,同时还有一部分用于安置职工、缴纳中介机构费用以及交易税费。交易完成前后珠江控股股权结构变化情况如表 2 所示。

表 2 交易完成前后珠江控股股权结构变化情况

股东名称	本次交易前		本次发行股数	股份转让	本次交易后		募集配套资金后	
	股数(万股)	持股比例			股数(万股)	持股比例	股数(万股)	持股比例
京粮集团	12 356.20	28.95%	11 591.22	—	23 947.42	37.60%	28 843.96	42.06%
国管中心	—	—	4 851.05	—	4 851.05	7.62%	4 851.05	7.07%

股东名称	本次交易前		本次发行股数	股份转让	本次交易后		募集配套资金后	
	股数(万股)	持股比例			股数(万股)	持股比例	股数(万股)	持股比例
国开金融	—	—	2 282.85	—	2 282.85	3.58%	2 282.85	3.33%
鑫牛润瀛	—	—	2 282.85	—	2 282.85	3.58%	2 282.85	3.33%
其他股东	30 318.34	71.05%	—	—	30 318.34	47.61%	30 318.34	44.21%
合计	42 674.54	100%	—	—	63 682.50	100%	68 579.04	100%

本次重组交易构成关联交易,构成重大资产重组,但不构成重组上市,交易前后珠江控股的控制人均为北京市国资委。

四、案例评论

(一) 上市公司主业盈利能力弱,改革迫在眉睫

2014、2015 年度,珠江控股 70% 以上的经营收入来自旗下的物业管理业务,但物业管理行业利润率低,而且公司无法从银行获得经营资金,只能通过信托、基金等机构获得融资,扣除高额的财务费用后,公司仅能获得微利。酒店服务业收入主要来自子公司三亚酒店和子公司牡丹江集团经营的中国雪乡景区。但自 2014 年起,酒店经营收入明显下滑,毛利率降低幅度较大。2015 年经营收入继续减少,酒店经营短时间内面临较大的困难,从目前的收入规模上看,酒店板块短期内也只能争取实现盈亏平衡。再看公司总体财务指标,报告期内,扣除非经常性损益后归属于上市公司股东的净利润持续为负数,缺乏持续经营能力。具体表现为:2015 年珠江控股完成营业收入 2.67 亿元,实现归属于母公司净利润 -1.08 亿元,2015 年末资产总额 17.14 亿元,净资产 -2.17 亿元。结合珠江控股的财务信息与深交所股票上市规则,珠江控股的股票已被实施退市风险警示,上市公司亟待改革。

(二) 国有企业改革方兴未艾

2013 年 11 月 12 日,中共十八届三中全会通过了《中共中央关于全面深化改革若干重大问题的决定》,2014 年 8 月 5 日,北京市委、市政府《关于全面深化市属国资国企改革的意见》文件明确要求推进资产证券化,提出"到 2020 年,国

有资本证券化率力争达到 50% 以上"。正是这一背景促使京粮集团决定顺应新一轮国有企业改革的潮流并抓住契机,将所控股的京粮股份与珠江控股进行重大资产重组,提升京粮集团的资产证券化率,从而推进国有企业治理体系和治理能力现代化。

通过本次重大资产重组,京粮集团承接珠江控股盈利能力弱的资产及涉及的人员,解除了上市公司的负担;同时向上市公司置入京粮股份 100% 股权,有效提升了上市公司后续的持续经营能力,改善了上市公司的经营状况,实现了上市公司的持续稳定发展,更增强了上市公司的盈利能力和发展潜力。通过本次交易,上市公司将置出盈利能力差、缺乏持续经营能力的业务,置入盈利能力较强、成长性较高的植物油加工及休闲食品制造业务,完成上市公司主营业务的转型。

(三) 京粮集团重组前的大手笔操作

为了成功地与珠江控股进行资产置换,京粮集团在本次资产重组之前就下足了功夫。首先在 2016 年 9 月,京粮集团就与珠江控股的原控股股东北京市万发房地产开发股份有限公司签订股权转让协议,以 10.49 亿元的总价收购了珠江控股 26.36% 的股权,成为珠江控股的第一大股东,为后续的重组事项提供了便利。随后,京粮集团向珠江控股提供了 10 亿元的低利率借款,并约定将这笔借款专用于与京粮集团业务相协同的大健康、大农业的高利润行业的产业项目的收购。珠江控股在连续几年主营业务收益疲软的情况下获得这一笔款项无异于起死回生,同时京粮集团通过这笔款项的投入也为珠江控股提供了新的发展方向,为后续珠江控股与京粮股份的整合奠定了基础。最后,京粮集团在二级市场通过公开增持再次为珠江控股注入新鲜血液,这一举动不仅刺激了珠江控股,也为市场上的其他投资人打了一针强心剂,让他们对京粮集团后续注入的资产充满信心。

(四) 此次并购的意义

珠江控股在资产重组完成前其主营业务盈利能力薄弱,基本只能维持盈亏平衡,无法给上市公司提供利润。而在重组后珠江控股转型进入植物油加工及食品制造行业。同时,通过本次募集配套资金投资项目,可以进一步推进珠江控股实施转型升级,从而增强公司的核心竞争力、提升盈利能力和发展空间。对京粮集团而言,本次资产重组完成后,珠江控股成为京粮集团旗下唯一一家上市公司。作为首都的"粮袋子",京粮集团的主营业务自然足以让它在股票市场站稳脚跟,而除了粮食产业外,京粮集团还发展了生物工程、"互联网+"、不动产甚至文化创业项目。在这全面开花的背景下,京粮集团手下有了一个上市企业,能够为它更好地打开资本市场,也为京粮集团在其他行业上的发展注入了力量。

五、市场表现(000505)

珠江控股交易前后股价变动情况见图4。

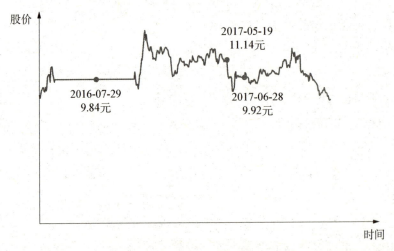

图4　珠江控股交易前后股价走势

002544

杰赛科技：
重组消息利好与公司资金出逃异象

一、收购相关方简介

（一）收购方：广州杰赛科技股份有限公司

广州杰赛科技股份有限公司前身为广州杰赛科技发展有限公司，于 1994 年 11 月 19 日在广州市工商行政管理局注册成立。2000 年，由中国电子科技集团公司第七研究所民品部门转制组建为国有控股股份制企业，2002 年改制为股份有限公司，2011 年在深圳证券交易所中小企业板上市，注册资本 51 576 万元。杰赛科技下设多个分公司和子公司，业务范围涵盖电子信息与通信、移动通信网、互联网、广电网、专用网等信息网络建设相关领域，旨在提供综合解决方案服务和相关信息网络产品。

（二）收购标的

1. 河北远东信息通信系统工程有限公司

河北远东通信系统工程有限公司成立于 1995 年 3 月，是主要由电子工业部五十四所出资设立的国有股份制企业。主要业务领域有：卫星通信、散射通信、微波接力通信、无线接入、数字集群、程控交换机和调度机、广播电视、电力自动化、时频设备、计算机信息系统集成和无线电监测等。

2. 北京中网华通设计咨询有限公司

北京中网华通设计咨询有限公司是经国家经贸委批准设立、在国家工商总局注册登记、享受北京市高新技术企业优惠政策的国有股份制企业,注册资本2.67亿元。中华通信原为电子部、信息产业部的直属企业,现隶属于中国电子科技集团公司。中华通信经过十余年的发展,已经成为集通信业投资、通信网络系统工程勘察设计、通信工程咨询规划、通信网络优化、通信增值业务、通信与信息工程监理、建筑智能化及电子信息工程建设、信息安全、软件开发、无线电监测系统、通信系统集成、通信设备研制等业务的综合电信服务商。

3. 北京华通天畅工程监理咨询有限公司

北京华通天畅工程监理咨询有限公司是中华通信系统有限责任公司为适应市场发展需要于2002年10月投资成立的全资子公司,是中华通信系统有限责任公司系统骨干企业。公司具有通信监理甲级资质、信息系统工程监理部临时资质,主要从事信息工程,如信息资源、信息网络、信息应用工程,以及通信工程的监理业务。

4. 中电科卫星导航运营服务有限公司

中电科卫星导航运营服务有限公司设立于2012年5月10日,是由中国电子科技集团公司、石家庄发展投资有限责任公司和中国电子科技集团公司第五十四研究所共同注资成立的。公司以北斗卫星导航系统为主要依托,兼顾GPS等卫星定位系统功能,是一家为交通、气象、水文、渔业、石化、政府、公安、物流、搜索救援、个人定位等行业提供位置服务的高新技术企业。

5. 中电科东盟卫星导航运营服务有限公司

中电科东盟卫星导航运营服务有限公司设立于2014年11月,公司依托北斗卫星系统为我国西南边境地区、东盟区域国家用户,提供基于北斗的卫星导航、卫星遥感、卫星通信等地球空间数据信息和物联网数据综合应用服务。

(三) 关联控股方

1. 中国电子科技集团公司第五十四研究所

中国电子科技集团公司第五十四研究所成立于2002年3月,前身为电子工业部通信测控研究所(第五十四研究所),现隶属于中国电科,开办资金为

21 042万元。中国电科五十四所主要从事军事通信、卫星导航定位、航天航空测控、情报侦察与指控、通信与信息对抗、航天电子信息系统与综合应用等前沿领域的技术研发、生产制造和系统集成等相关业务,现已成为我国电子信息领域专业覆盖面最宽、综合性最强的骨干研究所。

2. 中华通信系统有限责任公司

中华通信系统有限责任公司设立于1985年1月9日,前身为电子部第五十四研究所创办的中华通信系统工程公司。1999年,公司规范登记为中华通信系统有限责任公司。2002年,公司由原信息产业部划归中国电子科技集团公司管理。目前为中国电子科技集团公司第五十四研究所全资子公司,主要从事通信业投资、电子工程通信设计、软件研发、信息系统集成等业务,注册资本为18 000万元。

3. 中电科投资控股有限公司

电科投资于2014年4月18日由中国电科出资成立,注册资本100 000万元。电科投资是中国电科的资本运营平台,代表中国电科行使资本运营职能。中电科投资主要围绕中国电科主业相关领域进行投资,开展产业整合、产业孵化、资产管理和处置业务。

4. 桂林大为通信技术有限公司

桂林大为通信技术有限公司原名桂林光通电子工程公司,于1990年11月经机械电子工业部第三十四研究所独家出资设立。2014年3月桂林大为通信技术公司更名为桂林大为通信技术有限公司。2015年公司注册资本金增至9 000万元。

二、收购事件一览

● 2015年8月31日,杰赛科技发布公告,公司控股股东正在筹划重大资产重组事项,公司股票首次停牌。

● 2016年3月30日,杰赛科技召开第四届董事会第二十八次会议,审议通过了此次重大资产重组预案。

● 2016年4月14日,杰赛科技发布回函公告,对4月7日收到的深圳证券交易所公司管理部下发的《问询函》进行了回函,对此次重大资产重组预案进行了修改和补充;并于当日开市起复牌。

● 2016 年 9 月 28 日,杰赛科技召开第四届董事会第三十三次会议,审议通过本次重大资产重组交易的草案及相关事项。

● 2016 年 10 月 26 日,杰赛科技发布《关于本次重大资产重组所涉标的资产的评估结果获得国务院国资委备案的公告》。

● 2016 年 11 月 2 日,杰赛科技发布《关于本次重大资产重组所涉军工事项审查获得国防科工局正式批复的公告》。

● 2016 年 11 月 24 日,杰赛科技发布《关于本次重大资产重组方案获得国务院国资委批复的公告》。

● 2016 年 12 月 7 日,杰赛科技收到《中国证监会行政许可申请受理通知书》。

● 2016 年 12 月 30 日,杰赛科技发布《中国证监会行政许可项目审查一次反馈意见通知书》的公告。

● 2017 年 2 月 9 日,杰赛科技发布《关于本次重大资产重组获得商务部反垄断局批复的公告》,该公告确认商务部反垄断局不再实施进一步审查。

● 2017 年 3 月 27 日,杰赛科技发布《关于向中国证监会申请中止发行股份购买资产并募集配套资金事项审查的公告》。

● 2017 年 3 月 27 日,杰赛科技召开第四届董事会第三十八次会议,审议通过《关于向中国证监会申请中止发行股份购买资产并募集配套资金事项审查的议案》。

● 2017 年 4 月 12 日,杰赛科技发布《关于收到〈中国证监会行政许可申请中止审查通知书〉的公告》。

● 2017 年 4 月 28 日,杰赛科技召开第四届董事会第四十次会议,审议通过了交易调整等相关议案及《关于向中国证监会申请恢复发行股份购买资产并募集配套资金事项审查的议案》。

● 2017 年 5 月 27 日,杰赛科技收到《中国证监会行政许可申请恢复审查通知书》。

● 2017 年 6 月 8 日,杰赛科技发布《关于中国证监会上市公司并购重组审核委员会审核公司重大资产重组事项的停牌公告》;并于当日开市起停牌。

● 2017 年 6 月 15 日,杰赛科技发布《关于重大资产重组事项获得中国证监会并购重组委审核通过暨股票复牌的公告》。

● 2017 年 6 月 26 日,杰赛科技召开第四届董事会第四十一次会议,审议通过了交易草案及摘要。

● 2017 年 7 月 31 日,杰赛科技收到证监会《关于核准广州杰赛科技股份有限公司向中国电子科技集团公司第五十四研究所等发行股份购买资产并募集配套资金的批复》。

三、收购方案

重组的整体方案由以下两步组成：（1）发行股份购买资产；（2）募集配套资金。

（一）发行股份购买资产

公司拟分别向中国电科五十四所、中华通信、石家庄发展投资、电科投资、桂林大为发行股份购买上述对象持有的远东通信 100% 股权、中网华通 57.743 6% 股权、华通天畅 100% 股权、电科导航 100% 股权、东盟导航 70% 股权。并以定价基准日前 20 个交易日公司股票交易均价作为市场参考价,以此参考价的 90% 作为发行价格。

（二）募集配套资金

公司拟向不超过 10 名符合条件的特定投资者非公开发行股份募集配套资金不超过 144 878.40 万元,配套融资总额不超过拟购买资产交易价格的 100%。其中,电科投资参与本次配套融资的认购,认购金额不超过 20 000 万元。

本次募集配套资金扣除发行费用后将主要用于远东通信智慧宽带融合指挥调度研发及产业化技改项目、远东通信特定行业移动指挥综合解决方案研发及产业化项目、远东通信功率放大器(PA)合作开发项目、远东通信石英晶体振荡器生产工艺自动化技术改造项目、远东通信企业信息化建设项目、电科导航北斗综合位置云服务平台建设及应用推广项目、电科导航基于北斗的海洋信息化系统建设及应用推广项目。

四、案例评论

(一)增强主业优势,提升盈利能力

此次收购标的远东通信、中网华通、华通天畅都是通信行业内的领先企业。通过此次交易,将大幅提升公司主营业务的核心竞争力,打造业务涵盖专网通信和移动通信网规、网优的龙头企业。其中,涉及金额最大的远东通信是国内领先的通信解决方案提供商和通信设备制造商,主要产品和服务广泛应用于轨道交通、公安、人防、应急、电网等行业。2015 年远东通信实现营业收入 14.56 亿元,净利润 5 789.1 万元。中网华通和华通天畅分别从事通信网络勘察设计和通信系统工程监理服务,主要客户包括中国联通、中国移动、中国电信等大型电信运营商以及政府部门等。

通过本次收购,杰赛科技主业由信息网络建设技术服务及通信类印制电路板的生产及销售,拓展为涵盖通信解决方案和通信设备制造、通信工程监理及卫星导航运营服务等在内的一体化业务,进一步完善了公司通信相关的产业布局,与上市公司现有业务形成协同效应。此外,收购远东通信和中网华通,进一步强化了公司对通信交换调度系统和现有公众通信网络建设中提供解决方案的业务能力;有利于进一步突出上市公司主营业务综合优势、增强公司的综合竞争力和可持续发展能力。

此外,上市公司的总资产、归属于母公司股东权益、营业收入和净利润等主要财务数据在本次收购之后均有显著增加,上市公司盈利能力和抗风险能力将得到提升。据众华会计师事务所(特殊普通合伙)出具的上市公司审计报告及备考财务报表审阅报告,交易后公司盈利能力情况基本较以前翻一番。此次交易前后盈利情况如表 3 所示。

表 3　交易前后盈利情况对比　　　　　　　　　　　　　　　　单位:万元

项目	2016 年度/2016 年 12 月 31 日		2015 年度/2015 年 12 月 31 日	
	交易前	交易后	交易前	交易后
营业收入	269 611.49	479 366.15	229 377.75	404 678.32
营业利润	8 508.52	18 749.26	10 039.96	14 706.36
利润总额	12 220.61	23 726.14	11 610.14	18 162.69

续表

项目	2016 年度/2016 年 12 月 31 日		2015 年度/2015 年 12 月 31 日	
	交易前	交易后	交易前	交易后
净利润	10 513.79	20 168.60	10 758.82	16 062.92
归属于母公司所有者的净利润	10 644.69	19 243.35	10 730.90	15 086.48
加权平均净资产收益率(%)	8.34	10.4	9.09	9.21
基本每股收益(元)	0.21	0.34	0.21	0.26

(二) 通信产业快速发展,综合竞争力不断增强

截至 2017 年底,杰赛科技是通信业务板块唯一的上市平台。本次收购交易有助于中国电科资源配置的优化,以及中国电科优质资源注入杰赛科技。不仅能够充分利用资本市场资源配置的功能,还有助于实现国防科技工业的转型升级战略,更有助于产权结构多元化,实现专业化产业整合和创新化体制管理,促进杰赛科技通信产业的快速发展。

本次重组有利于杰赛科技完善和优化产业结构、提升盈利能力及增强整体竞争实力。本次交易注入资产的业务涉及通信相关民用产品的研发、制造和销售等,提高了杰赛科技整体资产质量、业务结构和盈利能力水平。本次交易完成后,杰赛科技的民品布局将更为合理、民品产业结构和产品类型将更加丰富。通过对中国电科通信相关业务板块丰富的技术资源、市场资源以及优秀的人力资源的整合,杰赛科技的产业链条将更加完整,公司的可持续发展能力和综合竞争力也将进一步提升。

(三) 收购重大利好,公司却资金出逃

2016 年初,杰赛科技收购方案初次出台,拟以 19 亿元总价收购远东通信、华通天畅、电科导航、中网华通、上海协同和东盟导航股权。六家标的公司成交价 19 亿元,较其未经审计账面净资产价值 6.36 亿元整体评估增值 12.73 亿元,增值率为 200.07%。其中,远东通信 2015 年营收 14.26 亿元,净利润 0.57亿元,承诺未来 3 个结算周期实现净利润 0.75 亿元、0.99 亿元和 1.28 亿元;中网华通 2015 年营业总收入 2.55 亿元,净利润 0.2 亿元,承诺未来 3 个结算周期实现净利为 0.24 亿元、0.26 亿元和 0.27 亿元;华通天畅 2015 年总营收 4 500

万元,净利润 121 万元;上海协同 2015 年总营收 2.14 亿元,净利润 847 万元,承诺未来 3 个结算周期实现净利润 0.12 亿元、0.17 亿元、0.22 亿元;电科导航 2015 年营收 522 万元,亏损 1 663 万元;东盟导航 2015 年总营收 52 万元,亏损 359 万元。然而,如此重大利好却并未得到市场认可,最终杰赛科技的股价报收 30.60 元,涨幅仅 3.20%。不仅如此,杰赛科技甚至还有超大单净流出 1.48 亿元,换手率高达 7.81%。重大利好消息却引发资金疯狂出逃。这或许与 2014 年杰赛科技深陷"售假门"事件不无关系。2014 年广西在采购节能监察执法的相关设备时,有相当批量、疑似假冒伪劣的执法设备通过政府公开招投标采购,进入了节能监察执法系统,而执法设备的供应者正是杰赛科技。这也不难解释重大利好消息面前,杰赛科技却屡屡面临资金出逃异象。

五、市场表现(002544)

杰赛科技交易前后股价变动情况见图 5。

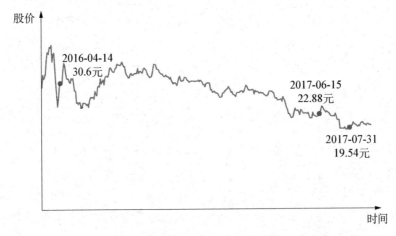

图 5 杰赛科技交易前后股价走势

600243

青海华鼎：
四两拨千斤，青海华鼎上演 MBO

一、收购相关方简介

（一）收购方：青海溢峰科技投资有限公司

青海溢峰科技投资有限公司成立于 2007 年 12 月，注册资本 1 900 万元，主要从事产业投资、咨询服务等业务，不直接从事具体的生产经营活动。截至 2016 年 12 月 31 日，溢峰科技资产总计 3.37 亿元，净资产 1.56 亿元。溢峰科技实际由被收购方青海华鼎的董事长兼首席执行官于世光及其夫人朱砂控制。

（二）收购标的：青海华鼎实业股份有限公司

青海华鼎实业股份有限公司是由原青海重型机床厂作为主发起人，联合广东万鼎企业集团有限公司等五家企业于 1998 年共同发起设立，2000 年在上海证券交易所挂牌上市。青海华鼎是一家以数控机床、食品机械、电梯配件、齿轮箱等产品为主营业务的公司，截至目前，公司全资子公司及控股子公司共 25 家，主要分布于青海省、广东省和苏州市，现总股本为 4.39 亿股，总资产达 29.83 亿元。青海华鼎曾获全国质量管理先进企业、全国机械工业先进集体、连续 12 年获得"青海企业 50 强"、"AAA"级信用企业等荣誉称号。

本次交易前,青海华鼎的产权控制关系如图6所示。

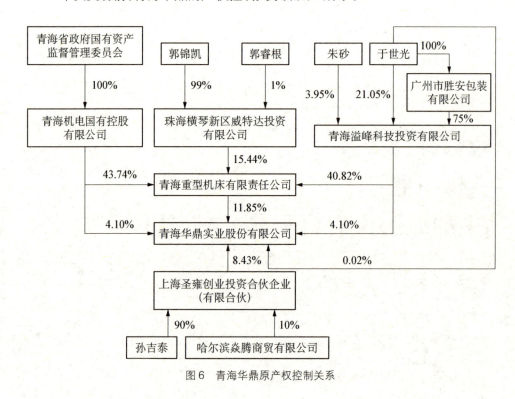

图6 青海华鼎原产权控制关系

二、收购事件一览

● 2017年5月16日,溢峰科技临时股东会审议通过了《关于收购郭锦凯所持威特达51%股权的事宜》,同意受让威特达51%股权。

● 2017年5月16日,青海华鼎发布公告,公司第一大股东青海重型机床有限责任公司(简称"青海重型")正在筹划重大事项,该事项涉及青海重型的股权交易并可能导致实际控制人发生变更,公司股票首次停牌。

● 2017年5月18日,珠海横琴新区威特达投资有限公司(简称"威特达")股东郭睿根出具了同意郭锦凯将持有的威特达51%股权转让给溢峰科技并放弃优先购买权的同意函。

● 2017年5月18日,溢峰科技与郭锦凯签署《股权收购意向书》。

● 2017 年 5 月 26 日,公司股东青海机电国有控股有限公司(简称"机电控股")和郭锦凯就本次权益变动出具了《简式权益变动报告书》,机电控股就本次权益变动后丧失对青海重型和青海华鼎控制权的事项进行了披露。

● 2017 年 5 月 26 日,青海华鼎召开第六届董事会第二十三次会议,全体非关联董事审议通过了《因公司第一大股东青海重型机床有限责任公司股东间的股权交易构成管理层收购的议案》,并由独立董事出具了同意意见。

● 2017 年 5 月 27 日,青海华鼎发布《关于股东权益变动暨实际控制人发生变更的提示性公告》和《股票复牌提示性公告》,公司股票将于 2017 年 5 月 31 日开市起复牌交易。

● 2017 年 7 月 10 日,青海华鼎召开 2017 年第一次临时股东大会,审议通过《因公司第一大股东青海重型机床有限责任公司股东间的股权交易构成管理层收购的议案》。

● 2017 年 7 月 11 日,溢峰科技与郭锦凯签订了正式的《股权转让合同》。

● 2017 年 8 月 10 日,威特达在珠海市横琴新区工商行政管理局完成了工商变更手续并取得换发的营业执照。同时,青海华鼎的实际控制人由青海省国资委变更为公司董事长兼首席执行官于世光及其夫人朱砂。

三、收购方案

本次收购的方案为:威特达股东郭锦凯将其持有的威特达 51% 的股权协议转让给溢峰科技。交易价格为人民币 1 668.46 万元,不低于对应的青海华鼎账面股东权益。收购后青海华鼎的产权控制关系如图 7 所示。

本次交易前,青海重型直接持有青海华鼎 11.85% 的股份,同时机电控股、上海圣雍创业投资合伙企业(有限合伙)(简称"圣雍创投")、溢峰科技分别将其持有的青海华鼎 4.10%、8.43% 和 4.10% 股份除收益权、处置权之外的股东权利(包括但不限于股东提案权、董事监事提名权、股东大会表决权等)不可撤销地、不设限制地及无偿地全部授予青海重型行使。青海重型实际支配青海华鼎股份表决权的比例为 28.48%,为公司控股股东。

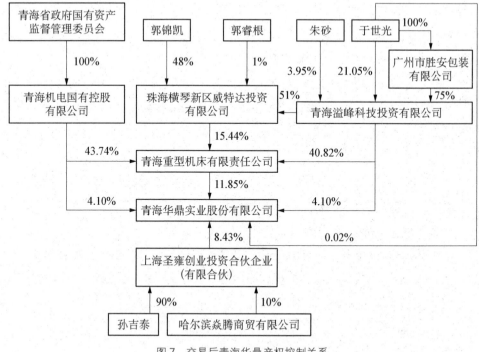

图 7　交易后青海华鼎产权控制关系

同时,机电控股、威特达、溢峰科技分别持有青海重型43.74%、15.44%和40.82%的股份,机电控股的股东青海省政府国有资产监督管理委员会(简称"青海省国资委")为公司实际控制人。

本次交易后,溢峰科技通过持有威特达51%股权,间接持有青海重型15.44%的股份,直接持有青海重型40.82%的股份,上述股份合计为56.26%。

于世光及其夫人朱砂通过溢峰科技间接持有青海重型56.26%的股份,从而实际支配青海华鼎股份表决权的比例为28.48%;此外,于世光直接持有青海华鼎0.02%的股份。故于世光和朱砂夫妇直接及间接控制青海华鼎股份表决权的比例为28.50%,成为青海华鼎的实际控制人。

因此,青海华鼎的实际控制人由青海省国资委变更为公司董事长兼首席执行官于世光及其夫人朱砂。因于世光为青海华鼎董事长兼首席执行官,按照《上市公司收购管理办法》,其通过股权受让成为公司实际控制人的行为构成管理层收购。

四、案例评论

(一) 经营多年,管理层上位水到渠成

在青海华鼎复杂而分散的股权结构下,青海省国资委长期以来都是其实际控制人。但同时,青海华鼎近年来也被冠以"国资改革"的概念,仔细分析其股权结构不难发现,青海省国资委的控制权并不稳固。青海华鼎的董事长,也是本次股权变动后成为青海华鼎控制人的于世光所持股份比例早已与国资委十分相近。

于世光自青海华鼎 1998 年成立起即是董事长,是公司最核心的管理层成员,也是上市公司一直以来的重要持股方。本次交易后,于世光及其夫人朱砂将正式成为上市公司实际控制人。交易规模虽然不大,却实际造成了上市公司实际控制人发生变动,构成管理层收购。交易标的在表面上为威特达 51% 的股权,实则造成上市公司股权结构重要变动的原因正在于威特达持有青海华鼎大股东青海重型的 15.44% 股权。

由于青海华鼎的其他几位股东溢峰科技、机电控股、圣雍创投分别将持有的 4.10%、4.10%、8.43% 的青海华鼎股权,除收益权、处置权之外的股东权利不可撤销地、不设限制地及无偿地全部授予青海重型行使,使青海重型虽只持有青海华鼎 11.85% 的股权,却控制了 28.48% 的表决权,是上市公司名副其实的大股东。

而青海重型原本由机电控股、威特达、溢峰科技分别持股 43.74%、15.44% 和 40.82%,机电控股的股东青海省国资委以微弱优势成为上市公司青海华鼎的实际控制人。在于世光控股的溢峰科技受让威特达 51% 股权后,于世光成为威特达的控股股东,相当于通过溢峰科技和威特达控制了青海重型共 56.26% 的股权,青海重型的实际控制人从国资委转为于世光,上市公司的控制权也随之一并移交。加上于世光自身持有的 0.02% 表决权,于世光和朱砂夫妇将直接及间接控制青海华鼎 28.50% 的表决权。管理层收购至此水到渠成。

对于本次管理层收购,于世光表示通过溢峰科技受让股权的目的在于"维护青海华鼎股权结构的稳定以及公司装备制造业务的长远发展",同时青海华鼎也公告称"于世光先生拥有上市公司管理的充足经验,本次变更不会对青海

华鼎的生产经营产生不利影响"。

　　青海华鼎的主营业务为机床等,2016年度受全球经济态势、国内外市场需求持续下降和转型升级压力等综合因素影响,机床工具行业整体呈现下行态势,青海华鼎营业收入比上年同期减少17.44%,2017年度为回笼资金支持主业发展,将12套房产出售。在该国有企业经营业绩不佳,行业整体态势下行的情况下,进行管理层收购是较好的机会。在管理层收购后,为提升自身资产价值,管理层将更有动力努力经营公司以提高股票价格,充分发挥管理层收购的激励作用的同时也能够完成国有企业的所有权改革。而于世光取得青海华鼎实际控制权后,能否带领上市企业重整旗鼓,其后的经营效果还有待评估。

(二)"国企改革"背景下的管理层收购

　　当前,在国有企业改革的背景下,管理层收购作为国有企业产权制度改革的重要方式,引起了一定的关注和争论。我国上市公司管理层的收购尝试起始于20世纪90年代,其主要目的是明晰国有企业产权,改变企业的治理结构,提高国有企业效率。2001年后,上市公司管理层收购开始逐渐增多。

　　在管理层收购实现国有资本战略性退出且对降低代理成本、提高对企业管理层激励等方面产生积极作用的同时,国有资产在向管理层转让时却可能存在国有资产流失严重、损害上市公司中小股东利益等种种弊端。国务院国资委也曾下令禁止大型国有企业和国有控股企业所属上市公司的国有股权向管理层转让,直到近年才被有条件地放开。青海华鼎的这例管理层收购正是近年来的典型案例之一,通过收购上市公司第一大股东的股权实现间接控股,避免了直接收购上市公司国有股权所需经历的复杂审批程序,而又轻而易举地将原本属国资委控股的上市企业变更了实际控制人,设计巧妙而又水到渠成。

　　实质上,管理层收购作为一种所有权转换方式,模式本身与国有资产的流失不存在必然联系,其实施的意义也与我国国企改革期望对企业经营者进行更有效激励并提高国企生产效率的原则相符。但在实际操作过程中可能存在的信息不对称、交易不合理等问题才是导致国有资产流失的重要原因。

　　因此,对于"管理层收购"所涉及的国有企业产权变更,不应该"一刀切",应采取健全相关法律法规体系、规范资产评估等措施,建立起成熟完备的管理层收购模式,使其变为国有企业改革中的一条重要渠道,而非国有资产流失的途径之一。

五、市场表现(600243)

青海华鼎交易前后股价变动情况见图8。

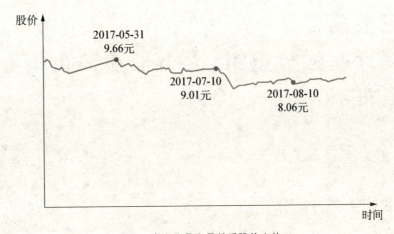

图8　青海华鼎交易前后股价走势

600406

国电南瑞:
电网行业强势重组,大力推动国企核心资产上市

一、收购相关方简介

(一) 收购方:国电南瑞科技股份有限公司

国电南瑞科技股份有限公司于 2001 年成立,是我国电力自动化、轨道交通监控的技术、设备、服务供应商和龙头企业。公司于 2003 年 10 月在上海证券交易所挂牌上市。南瑞集团为本公司的控股股东,国务院国资委为本公司的实际控制人。集团分设三个中心、八家分公司,拥有六个全资子公司和五家控股子公司。2013 年公司完成重大资产重组,收购了北京科东电力控制系统有限责任公司 100% 股权、北京电研华源电力技术有限公司 100% 股权、北京国电富通科技发展有限责任公司 100% 股权、南京南瑞太阳能科技有限公司 75% 股权和南京南瑞集团公司电网安全稳定控制技术分公司整体资产及负债。

国电南瑞科技股份有限公司主要从事电网自动化、发电及新能源、节能环保、工业控制(含轨道交通)的技术和产品研发、设计、制造、销售及与之相关的系统集成服务业务。在电力需求增速下滑,全社会用电量进入中低速增长的新阶段,国电南瑞加快改革创新和转型升级,攻坚克难,在传统电网市场深耕细

作、纵深发展,继续保持龙头优势地位,同时积极拓展海外市场,加快科技创新、加强经营管理,总体而言公司保持了稳健经营。

(二) 收购标的

1. 继保电气

南京南瑞继保电气有限公司于1995年成立,控股股东为南瑞集团,最终控股股东为国家电网,实际控制人为国务院国资委。在1997年至2017年间五次增资,现有注册资本120 000万元。继保电气业务定位为电网自动化及工业控制、继电保护及柔性输电业务。主要从事电网、电厂和各类工矿企业的电力保护控制及智能电力装备的技术研究、产品开发、生产销售、工程实施和咨询服务,是国内继电保护领域最大的科研和产业化基地、自主柔性输电技术处于国际先进水平,是国家重点高新技术企业、国家规划布局内的重点软件企业,拥有"国家能源电力控制保护技术研发(实验)中心"。

2. 普瑞特高压

北京国网普瑞特高压输电技术有限公司于2006年成立,控股股东为国家电科院,最终控股股东为国家电网,实际控制人为国务院国资委。公司分别在2009年和2015年两次进行增资,现有注册资本11 780万元。普瑞特高压业务定位为电网自动化业务。主要从事电动汽车充换电设备等产品的研发、设计、制造、销售与工程服务。主要产品为电动汽车充换电设备等。普瑞特高压是国家电动汽车充换电设施建设的重要供应商。

3. 普瑞工程

中电普瑞电力工程有限公司于2010年成立,控股股东为南瑞集团,最终控股股东为国家电网,实际控制人为国务院国资委,公司在2017年注册资本增至10 000万元。普瑞工程业务定位为柔性输电业务。主要从事超/特高压直流输电、柔性直流输电核心装备制造、工程成套、电网安全稳定控制等业务。主要产品为柔性直流输电设备及系统集成、高压/特高压直流输电换流阀、电网安全稳定分析控制系统等。

4. 普瑞科技

中电普瑞科技有限公司于2006年成立,控股股东为南瑞集团,最终控股股东为国家电网,实际控制人为国务院国资委,公司分别于2011年、2012年和2016年三次进行增资,现有注册资本30 260.62万元。普瑞科技业务定位为柔性输电业务。主要从事柔性交流输电技术应用、电能质量监测治理及咨询、智能配电及节电技术应用等相关业务。主要产品为柔性交流输电及电能质量控制设备及与之相关的工程总承包、运检服务。普瑞科技多项自主核心技术引领了我国电力电子技术在电网中的推广应用。

5. 信通公司

南京南瑞信息通信科技有限公司于2013年成立,控股股东为南瑞集团,最终控股股东为国家电网,实际控制人为国务院国资委。公司于2015年增资,现有注册资本5 000万元。信通公司业务定位为电力信息通信业务。主要从事电力生产管理、运行监控、安全防护及相关信息通信软硬件研发制造、系统集成和工程服务。主要产品为信息安全、资产全寿命管理咨询、信息通信网络及系统监控等。信通公司是高新技术企业、国家能源局信息安全等级保护测评中心第三实验室的支撑单位,是支撑智能电力信息通信系统建设的核心队伍,在信息安全、信息通信综合监管等领域处于国内领先地位。

6. 瑞中数据

江苏瑞中数据股份有限公司于2009年成立,控股股东为南瑞集团,最终控股股东为国家电网,实际控制人为国务院国资委。公司在2010年至2011年间三次增加实收资本至1 800万元。瑞中数据业务定位为电力信息通信业务。主要从事数据存储、一体化平台、开放型应用到数据运维、数据增值与运营业务。主要产品为电力实时数据库及服务。

7. 设计公司

南瑞电力设计有限公司于2010年成立,控股股东为国网电科院,最终控股股东为国家电网,实际控制人为国务院国资委,注册资本为1 800万元。2011年5月,公司吸收合并其全资子公司福州雄宇电力技术开发有限公司,吸收合并完成后,设计公司存续,福州雄宇电力技术开发有限公司注销。设计公司业务定位为电力工程设计咨询及设备集成业务。主要从事送变电、新能源发电等项目的工程设计咨询及设备集成业务,为南瑞集团总包业务及国际业务拓展提供支撑。

8. 上海南瑞

上海南瑞实业有限公司于1994年成立,控股股东为南瑞集团,最终控股股东为国家电网,实际控制人为国务院国资委,注册资本为556万元。上海南瑞业务定位为进出口贸易及物流服务业务。主要为南瑞集团产品和设备的进出口提供服务。

9. 云南南瑞

云南南瑞电气技术有限公司于 2012 年成立,控股股东为南瑞集团,最终控股股东为国家电网,实际控制人为国务院国资委,注册资本为 1 000 万元。云南南瑞业务定位为发电及水利环保业务。主要从事云南、贵州及东南亚地区的水电自动化、水利信息化、节能环保、工业控制自动化、新能源自动化等领域电工装备及与之相关的工程技术服务及集成业务。

10. 巴西公司

NARI Brasil Holding Ltd. 于 2013 年成立于巴西,控股股东为南瑞集团,最终控股股东为国家电网,实际控制人为国务院国资委,南瑞集团出资 990 万美元,占总股本的 99%,武汉南瑞出资 10 万美元,占总股本的 1%。巴西公司业务定位为巴西及南美洲地区产品销售及产品集成业务。主要从事南瑞集团产品在巴西及南美洲地区的销售及产品集成。

11. 印尼公司

PT. NARI Indonesia Forever 于 2013 年在印度尼西亚由南瑞集团、Marzuki Usman(印尼自然人)合资成立,控股股东为南瑞集团,最终控股股东为国家电网,实际控制人为国务院国资委。印尼公司的业务定位为印尼及周边地区产品销售及产品集成业务。主要从事南瑞集团产品在印尼及周边地区的销售及产品集成业务。

12. 北京南瑞

北京南瑞系统控制有限公司于 1994 年成立,于 2002 年进行公司制改制,其控股股东为南瑞集团,最终控股股东为国家电网,实际控制人为国务院国资委。公司于 2012 年进行增资,现有注册资本金为 1 000 万元。北京南瑞业务定位为区域技术服务业务。主要从事南瑞集团北京及周边地区的营销支撑、工程技术服务业务。

(三) 关联控股方:南瑞集团有限公司

南瑞集团有限公司是国电南瑞的控股股东,控股比例为 41.01%。南瑞集团成立于 1993 年,成立时注册资金 2 000 万元,企业性质为全民所有制。分别于 1999 年和 2001 年增资,增资后,南瑞集团注册资本为 80 000 万元,为国网电科院的全资子公司。2017 年 10 月,国网电科院作出股东决定,同意南瑞集团公司改制方案,改制后名称为南瑞集团有限公司,注册资本为 200 000 万元。

南瑞集团主要从事电力系统自动化,信息通信,超/特高压输电设备,柔性输电设备,发电及水利自动化设备,工业自动化设备及电线电缆的研发、设计、制造、销售,工程服务与工程总承包业务。南瑞集团是第二批国家创新型企业,是"国家火炬计划重点高新技术企业"和国家认定企业技术中心,连续十届进入中国软件企业百强、连续六届成为中国十大创新软件企业。

二、收购事件一览

● 2016 年 12 月 29 日,国电南瑞发布公告,公司控股股东正在筹划重大资产重组事项,公司股票首次停牌。

● 2017 年 5 月 16 日,公司召开第六届董事会第十一次会议,审议通过《关于公司发行股份及支付现金购买资产并募集配套资金暨关联交易方案的预案》,同意国电南瑞分别向国网电科院、南瑞集团、沈国荣、云南能投发行股份及支付现金购买资产。

● 2017 年 5 月 26 日,公司收到上海证券交易所《关于对国电南瑞科技股份有限公司发行股份及支付现金购买资产并配套募集资金暨关联交易预案信息披露的问询函》。

● 2017 年 7 月 31 日,公司召开第六届董事会第十三次会议,审议通过了《关于公司发行股份及支付现金购买资产并募集配套资金暨关联交易方案的预案》。

● 2015 年 8 月 1 日,发布《本次重大资产重组涉及的资产评估报告获得国务院国资委备案的提示性公告》。

● 2017 年 8 月 18 日,发布《关于本次重大资产重组获国务院国资委批复的提示性公告》。

● 2017 年 8 月 30 日,发布《关于本次重大资产重组申请材料获得中国证监会行政许可申请受理的提示性公告》。

● 2017 年 10 月 14 日,披露《发行股份及支付现金购买资产并募集配套资金暨关联交易报告书(草案)》。

● 2017 年 12 月 18 日,披露《发行股份及支付现金购买资产并募集配套资金暨关联交易报告书》。

- 2017 年 12 月 28 日,标的资产过户手续完成。

三、收购方案

重组的整体方案由以下两步组成:(1)发行股份并支付现金购买资产; (2)募集配套资金。

(一) 发行股份并支付现金购买资产

国电南瑞以发行股份方式购买国网电科院所持普瑞特高压 100% 股权、设计公司 100% 股权、江宁基地及浦口房产土地;以发行股份方式购买南瑞集团持有的主要经营性资产及负债;以发行股份方式购买南瑞集团所持信通公司 100% 股权、普瑞工程 100% 股权、普瑞科技 100% 股权、北京南瑞 100% 股权、上海南瑞 100% 股权、印尼公司 90% 股权、巴西公司 99% 股权、瑞中数据 60% 股权、云南南瑞 65% 股权;以发行股份方式购买云南能投所持有的云南南瑞 35% 股权;以发行股份及支付现金方式购买南瑞集团所持有的继保电气 79.239% 股权,其中现金支付比例为继保电气 79.239% 股权交易作价的 14.60%;以发行股份方式购买沈国荣所持有的继保电气 7.761% 股权。

(二) 募集配套资金

本次重组,上市公司拟采用询价方式向不超过 10 名特定投资者非公开发行股票募集配套资金,募集配套资金总额 610 328 万元。资金用于标的资产相关产业化项目投资、支付交易对价以及支付相关税费和中介费用。交易完成前后国电南瑞股权结构变化情况如表 4 所示。

表 4　交易完成前后国电南瑞股权结构变化情况　　单位:万股

股东名称	本次交易前		本次交易后	
	股数	持股比例	股数	持股比例
南瑞集团	99 623.39	41.01%	239 326.63	56.96%
国网电科院	—	0	25 173.28	5.99%

续表

股东名称	本次交易前		本次交易后	
	股数	持股比例	股数	持股比例
南瑞集团及关联方合计	99 623.39	41.01%	264 499.91	62.95%
沈国荣	—	0	12 372.67	2.94%
云南能投	—	0	52.53	0.01%
其他股东	143 271.95	58.99%	143 271.95	34.10%
合计	242 895.34	100%	420 197.06	100%

四、案例评论

(一) 积极推进混合所有制改革,推动国企核心资产整体上市

　　根据重组方案,国电南瑞寻求的是集团的整体上市。从微观层面来看,国电南瑞本次交易是资产重组,从宏观层面来看,本次交易是国企混改的典型案例。当前国家正积极推动混合所有制改革,要求扩大试点范围,包括结合垄断行业的改革,让具备条件的国有资产尽快实现整体上市。国电南瑞的本次交易积极响应国家号召,以国电南瑞作为上市平台,将国网电科院、南瑞集团下属12家一级子公司和集团经营性资产负债等资产整体注入上市公司,以实现南瑞集团及国网电科院核心业务资产的整体上市,进一步提高国网的资产证券化率,也为国网旗下其他上市平台后续的改革重组树立了一个标杆。

(二) 200 亿元核心资产整体上市,重组规模空前巨大

　　本次重组是历年来规模最大的重组之一,标的资产规模相当于另一个国电南瑞。据公司数据显示,截至 2016 年 12 月 31 日,国电南瑞的总资产为 175.32 亿元,2016 年全年营业收入为 114.15 亿元,归属于母公司所有者净利润为 14.47 亿元;截至 2016 年 12 月 31 日,标的资产的总资产为 276.49 亿元,2016 年全年营业收入为 189.95 亿元,归属于母公司所有者净利润为 18.89 亿元。由此可见,标的资产表现明显好于国电南瑞同期表现。以 2016 年 12 月 31 日为基准日的预估值作为标的资产的价值,以 2016 年 12 月 31 日为预估基准日,本次标的资产 100% 权益汇总的账面净资产为 1 140 535.85 万元,预估值为

2 933 411.04 万元,预估增值 1 792 875.20 万元,增值率为 157.20%。

(三) 发挥经营协同效应,提高上市公司综合竞争力

国网电科院及南瑞集团通过本次重组注入下属与上市公司主营业务相关且盈利能力强的资产,从业务结构、资产体量、盈利能力等方面均将给上市公司带来显著提升。

首先,上市公司收购继保电气 87% 的股权。南瑞继保在我国的继保领域一直占有领先地位,完成此项收购后,上市公司将新增继电保护及柔性输电业务,在继电保护等领域的优势将进一步扩大。本次收购的标的资产还有北京南瑞 100% 股权、上海南瑞 100% 股权、印尼公司 90% 股权、巴西公司 99% 股权、瑞中数据 60% 股权等,收购此等标的资产后,公司的业务布局进一步完善,行业地位进一步巩固,整体价值将得到有效提升,与此同时,上市公司还将直接获得海外业务的出口平台,更有利于公司直接参与到东南亚、巴西等地的电网投资项目,具有重要的经济效应。不仅如此,本次交易置入业务与上市公司原有业务之间具有协同效应,可实现产业融合与资源共享,进一步提升上市公司经营效率。通过本次重组,国电南瑞将有效拓宽盈利来源、提升盈利能力、抗风险能力,并增强综合竞争力。

未来,国电南瑞将大幅提升在全球能源互联网、智能电网、配电网等投资领域的领先优势,特别是注入继保电气等此类优质资产后,更能帮助公司丰富其在电力行业的产业链,使公司在智能电网二次设备领域的龙头企业地位越发稳固壮大。

(四) 海外业务存亮点,高速发展值得期待

随着世界经济的高速发展,全球对电力的需求不断在增加,电力市场的发展空间不断扩大。而且,在全球能源互联网的规划下,亚洲已形成由中国、东北亚、东南亚、南亚、中亚、西亚六大电网组成的“1 + 5”联网格局,与“一带一路”战略相辅相成。目前,南瑞集团已拥有横跨亚洲、非洲、欧洲、美洲的国际营销网络和丰富的海外工程承包经验,为公司未来征战海外市场提供了强有力的保障。此外,公司巴西美丽山特高压直流项目和英国设得兰柔直项目的中标,标志着国际市场对南瑞直流技术的认可。在整体低基数的情况下,南瑞集团海外

业务实现高增长值得期待。

五、市场表现（600406）

国电南瑞交易前后股价变动情况见图9。

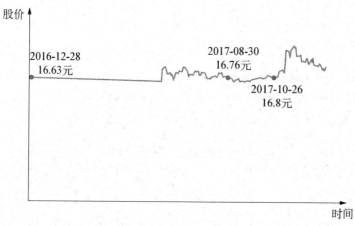

图9　国电南瑞交易前后股价走势

600760

中航沈飞(原中航黑豹)：
业务转型以避寒潮，资产重组助力军民融合

一、收购相关方简介

(一) 收购方：中航沈飞股份有限公司(原中航黑豹股份有限公司)

　　中航黑豹股份有限公司是 1993 年 2 月经由山东黑豹(原山东文登农用运输车厂)发起，于 1994 年 6 月以定向募集方式设立的股份有限公司，并于 1996 年 10 月 11 日在上海证券交易所挂牌上市。中航黑豹曾是国家机械局定点生产低速货车的骨干企业，主营业务包括专用车、微小卡和液压零部件的生产制造及销售，主导产品为"黑豹"牌低速货车，具备年产 10 万辆整车的综合生产能力。本次重组前，受国内经济增速放缓、汽车环保标准不断强化等因素影响，以中低端产品为主的专用车、微小卡产业需求下降，中航黑豹 2014 年度、2015 年度连续亏损，2017 年第一季度中航黑豹净利润一度下滑至 −1 024.51 万元。

　　此次交易前，金城集团拥有中航黑豹 16.11% 的股权，为上市公司的控股股东，航空工业为上市公司的实际控制人。待本次交易完成后，不考虑配套募集资金发行股份的影响，本次的交易对象之一航空工业将持有中航黑豹 70.20% 的股权，成为上市公司的控股股东，并维持上市公司的实际控制人地位不变。

(二) 收购标的：沈阳飞机工业(集团)有限公司

标的公司前身为张学良于 1930 年建立,1951 年被正式命名的"国营 112 厂",后来经过三次名称变更后,最终于 1994 年 6 月按照国有独资有限责任公司体制进行改建后更名为沈阳飞机工业(集团)有限公司。2014 年 5 月,沈飞集团召开 2014 年第四次临时股东会议,为突出主营业务、提高资产质量,审议决定沈飞集团将采取存续分立的方式分立为沈飞集团(存续主体)和沈飞企管(新设主体)。截至目前,沈飞集团旗下有控股企业和主要参股公司各 6 家。

沈飞集团占地面积 800 多万平方米,现有职工 15 000 人,主要经营航空产品制造业务,主要产品包括航空防务装备和民用航空产品,总资产达到 224 亿元。自成立以来,沈飞集团积极研制出多种型号数千架歼击机,是我国重要的歼击机研制生产基地,被誉为"中国歼击机的摇篮"。目前沈飞集团已将体制改革推向更深层次,逐步建立了一个产品开发、生产、营销一体化的技术创新体系,形成统一、协调、有效、顺畅的技术中心实体,成为集科研、生产、试验、试飞为一体的大型现代化飞机制造企业。本次收购前,航空工业持有沈飞集团 94.6% 的股份,为沈飞集团的控股股东和实际控制人。

(三) 关联控股方：中国航空工业集团公司

中国航空工业集团公司持有沈飞集团 94.6% 的股份,是沈飞集团的控股股东和实际控制人,同时也是中航黑豹的实际控制人。除此之外,航空工业旗下还有 27 家下属公司。

航空工业是国家出资设立,受国务院国有资产监督管理委员会直接监督管理的企业,于 2008 年 11 月 6 日由原中国航空工业第一、第二集团公司重组整合成立,注册资本为 640 亿元。作为国资委直属管理的特大型国有企业,航空工业设有航空武器装备、军用运输类飞机、直升机、机载系统与汽车零部件、通用航空、航空研究、98 飞行试验、航空供应链与军贸、资产管理、金融、工程建设、汽车等产业。近年来,航空工业立足于航空主业,通过一系列专业化整合及资本运作不断做大做强主营业务,业务规模不断扩大,2016 年营业收入达到 36 741 780.09 万元。目前,航空工业也正在向着实现核心竞争力由资本、管理、技术老"三位一体"向品牌价值、商业模式、集成网络新"三位一体"的转型升级的方向努力。重组前各交易方股权结构如图 10 所示。

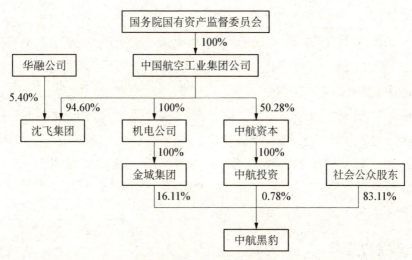

图 10 重组前各交易方股权结构

二、收购事件一览

● 2016 年 8 月 29 日,中航黑豹因筹划重大事项开始停牌。

● 2016 年 11 月 18 日,国防科工局出具《国防科工局关于沈阳飞机工业(集团)有限公司重组上市涉及军工事项审查的意见》,审查通过本次重大资产重组涉及的军工事项。

● 2016 年 11 月 24 日,中航黑豹本次重大资产重组方案通过国务院国资委的预审核。

● 2016 年 11 月 28 日,中航黑豹第七届董事会第二十三次会议审议通过了与本次重大资产重组预案等相关的议案,并于 2016 年 11 月 29 日披露交易预案。

● 2017 年 6 月 9 日,国资委出具《关于中航黑豹股份有限公司资产重组、配套融资及国有股东所持部分股份无偿划转等有关问题的批复》(国资产权〔2017〕447 号),原则同意中航黑豹本次重大资产重组的总体方案。

● 2017 年 6 月 15 日,中航黑豹召开第七届董事会第二十九次会议,审议通过了本次交易正式方案及相关事项。

● 2017 年 6 月 20 日,中航黑豹召开 2017 年第二次临时股东大会审议通过本次重组相关事项,且同意航空工业及其一致行动人免于向中航黑豹股东发出收购要约。

● 2017 年 11 月 17 日,中航黑豹收到中国证监会《关于核准中航黑豹股份有限公司向中国航空工业集团公司等发行股份购买资产并募集配套资金的批复》,本次交易获得中国证监会核准。

● 2017 年 11 月 22 日,本次交易中航黑豹购买的沈飞集团 100% 股份已经完成相应的工商变更登记。

● 2018 年 1 月 12 日,公司证券简称由"中航黑豹"变更为"中航沈飞",证券代码保持不变。

三、收购方案

本次交易属于重大资产重组。同时,在本次重组的交易对象金城集团、航空工业、中航机电中,航空工业为中航黑豹的实际控制人,金城集团和中航机电为中航黑豹实际控制人航空工业的控股企业,为中航黑豹的关联方,因此本次交易也构成关联交易。

本次交易总体方案包括以下三个部分:重大资产出售、发行股份购买资产以及募集配套资金。其中,重大资产出售、募集配套资金以发行股份购买资产的成功实施为前提和实施条件,但最终重大资产出售、募集配套资金成功与否不影响发行股份购买资产的实施。

(一) 重大资产出售

中航黑豹以现金方式出售的资产是除了上航特 66.61% 股权外的全部资产及负债,其中出售资产中涉及股权转让的部分包括北汽黑豹 42.63% 股权、南京液压 100% 股权、安徽开乐 51% 股权、文登黑豹 20% 股权;出售资产中非股权资产部分包括母公司的货币资金、其他应收款、固定资产、投资性房地产、其他流动资产以及其他非流动资产。

本次重大资产出售的交易对象为金城集团。以 2016 年 8 月 31 日为基准日,出售净资产账面值 47 629.29 万元,评估值 53 776.92 万元,评估增值 6 147.63 万元,增值率为 12.91%。

（二）发行股份购买资产

本次交易的标的资产为沈飞集团 100%的股权。本次交易重组中,中航黑豹采取发行股份的方式向沈飞集团的股东航空工业和华融公司购买资产。本次标的资产的评估基准日为 2016 年 8 月 31 日,采用资产基础法进行评估,沈飞集团 100%股权的净资产价值为 347 229.56 万元,评估值为 797 977.77 万元,增值率为 129.81%。经交易各方协商,确定购买资产的交易价格为797 977.77 万元,全部对价通过发行股份方式支付。

本次为购买资产发行股份的定价基准日是中航黑豹第七届董事会第二十三次会议决议公告日。经协商,交易各方约定本次购买资产的股份发行价格确定为定价基准日前 60 个交易日上市公司股票交易均价的 90%,为 8.04 元/股。按此股价发行股票,中航黑豹向交易对方购买资产发行股份数量合计为99 250.97 万股。其中,向航空工业发行股份数量为 938 932 666 股,向华融公司发行股份数量为 53 576 997 股。

（三）募集配套资金

中航黑豹在本次发行股份购买资产的同时,向航空工业、机电公司、中航机电非公开发行股份募集配套资金,募集资金总额不超过 166 800 万元,不超过标的资产交易价格的 100%,且发行股份数量不超过本次发行前上市公司股本总额的 20%,即 68 988 078 股。本次募集的配套资金除了用于支付相关中介机构费用,其他全部用于沈飞集团新机研制生产能力建设项目。交易完成前后中航黑豹股权结构变化情况如表 5 所示。

表 5　交易完成前后中航黑豹股权结构变化情况

股东名称	本次交易前		本次交易后	
	持股数量(股)	持股比例	持股数量(股)	持股比例
航空工业	—	—	938 932 666	70.20%
金城集团	55 559 136	16.11%	55 559 136	4.15%
中航投资	2 677 900	0.78%	2 677 900	0.20%
航空工业及关联方小计	58 237 036	16.88%	997 169 702	74.55%
华融公司	—	—	53 576 997	4.01%
其他股东	286 703 354	83.12%	286 703 354	21.44%
合计	344 940 390	100%	1 337 450 053	100%

本次交易完成后,不考虑募集配套资金及无偿划转影响,航空工业直接持有中航黑豹股权比例为70.20%,中航黑豹的控股股东由金城集团变为中航黑豹,实际控制人将维持航空工业不变。

四、案例评论

(一) 汽车制造业遇"寒冬",上市公司业务转型寻求新出路

近年来,国内经济增速逐步放缓,以汽车整车制造、汽车零部件及配件制造为核心业务的汽车制造业遭遇"寒潮"。我国汽车行业总销量在经历2009年至2010年的高速增长后,于2011年至2014年增速降低到10%左右,2015年至2016年则由于宏观经济景气度下行等因素作用,销售增速明显下行。一方面,汽车行业面临着较为严重的产能过剩问题。在市场已达饱和的状态下,单方面供给仍然不断增加,加上产品同质化严重,销售渠道单一,汽车制造业行业内部竞争压力过大、产能结构过剩等问题越来越突出,产品利润基础也越来越薄弱。另一方面,由于国内环境问题突出,民众环保呼声愈加强烈,环保部门在2017年进一步加强整治,掀起了最严环保风潮。处于风口浪尖的汽车制造业环保标准不断强化,受到的监管约束不断增强,加上受制于国四排放等标准实施的影响,产业发展渐缓。

在整个汽车制造业进入"冬眠期"的大环境之下,以生产制造及销售专用车、微小卡和液压零部件为核心业务的中航黑豹也难逃一劫。近年来,上市公司专用车产业收入下降明显,微小卡产品销量持续下滑,公司营业收入下滑明显,2015年度、2016年度和2017年第一季度,公司营业收入分别为169 674.81万元、115 443.92万元和27 631.21万元,经营业绩呈下降趋势,公司股票被实施退市风险警示。因此,实现业务转型以寻求新的利润增长点刻不容缓。

通过本次重组交易,一方面,中航黑豹出售全部原有业务相关资产和负债以剥离盈利能力较弱的资产;另一方面,中航黑豹购买沈飞集团100%股权,成为沈飞集团的唯一股东,主营业务由专用车、微小卡和液压零部件业务转变为航空产品制造业务。根据中国证监会《上市公司行业分类指引》(2012年修订),上市公司行业分类由"C制造业"中的"C36汽车制造业"转变为"C制造业"中的"C37铁路、船舶、航空航天和其他运输设备制造业"。沈飞集团是我国航空防务装备制造单位,是国防重点航空防务装备的研制基地。经过半个多世纪的

发展,沈飞集团在航空产品制造领域积累丰富的经验,在工艺、技术、人才培养及储备方面处于国内领先水平,具有良好的发展前景和盈利能力。本次重组完成后,上市公司母公司不再经营具体业务,全部业务通过沈飞集团开展与运营。同时,上市公司将在沈飞集团既有战略发展规划的基础上,结合自有优势,集中资源,重点发展航空产品制造业务,积极推进新项目研制。本次重组实现了上市公司主营业务的转变,有望显著增强上市公司可持续盈利能力。

(二)沈飞集团二度"寻壳",搭乘中航黑豹"末班车"

作为"中国歼击机的摇篮"的沈飞集团,自新中国成立以来就承担着我国重点型号航空防务装备的研制任务,先后为我国生产设计生产了多款航空防务装备,其研制水平位于世界领先行列。近年来,我国国防支出历年增加,从2007年的3 554.91亿元到2016年的9 765.84亿元,十年涨幅近三倍,并且国防支出在国家全部财政支出中所占份额也稳定维持在5%—7%之间。沈飞集团作为国防航空防务装备的重要研制基地,其业务规模也将在国防支出逐年增加的趋势下进行稳定的扩大。然而,对于我国的军工企业而言,扩大自身规模面临的最大阻碍当属融资渠道的制约,由于缺乏相应的融资优势,资金的供应如果不能跟上企业发展的雄心,那么企业便会受制于小规模生产而无法发挥其优势。

为了解决这一问题,国家相关部门提出"军工资产证券化"。军工资产证券化的意义在于能够通过上市平台的融资优势筹集到更多的社会资源以加强对军工建设任务的保障,充分发挥资本市场对军工企业发展壮大的支撑作用,不断提升军工产品制造水平。截至2017年末,我国军工资产证券化率仅25.37%,远远低于国外军工企业资产证券化率,而作为具有强大技术实力的沈飞集团也不断寻觅合适的上市公司,希望以"借壳"的方式为其优质资产提供更大的发展机会。

早在2014年,四川成飞集成科技股份有限公司就曾发布交易预案,拟购买沈飞集团100%股权。成飞集团同样作为我国歼击机的主要研制基地之一,逐步确立了军机、民机和非航空民品齐头并进的产业发展格局。而成飞集成收购沈飞集团这一交易对于二者而言可以视为"双赢",如果交易成功,成飞集团将提升公司的资产规模和经营能力,而沈飞集团则可借此"壳"成功完成资产的上市,从而促进企业航空装备业务的快速发展。然而这一计划却终究未能实现,2014年11月,成飞集团的控股股东中航工业收到国防科工业局就重组事项的意见,明确指出该方案的实行将消除特定领域竞争,会形成行业垄断。在此建议下,成飞集成终止了相关方案的后续推进。此次时隔两年之久,沈飞集团又一次踏上了"寻壳"之路,而本次交易的对象则是其控股股东航空工业旗下的中航黑豹。不同于航空产品制造业务,中航黑豹主要业务是专用车和液压零部件的生产制造及销售,因此此次交易并不会面临同业收购形成垄断的问题。此外,不仅沈飞集团有"寻壳"之意,中航黑豹也有"保壳"之心,由于中航黑豹近年来业绩大幅度下滑甚至形成亏损,公司股票被实施退市风险警示,若2016年度经审计的净利润继续为负值,中航黑豹可能被上交所暂停上市。面对此状况,相关控股方航空工业主动出面充当桥梁,通过策划本次资产重组事项在帮助中航黑豹化险为夷的同时,也助力沈飞集团搭乘中航黑豹退市前的"末班车"以成功完成资产上市,成为中国战机第一家上市的企业,可谓是一举两得,双方受益。

(三) 巧抓国防工业新机遇,顺应军民融合新发展

在我国国际地位显著上升、经济实力不断增强、海外利益逐年增加、军事压力持续升高的背景下,一方面,我国国防科技工业面临着新一轮行业发展的良好机遇;另一方面,我国周边国家安全问题日趋复杂化,作为国防事业的主力军,国防科技工业保障我国军工建设高效有质量的任务愈发紧迫。为了深化国防军工企业改革,加快体制机制创新,进一步增强军工企业活力,我国军工企业改制上市、资产证券化进程正在加快推进。与此同时,一种新的发展思路"军民融合"也被提出。

所谓军民融合,就是将军方的工业、技术、人才和需求同民用的工业、技术、人才和需求相结合进行优势互补以更合理地利用资源,优化资源配置,融合的重点是资本、技术和产业。2015年3月,军民融合被上升为国家战略,2016年11月中央军委军民融合局成立,2017年1月22日,中央军民融合发展委员会成立并由习近平主席亲自担任委员会主任。一揽子政策的接连出台和国家的持续关注,开启了军民融合发展的"黄金时代",这也是军工企业从解放初期的"专心于军"到"军民结合"后,再从"军民产品分离"发展而来的新阶段。2016年3月召开的中共中央政治局会议审议通过了《关于经济建设和国防建设融合发展的意见》,强调要不断推进军民融合发展,把军民融合的理念和要求贯穿于经济建设和国防建设全过程,加快形成全要素、多领域、高效益的军民深度融合发展格局。

实现军民融合的一条重要途径是军工企业借助上市公司的民间资本来发

展核心产业以形成优势互补,截至目前,我国已经出台了多项适度开放民间资本、社会资本进入军工行业的产业政策,并鼓励军工企业通过资产重组、上市、相互参股、兼并收购等多种途径推进股份制改造。本次收购活动也正是响应了国家对于军民融合的呼吁。作为中航黑豹和沈飞集团的实际控制人,航空工业积极按照国防科技工业的市场化改革要求将下属核心军工资产进行资产证券化以发挥军民融合的优势。本次重组从某种意义上来说可谓是航空工业的"良苦用心",航空工业旨在发挥上市公司中航黑豹的资本运作功能,在提升航空工业军工资产证券化率基础上,利用上市平台为军工建设任务提供资金保障,通过为航空产品研制的后续技术改造拓宽融资渠道来提升航空产品的发展空间,是响应国家军民融合政策、发挥协同优势的不二选择。通过本次交易,航空工业通过将旗下防务装备核心业务资产注入中航黑豹,一方面使得该等优质军工资产得以依托上市平台更好地吸收社会资源,获得较强的融资能力,为壮大航空产品科研生产能力、增强可持续发展能力提供有力支撑;另一方面,本次交易将优化军工企业产权结构,激发经营活力,从经营管理和体制机制方面增强企业综合竞争力,充分发挥军民融合的资源互补优势。

五、市场表现(600760)

中航沈飞(原中航黑豹)交易前后股价变动情况见图11。

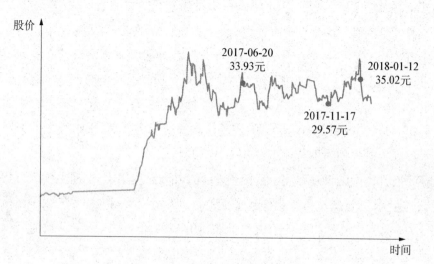

图 11　中航沈飞交易前后股价走势

600859

王府井：
吸收合并以"瘦身健体"，国企改革以提质增效

一、收购相关方简介

（一）合并方：王府井集团股份有限公司

　　王府井集团股份有限公司的前身是 1955 年创立的被誉为"新中国第一店"的北京市百货大楼。上市公司于 1991 年被组建为北京百货大楼集团，1993 年经改组股份制后作为北京王府井百货(集团)股份有限公司开展业务。1994 年 5 月，王府井首次向社会公开发行 5 000 万股普通股并在上海市证券交易所挂牌上市，完成了由定向募集股份公司向社会募集股份公司的转变。本次吸收合并前，王府井的控股股东是持有其 38.18% 股份的王府井国际，实际控制人为王府井东安，最终控制人是北京市国资委。本次交易完成后，上市公司的控股股东和实际控制人均为王府井东安。

　　王府井是中国大陆专注于百货业发展的最大零售集团，早期主要以百货业为核心业务，通过实施百货业跨区域连锁经营策略成为国内知名的大型百货连锁企业。截至 2017 年末，王府井在北京、西南、西北、东北、华中以及华南等经济区域共设立了 54 家门店，总经营建筑面积达到 261 万平方米。近年来，为了

适应消费需求和市场环境的变化,王府井积极推进战略转型,将主营业务向零售业推进。目前上市公司已经基本实现了在奥特莱斯(OUTLETS)业态方面的跨越式发展,形成多业态并举、覆盖顾客全生活系统的业态结构,在零售行业内逐步形成新的领先优势。

(二) 被吸并方: 北京王府井国际商业发展有限公司

北京王府井国际商业发展有限公司,由北控集团和北京市燃气集团有限责任公司于 2006 年 5 月共同投资设立,注册资本为 1 000 万元。经过 2010 年和 2011 年两次增资之后,现在注册资本达到 101 567. 47 万元。王府井国际经 2007 年 5 月股权无偿划转后,其控股股东由北控集团变更为王府井东安。截至本次吸收合并基准日,王府井国际企业主要有 2 家控股企业,分别是王府井集团股份有限公司和北京王府井国际商业管理有限责任公司。王府井国际是一家集投资、融资和股权管理为一体的持股型公司,不从事具体的经营业务。作为王府井东安重点打造的集团内部的资本运作平台与商业地产开发平台,王府井国际的主要任务是发挥两大平台的协同效应,提升控股公司王府井的经营能力和资本运作能力。

(三) 关联方: 北京王府井东安集团有限责任公司

北京王府井东安集团有限责任公司成立于 1992 年 4 月 30 日,主要业务是经营和管理北京市国资委授权范围内的国有资产,充分发挥资本运作功能,重点培育和发展以零售业为主的大型上市公司。本次吸收合并实施前,王府井东安持有标的公司 70% 的股权,同时也是上市公司的实际控制人。除了控股王府井国际,王府井东安旗下还控制着北京宏业房地产开发有限责任公司、北京东安振兴物业管理有限责任公司、南通王府物业发展有限责任公司和东安春天 4 家公司,总资产达 265 亿元。此次并购交易前后王府井股权结构如图 12 和图 13 所示。

二、收购事件一览

- 2017 年 8 月 4 日,王府井因筹划重大资产重组事项开始停牌。

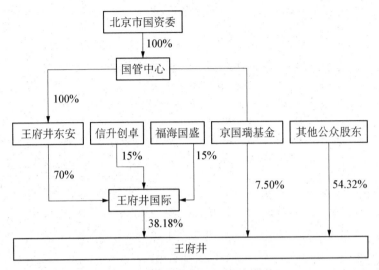

图 12　吸收合并前王府井股权结构

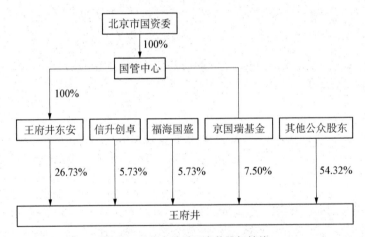

图 13　吸收合并后王府井股权结构

● 2017 年 8 月 9 日,交易对方王府井东安、国管中心分别审议通过本次吸收合并的相关事项。

● 2017 年 8 月 17 日,交易对方信升创卓、福海国盛分别召开合伙人会议,审议通过本次吸收合并的相关事项。

● 2017 年 8 月 18 日,王府井召开第九届董事会第八次会议,审议通过了本次交易草案及其他相关议案。

● 2017 年 8 月 19 日,王府井披露本次吸收合并草案及相关公告和文件。

● 2017 年 9 月 4 日，王府井召开 2017 年第二次临时股东大会，审议通过本次吸收合并相关议案。

● 2017 年 10 月 25 日，北京市国资委下发了《关于无偿划转北京王府井国际商业发展有限公司 5% 国有股权的通知》，将作为交易对方之一的国管中心所持有的王府井国际 5% 股权无偿划转给王府井东安。

● 2017 年 10 月 30 日，针对上述无偿划转协定，王府井第九届董事会第十三次会议决议审议通过了本次吸收合并方案的调整事项，将交易对方由王府井东安、国管中心、信升创卓、福海国盛调整为王府井东安、信升创卓、福海国盛，并通过了相关交易方式的调整方案。

● 2017 年 12 月 20 日，王府井收到中国证监会下发的《关于核准王府井集团股份有限公司吸收合并北京王府井国际商业发展有限公司的批复》，本次交易获得中国证监会核准。

● 2018 年 1 月 10 日，本次吸收合并项下的标的资产交割手续已全部完成，被吸并方王府井国际所持有的王府井全部股份已办理股份注销手续。

三、收购方案

本次吸收合并的交易对方为王府井东安、信升创卓和福海国盛，其中王府井东安为上市公司的实际控制人，因此本次交易构成关联交易。本次重大资产重组主要是通过发行股份及支付现金来完成的。

（一）发行股份及支付现金进行吸收合并

本次交易中，王府井为吸收合并方，王府井国际为被吸收合并方。王府井向王府井东安、信升创卓、福海国盛三家交易对方发行股份及支付现金吸收合并王府井国际。本次吸收合并完成后，王府井作为存续方，将承继及承接王府井国际的全部资产、负债、合同及其他一切权利与义务。

本次交易的评估基准日为 2017 年 5 月 31 日，根据相关资产评估公司出具的评估结果，王府井国际股东全部权益账面价值为 293 091.12 万元，评估价值为 429 120.18 万元，增值率为 46.41%。基于上述评估结果，在交易各方协商后确认本次吸收合并的对价为 429 120.18 万元。为了兼顾各方利益，经交易双方协定,本次交易发行股份的定价以王府井首次审议本次吸收合并方案的董事会决议公告日为基准日,按照不低于定价基准日前 20 个交易日公司股票交易均价的 90% 为标准,最终确认为 14.21 元/股。由于本次交易的目的在于调整上市公司持股结构,将王府井国际持有的上市公司股份变更为王府井国际的股东王府井东安、信升创卓、福海国盛持有的上市公司股份,因此本次交易王府井发行股份的数量与交易前王府井国际持有的上市公司股份数量一致,即296 390 323 股,剩余部分对价由王府井以货币资金支付。交易对方就本次交易取得的王府井股份数量和现金对价情况如表 6 所示。

表6　王府井向交易对方支付的现金与发行股份数量情况

序号	交易对方	交易价格(元)	现金支付(元)	股份支付(股)
1	王府井东安	3 003 842 253.29	55 646 697.62	207 473 227
2	信升创卓	643 680 268.56	11 924 301.48	44 458 548
3	福海国盛	643 680 268.56	11 924 301.48	44 458 548
合计		74 291 201 790.41	79 495 300.58	296 390 323

(二) 股权变动

本次交易完成后,王府井东安将持有上市公司总股本的 26.73%。王府井东安将成为上市公司的控股股东和实际控制人,本次交易前后上市公司实际人未发生变更,因此不构成借壳上市。本次交易前后王府井的股权结构如表 7 所示。

表7　交易完成前后王府井股权结构变化情况

股东名称	本次吸收合并前		本次吸收合并后	
	持股数量(股)	持股比例	持股数量(股)	持股比例
王府井国际	296 390 323	38.18%	—	—
京国瑞基金	58 217 279	7.50%	58 217 279	7.50%
王府井东安	—	—	213 534 107	27.51%
信升创卓	—	—	44 458 548	5.73%
福海国盛	—	—	44 458 548	5.73%
其他股东	421 642 748	54.32%	415 581 868	53.54%
合计	776 250 350	100%	776 250 350	100%

四、案例评论

(一) 响应国企"瘦身"政策，优化股权控制链条

2016 年 5 月 18 日，国务院审议通过了《中央企业深化改革瘦身健体工作方案》，该方案提出要立足以改革促发展，坚持企业主体，充分发挥市场配置资源的决定性作用，促进国企"瘦身健体"、提质增效，这也是国务院常务会议继 2015 年 12 月部署促进国企提质增效，强调"今后两年要以提质增效为重点"后再度部署这项工作。目前，我国国有企业主要具有两大问题：一方面，由于企业管理层架多、法人链条长导致企业管理效率低下、冗员过多，人浮于事的问题较为严重。另一方面，企业由于业主不突出以及同质化经营导致"大而全，小而全"问题较为突出，企业无法充分发挥特有优势。而此次"瘦身健体"方案的提出则是治疗国有"肥胖病"的一剂猛药，旨在通过压缩企业管理层级来增强业主的核心竞争力，提高经济运行效率。

王府井的核心业务为百货零售业，而王府井国际作为母公司层面的持股性公司，本身并不从事具体的经营业务，其主要持有的资产为货币资金和对上市公司的股权投资。本次王府井吸收合并其控股股东王府井国际恰恰响应了国有企业的"瘦身"政策，是上市公司在国有企业深化改革的大背景下，贯彻落实党中央、国务院、北京市国企改革指导思想的重要举措。本次交易实施后，王府井将承继及承接王府井国际的全部资产、负债、合同及其他一切权利与义务，王府井国际所持有的王府井全部股份也被全部注销，王府井东安、信升创卓、福海国盛将直接持有上市公司股份、直接行使股东权利。此次吸收合并意义重大，一方面进一步优化股权控制的链条，减少上市公司持股的中间层级，有助于进一步提高上市公司的决策效率、优化公司治理结构；另一方面，可以进一步增强国有经济的活力和运营效率，有利于更好地整合和利用国有商业资源的优势。

(二) 接力集团整体上市最后一棒，推进商业板块协同发展

国有集团综合运用资产重组、股权置换、业务调整等多种方式将其内部资产注入旗下上市公司是提升企业整体价值的典型手法，有助于调整优化产业布局结构，提高集团整体的发展质量和效益。2015 年 8 月 31 日，中国证监会、财政部、国务院国资委和银监会等四部委联合发布《关于鼓励上市公司兼并重组、现金分红及回购股份的通知》，明确鼓励有条件的国有股东及其控股上市公司

通过注资等方式提高可持续发展能力,并支持符合条件的国有控股上市公司通过内部业务整合,促进企业内部的协同发展。

上市公司的控股股东王府井国际近年来一步步完成集团内部的资产上市,此次吸收合并就是王府井国际整体上市的后续步骤。2017年3月王府井国际将控股的贝尔蒙特及其子公司春天百货100%股权注入了王府井,实现了内部资产上市。由于王府井与贝尔蒙特之间存在较高的互补性,双方在经营业态、品牌资源、区域资源、经营管理等方面可以产生较高的协同效益,因此贝尔蒙特全部资产的注入有利于王府井市场占有率的进一步提高并凸显品牌优势。而本次吸收合并则是王府井国际整体上市的最后一步,不仅减少了上市公司与控股股东之间的同业竞争,还有助于发挥王府井的经营规模优势、商业资源优势、渠道优势和品牌优势,在销售商品的品牌规划和布局方面掌握更大的主动权。本次交易实施后,王府井将实现战略、财务、人力、管理、风控的一体化融合,促进公司内各商业板块的协同发展,并实现在奥特莱斯业态方面的跨越式发展,构建以百货、购物中心、奥特莱斯为主力业态的多层次、立体化的完整商业版图,形成多业态并举、覆盖顾客全生活系统的业态结构,进一步提升公司的核心竞争力和持续盈利能力。

五、市场表现(600859)

王府井交易前后股价变动情况见图14。

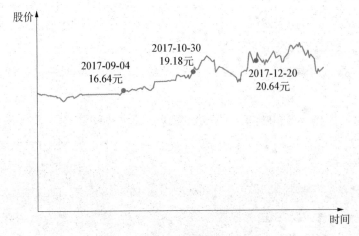

图14　王府井交易前后股价走势

第二辑　混合所有制改革并购

002840

华统股份：
竞买并购，全资收购国有资本

一、收购相关方简介

(一) 收购方：浙江华统肉制品股份有限公司

浙江华统肉制品股份有限公司是 2011 年 11 月由 2001 年 8 月 8 日在金华市工商行政管理局登记成立的浙江义乌华统肉制品有限公司改制而成的股份有限公司。公司注册资本 17 866.67 万元，位于义乌市义亭镇，是一家以畜禽屠宰业务为核心，同时覆盖"饲料加工、畜禽养殖、畜禽屠宰加工、肉制品深加工"四大环节的公司，对外销售的产品主要包括饲料、生鲜猪肉、生鲜禽肉、金华火腿、酱卤制品等。经中国证监会核准，公司于 2016 年 12 月 27 日首次公开发行 A 股，并于 2017 年 1 月 10 日成功在深圳证券交易所中小板挂牌上市。公司先后被授予全国农产品加工示范企业、2011 年中国肉类食品行业强势企业、全国设施农业装备与技术示范单位、浙江省农业科技企业、浙江省绿色企业等称号；公司于 2010 年 6 月通过中央储备冻肉冷库资质审定，获得中央储备冻猪肉收储资格；2011 年 6 月，公司被商务部确定为全国第一批"市场应急保供骨干企业"。

（二）收购标的：仙居县广信食品有限公司

仙居县广信食品有限公司的前身是仙居县食品公司，2000年经县政府批准改制为广信食品，并于2001年7月12日在浙江台州正式成立。自成立以来，先后经历了住所变更、投资人变更、营业期限变更、法定代表人变更等，且在2017年11月企业类型由国有独资公司变更为一人有限责任公司。公司主要经营畜、禽、蛋收购、调拨、屠宰、加工、销售，以及农副产品的销售，另在2018年1月，公司在原有生产经营范围内的基础上，还提供食品冷冻服务。公司下设13个分支结构，主要包括地方分公司和屠宰场。

（三）交易对方：仙居县国有资产投资集团有限公司

仙居县国有资产投资集团有限公司成立于1993年6月17日，属国有独资类型的有限责任公司，最终投资方是仙居县国有资产管理局。公司经营范围主要包括国有资本金的投资、参股经营（非融资性经营业务）；投资咨询、财务咨询；土地收购储备开发；城市基础设施投资。公司自成立以来先后三次变更法定代表人，截至2017年底由吕汝韦担任董事长。公司自成立以来对外投资达25家。公司口碑舆情方面，正向媒体观察占54%，中立媒体报道占38%。

二、收购事件一览

● 2017年10月14日，华统股份召开第二届董事会第二十九次会议，审议通过了《关于公司参与竞买仙居县广信食品有限公司100%国有法人股权的议案》。

● 2017年10月18日，华统股份参与台州市产权交易所有限公司举行的广信食品100%国有法人股权出让网络竞价活动，成功竞得广信食品100%国有法人股权，并与台州市产权交易有限公司签署了《成交确认书》。

● 2017年10月20日，华统股份与仙居县国有资产投资集团有限公司签署《仙居县广信食品有限公司100%国有法人股权转让合同》。

三、收购方案

重组的整体方案由以下三步组成：（1）竞买定价；（2）参与竞买；（3）竞买

成功。

(一) 竞买定价

本次竞买定价以挂牌报名截止为时间节点,若只有一个竞买人,竞买人的竞买资格经审核合格被确定为受让人后,则在不变更公告挂牌的竞买条件和合同条款的前提下,本次挂牌价为转让的成交价。如在挂牌报名截止时,有两个或两个以上竞买人报名,竞买人的竞买资格经审核均合格的,则按照本次股权网络竞价规则实施竞价程序,出价最高者为受让方,其出价为本次项目挂牌转让的成交价。

(二) 参与竞买

华统股份拟以自有资金参与台州市产权交易所有限公司组织的仙居县广信食品有限公司100%国有法人股权的竞买活动,并授权公司法定代表人或授权代表在董事会权限额度范围内,竞买广信食品100%国有法人股权以及签署股权转让协议等相关文件。本次公司竞买的广信食品100%国有法人股权挂牌价(底价)为2 388.77万元人民币(不设保留价),且须缴纳竞买保证金500万元人民币。

(三) 竞买成功

华统股份参与了台州市产权交易所有限公司举行的广信食品100%国有法人股权出让网络竞价活动,成功竞得广信食品100%国有法人股权,成交价为2 388.77万元人民币,并与台州市产权交易有限公司签署了《成交确认书》。确认受让广信食品100%国有法人股权,待《转让合同》签署后五个工作日内一次性支付成交金额2 388.77万元和佣金47.775 4万元人民币。

四、案例评论

(一) 同业并购,扩大市场规模

华统股份通过受让广信食品100%国有法人股权,有助于扩大公司畜禽屠宰经营规模,拓宽公司的业务区域范围,加快主营业务发展,削减产品成本,推动公司战略化进程。华统股份的同业并购便于更大范围内的专业化分工,更容易产生集约化经营以及规模效益,还可发挥经营管理上的协同效应。华统股份此次交易的协同效应具体表现为增值性效果和节省性效果。

一方面,由于华统股份与广信食品属同类但价值活动不同的两个主体,因此在管理能力方面会存在相互交叉和联系,对于有效的协调可以使相对弱势方得到优势方的帮助,或通过学习优势方的知识、技能提高管理能力,因此华统股份此次交易就这方面而言,能够起到"1+1>2"的效果。

另一方面,随着华统股份市场规模和公司规模的进一步扩大,活动节点也随之增多,此前未得到饱和利用的设备、生产线或人力也可以通过此次同业并购得到充分利用。这不仅避免了企业资源的浪费,还降低了企业生产成本,为华统股份带来正效用,而且这种效用会随着华统股份与广信食品的业务交叉和融合程度的提高而增强。

因此,华统股份对广信食品的此次交易,是畜牧业、食品业同业并购的典型,不仅能够使得固有生产资料得到充分利用,还能够节约并购双方的生产成本,提升双方的生产效益,更有助于华统股份市场份额的进一步扩大。

(二) 网络竞价,透明受让价格

华统股份此次并购标的公司的股权转让方式为网络竞价方式,股权挂牌(底价)为2 388.77万元人民币。采取网络竞价方式,主要考虑到网络竞价的经济性、高效性、市场性、连续性几个特点。首先,网络竞价大大降低了组织、磋商工作的压力,减少了许多不必要的环节,节省了交易双方大量的人力、物力和财力。其次,网络竞价是借助产权交易所的交易网络进行,整个竞价过程安全、高效。第三,网络竞价是一种市场机制的网络化体现。通过受让方之间依据其效用水平竞争定价,将市场原则引入产权交易环节,通过市场竞争确定最终合理的发行价格。第四,受让方之间产生最终确定的价格往往是市场供求平衡点,与真实价格并无过大差异,因而竞价保证了产权交易市场与资本市场的连续性,实现了产权交易市场与资本市场的平稳对接。

（三）竞买交易，并购中介规范收购国有资本

华统股份通过参与台州市产权交易所有限公司组织的仙居县广信食品有限公司100%国有法人股权竞买活动，成功并购取得国有资本。台州市产权交易所为华统股份提供了并购国有资本的交易场所和相关设施，组织了更完善、更合规的并购国有资本交易活动。同时台州市产权交易所还为华统股份和标的公司双方提供了相对完备的必要信息，有效缓解了双方在并购交易中信息不对称的问题、透明了双方的交易对价。

在华统股份此次交易中，台州市产权交易所有限公司规定，仙居县广信食品有限公司提交披露信息内容的纸质文档材料并对其真实性、完整性和准确性负责。此外，此次并购交易所未对受让方设置资格条件，也即华统股份与其他受让方基于同样的受让资格竞购仙居县广信食品有限公司100%股权，不存在国有资本的明确指向性主体或违反公平竞争的情况。具体而言，在台州市产权交易所有限公司的主导下，此次并购交易从国有资本受理交易申请，到产权交易所发布转让信息，再到登记受让方意向、缴纳竞买保证金，直至组织签约，最后到结算交易资金，整个步骤仅持续不到一个月的时间，进程的速度之快、效率之高，这些都是交易双方直接交易磋商无法比拟的。

整体而言，产权交易作为并购中介，对并购国有资本市场的规范和发展起到至关重要的作用，不仅透明化了双方的信息，还提高了双方交易效率。而且产权交易所组织的竞买并购，不仅可以保证标的公司的真实可靠，还能够提升华统股份的市场知名度。华统股份继2017年在深交所上市以来，通常采用直接并购方式，即直接从目标公司股东手中获得目标公司股权，本次采用竞买并购方式也是丰富华统股份并购手段的一次突破。这也是被企业普遍接受的一种国有资本并购形式。

五、市场表现（002840）

华统股份交易前后股价变动情况见图15。

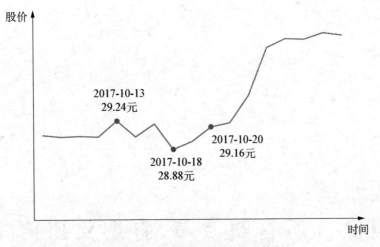

图 15 华统股份交易前后股价走势

300080

易成新能：
响应混合所有制改革，打造集团内支柱产业

一、收购相关方简介

(一) 收购方：河南易成新能源股份有限公司

河南易成新能源股份有限公司始建于 1997 年，是一家以新材料、新能源为主导的混合所有制上市企业，控股股东为中国平煤神马能源化工集团有限责任公司，实际控制人和最终控制人均为河南省国有资产监督管理委员会。公司主营业务为太阳能多晶硅片切割刃料的生产、废砂浆的回收再利用、金刚线的生产与销售、太阳能电站建设、负极材料生产与销售等业务。公司将借助国家发展战略新兴产业的东风，重点走"以资本为纽带的产业经营"之路，力争实现在"新能源、新材料、节能环保"三大产业领域的有效扩张，打造成为国内具有核心竞争力的投资控股型产业集团。

(二) 收购标的

1. 河南平襄新能源科技有限公司

河南平襄新能源科技有限公司成立于 2016 年 7 月 8 日，公司注册资本为

60 000 万元。公司的主营业务主要为：晶体硅太阳能电池片、组件及相关电子产品的生产、销售，太阳能应用系统的设计、研发、集成及运行管理。公司的控股股东为中国平煤神马能源化工集团有限责任公司，实际控制人和最终控制人均为河南省国有资产监督管理委员会。

2. 河南平煤神马节能科技有限公司

河南平煤神马节能科技有限公司成立于 2013 年 9 月 2 日，公司注册资本为 5 000 万元。公司的主营业务主要为：节能技术推广、技术开发、技术转让、技术服务、技术咨询；节能项目、管理软件开发；合同能源管理项目的设计、咨询；批发零售等。公司的控股股东为中国平煤神马能源化工集团有限责任公司，实际控制人和最终控制人均为河南省国有资产监督管理委员会。

3. 河南平煤国能锂电有限公司

河南平煤国能锂电有限公司成立于 2017 年 9 月 22 日。公司注册资本为 10 000 万元，注册资本已全部到位，但尚未开展业务经营。公司控股股东是中国平煤神马能源化工集团有限责任公司，最终控制人为河南省人民政府国有资产监督管理委员会。公司主要负责电池技术开发、技术推广、技术咨询，系统集成，锂电池销售；电池货物进出口；大容量动力锂电池制造。

(三) 关联控股方

1. 平顶山天安煤业股份有限公司

平顶山天安煤业股份有限公司成立于 1998 年 3 月 17 日，公司注册资本为 236 116.50 万元，公司控股股东为中国平煤神马能源化工集团有限责任公司，实际控制人和最终控制人均为河南省国有资产监督管理委员会。公司主要经营业务为：煤炭开采(限矿井凭证)，煤炭洗选及深加工(凭证)，煤炭销售；公路运输；机械设备制造、修理；金属材料、建筑材料、矿用物资、橡胶制品的销售等。

2. 中国平煤神马能源化工集团有限责任公司

中国平煤神马能源化工集团有限责任公司成立于 2008 年 12 月 3 日，受河南省人民政府国有资产监督管理委员会控制，注册资本为 1 943 209 万元。中国平煤神马集团是以能源化工为主的国有特大型企业集团，产业遍布河南、湖北、江苏、上海、陕西等 9 个省区，与 40 多家世界 500 强企业建立战略合作关系，是我国品种最全的炼焦煤、动力煤生产基地和亚洲最大的尼龙化工产品生产基地。该集团公司主要经营原煤开采和洗选;铁路运输;物资储运;建筑业;电力、热力、自来水生产和供应;电力、通信工程施工;管道安装与维修;环境监测等业务。

3. 平煤神马机械装备集团有限公司

平煤神马机械装备集团有限公司成立于2011年4月12日,公司注册资本为109 107.41万元。公司控股股东是中国平煤神马能源化工集团有限责任公司,最终控制人为河南省人民政府国有资产监督管理委员会。公司主要负责矿用设备及洗选设备的制造、修理与安装;节能环保设备、矿用电器设备、仪器仪表的制造与修理;节能与环保工程、机电安装工程设计与施工;对外投资与管理;型煤加工(不含销售);油脂橡塑制品等业务。

4. 河南平能创业投资股份有限公司

河南平能创业投资股份有限公司于2007年4月26日成立,公司注册资本为51 701.23万元。公司的最终控制人为河南省人民政府国有资产监督管理委员会。公司的主要经营范围为:创业投资业务;代理其他创业投资企业等机构或个人的创业投资业务;创业投资咨询服务;为创业企业提供创业管理服务业务;参与设立创业投资企业与创业管理顾问机构。

二、收购事件一览

● 2017年3月19日,易成新能召开第三届董事会第三十二次会议,审议通过了《关于支付现金购买资产暨关联交易的议案》(收购平襄公司50.20%股权)。公司独立董事对本次事项出具了事前认可意见,并发表了同意本次事项的独立意见。

● 2017年4月17日,易成新能召开2016年度股东大会,审议通过了《关于公司支付现金购买资产暨关联交易的议案》(收购平襄公司50.20%股权)。

● 2017年5月23日,平襄公司(更名为平煤隆基新能源科技有限公司)完成了工商变更登记手续,易成新能直接持有其50.20%股权,成为公司的控股子公司。

● 2017年8月3日,易成新能召开第三届董事会第三十五次会议,审议通过了《关于支付现金购买资产暨关联交易的议案》(收购节能科技 100% 股权)。公司独立董事对本次事项出具了事前认可意见,并发表了同意本次事项的独立意见。

● 2017 年 8 月 21 日,易成新能召开 2017 年第二次临时股东大会,审议通过了《关于公司支付现金购买资产暨关联交易的议案》(收购节能科技 100% 股权)。

● 2017 年 11 月 23 日,易成新能召开第四届董事会第七次会议,审议通过了《关于公司股权收购暨关联交易的议案》(收购平煤国能 70% 股权)。公司独立董事对本次事项出具了事前认可意见,并发表了同意本次事项的独立意见。

● 2017 年 12 月 5 日,易成新能召开 2017 年第四次临时股东大会,审议通过了《关于公司股权收购暨关联交易的议案》(收购平煤国能 70% 股权)。

● 2018 年 1 月 17 日,易成新能完成了收购河南平煤国能锂电有限公司 70% 股权的工商变更登记手续,河南平煤国能锂电有限公司成为公司的控股子公司。

三、收购方案

(一) 收购平襄公司 50.20% 的股权

以现金 30 348.70 万元收购完成了关联方平煤股份持有的平襄公司 50.20% 的股权。

(二) 收购节能科技 100% 股权

以现金购买控股股东中国平煤神马集团持有的节能科技 10% 的股权、关联方机械装备集团持有的节能科技 41% 的股权、关联方河南平能创投持有的节能科技 49% 的股权。股权收购价格以资产评估机构的最终评估结果为准。

(三) 收购平煤国能 70% 股权

以现金购买控股股东中国平煤神马集团持有的平煤国能 70% 的股权,股权收购价格为中国平煤神马集团原始出资 7 000 万元。

本次并购交易前后股权结构变化如图 16 所示。

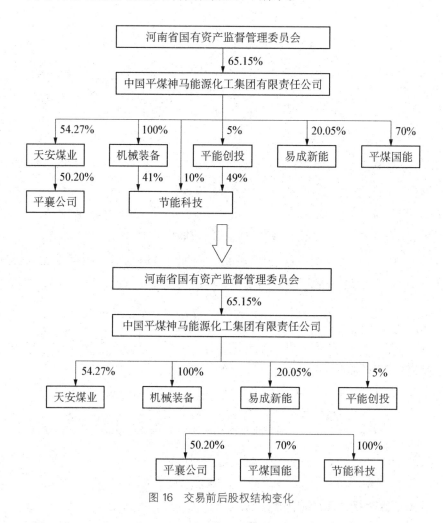

图 16　交易前后股权结构变化

四、案例评论

（一）响应混合所有制改革，打造集团支柱产业

依据《国务院关于国有企业发展混合所有制经济的意见》和《河南省人民政府关于省属国有工业企业发展混合所有制经济的实施意见》精神，中国平煤神

马能源化工集团有限责任公司被河南省国资委确立为河南省首批混合所有制改革试点企业。为响应混合所有制改革,中国平煤神马集团根据集团有关的会议精神,拟通过吸收合并、股权置换、股权转让等方式,将新能源、新材料、节能环保等核心产业整合至河南易成新能源股份有限公司,快速将公司打造成为中国平煤神马集团第三大支柱产业。

河南平襄新能源科技有限公司、河南平煤神马节能科技有限公司在新能源业务领域具有较强的研发能力,将其股权转移到上市公司能够为新能源领域的发展带来如虎添翼的效果。创新是新时代发展的标签,特别对上市公司的竞争力的提升起到关键作用;通过收购创新能力强的子公司,可以快速汲取创新血脉,在产业的整合过程中更胜一筹。另外,三家标的公司都在中国平煤神马能源化工集团有限责任公司的控制下,并购交易成本较低,且标的公司与上市公司的集团文化相近,融合速度可以较为迅速,大大提升了上市公司打造成集团支柱产业的效率。

(二) 业务协同与产业链延伸并行

为了落实集团构建产业新体系的发展思路,推动光伏产业良性发展,进一步增强新能源、新材料产业的市场竞争力,上市公司乘胜追击,抓紧并购集团内部其他公司的契机。

本次控股河南平襄新能源科技有限公司后,公司将新增年产 2GW 高效单晶硅电池片项目,与公司的主营业务形成协同效应;本次控股节能科技公司后,易成新能在节能环保领域再下一城,有利于节能环保产业做大做强,符合公司的发展战略,进一步强化公司节能环保业务的专业化管理;通过取得平煤国能的控制权,公司可以进一步在锂电产业方面做大做强,符合公司的新能源发展战略,有利于进一步拓展公司太阳能光伏产业链条,丰富并优化公司业务结构,增强公司的综合竞争力和可持续发展能力。

五、市场表现(300080)

易成新能交易前后股价变动情况见图 17。

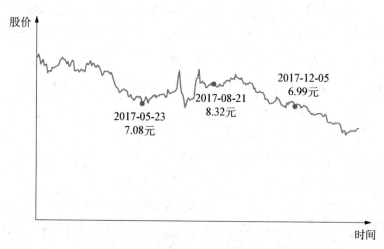

图 17　易成新能交易前后股价走势

第三辑　借壳上市并购

000710

贝瑞基因(原 * ST 天仪)：
贝瑞和康强势借壳，实现弯道超车

一、收购相关方简介

(一) 收购方：成都天兴仪表股份有限公司

　　成都天兴仪表股份有限公司是由成都天兴仪表(集团)有限公司于1997年以募集方式发起成立的一家公司，并于同年4月22日在深交所上市交易。公司自上市以来主要从事汽车、摩托车部品的设计、生产、加工及销售，可以为目前国内大多数轿车、SUV、MPV以及面包车市场配套。2016年9月24日，天兴集团与宏瓴并购签订《股份转让协议》，约定天兴集团将其持有的天兴仪表30 000 000股股票转让给宏瓴并购，本次转让后，天兴集团持有天兴仪表股票比例减少至29.10%，依旧为天兴仪表的控股股东。

(二) 收购标的：北京贝瑞和康生物技术股份有限公司

　　北京贝瑞和康生物技术股份有限公司由刘宏飞、周代福、孙绪华于2010年5月18日出资设立。2011年9月，公司同意由天津君睿祺向贝瑞和康增资，分两次将公司注册资本增至1 500万元。2013年10月，公司再次发生股权转让与增资,此次增资后贝瑞和康的注册资本增加至 1 700 万元。2015 年 12 月 1 日,贝瑞和康股东会通过决议,同意贝瑞和康的注册资本增加至 34 000 万元,其中:新增注册资本由公司资本公积金 45 732 万元中的 32 232 万元转增,全体股东按持股比例转增。2016 年 2 月 4 日,贝瑞和康进行股份制改制,并将名称变更为"北京贝瑞和康生物技术股份有限公司"。贝瑞和康致力于基因测序技术在医学临床领域的转化与应用,提供"无创式"基因检测项目,是一家研发型生物科技公司。在生物医药晋升为"国家战略性新兴产业"以及高通量测序技术成为现阶段主流基因测序技术的行业背景下,贝瑞和康具有良好的发展前景。

二、收购事件一览

● 2016 年 6 月 15 日,天兴仪表发布公告,公司因策划重大资产重组事项开始停牌。

● 2016 年 12 月 4 日,天兴仪表召开第七届董事会第十二次临时会议,审议通过了本次重大资产重组的相关预案。

● 2016 年 12 月 12 日,深交所下发《关于对成都天兴仪表股份有限公司的重组问询函》。

● 2016 年 12 月 20 日,天兴仪表召开 2016 年第二次临时股东大会,逐项表决通过了本次重大资产重组的相关预案。

● 2017 年 1 月 4 日,天兴仪表收到中国证券监督管理委员会《中国证监会行政许可申请受理通知书》(163846 号)。

● 2017 年 1 月 23 日,天兴仪表收到中国证券监督管理委员会出具的《中国证监会行政许可项目审查一次反馈意见通知书》(163846 号)。

● 2017 年 4 月 17 日,董事会通过《关于调整公司发行股份购买资产及重大资产出售暨关联交易方案的议案》。

● 2017 年 4 月 21 日,天兴仪表收到中国证券监督管理委员会通知,中国证监会上市公司并购重组审核委员会将于近日审核公司发行股份购买资产及重大资产出售暨关联交易事项。

● 2017 年 6 月 3 日,天兴仪表收到中国证券监督管理委员会出具的《关于核准成都天兴仪表股份有限公司重大资产重组及向高扬等发行股份购买资产的批复》(证监许可〔2017〕811号)。

● 2017年6月20日,天兴仪表完成置入资产北京贝瑞和康生物技术有限公司100%股权的过户手续及相关工商变更登记手续,贝瑞和康已成为公司的全资子公司。

● 2017年6月22日,天兴仪表就本次新增股份向中国证券登记结算有限责任公司深圳分公司提交相关登记材料。

● 2017年6月30日,天兴仪表取得《股份登记申请受理确认书》。

三、收购方案

重组的整体方案由以下两步组成:(1)发行股份购买资产;(2)重大资产出售。

(一)发行股份购买资产

天兴仪表拟通过向贝瑞和康全体股东非公开发行A股股份,购买贝瑞和康100%股权。根据评估报告,截至评估基准日,贝瑞和康100%股权的评估值为430 590.29万元。以该评估价值为基础经交易各方协商确定本次交易中拟购买资产的交易作价为430 000.00万元。本次发行股份购买资产的股份发行价格为21.14元/股,据此计算,天兴仪表向贝瑞和康全体股东发行股份的数量合计203 405 865股。

(二)重大资产出售

天兴仪表将截至评估基准日的扣除货币资金、应收票据、短期借款、应付票据、长期借款以外的资产与负债出售给通宇配件,通宇配件以现金方式支付对价。根据评估报告,截至评估基准日,拟出售资产的评估值为29 652.10万元。根据《资产出售协议》,经交易双方友好协商,本次交易中拟出售资产作价为29 652.10万元。

(三)股权变动

并购交易完成前后天兴仪表股权结构变化情况如表8所示。

表8　交易完成前后天兴仪表股权结构变化情况

股东名称	本次交易前		本次发行股数(万股)	股份转让(万股)	本次交易后	
	股数(万股)	持股比例			股数(万股)	持股比例
天兴集团	4 400.20	29.10%	—	—	4 400.20	12.41%
宏瓴并购	3 000.00	19.84%	—	—	3 000.00	8.46%
平潭天瑞祺	1 500.00	9.92%	—	—	1 500.00	4.23%
上市公司其他股东	6 219.80	41.14%	—	—	6 219.80	17.54%
小计	15 120	100%	—	—	15 120	42.64%
新增股东	—	—	—	—	—	—
天津君瑞祺	—	—	5 160.50	—	5 160.50	14.55%
高扬	—	—	4 926.06	—	4 926.06	13.89%
侯颖	—	—	2 615.57	—	2 615.57	7.38%
周大岳	—	—	1 502.57	—	1 502.57	4.24%
苏州启明创智	—	—	1 124.81	—	1 124.81	3.17%
国开博裕一期	—	—	1 113.00	—	1 113.00	3.14%
天津康士金	—	—	825.65	—	825.65	2.33%
理成增胜	—	—	344.02	—	344.02	0.97%
龚玉菱	—	—	299.66	—	299.66	0.85%
其他小股东合计	—	—	2 428.75	—	2 428.75	6.84%
小计	—	—	20 340.59	—	20 340.59	57.36%
合计	15 120	100%	20 340.59	—	35 460.59	100%

本次重组交易构成关联交易,构成重大资产重组,构成借壳上市。本次交易前,天兴仪表的控股股东为天兴集团,实际控制人为吴进良,交易完成后,贝瑞和康的控股股东及实际控制人高扬将成为天兴仪表的控股股东及实际控制人。

四、案例评论

(一)天兴仪表:简化重组流程,套现获得资金

天兴仪表的主营业务是汽车仪表、摩托车仪表和车用零部件,但是因为该

行业近年来市场整体低迷和公司经营不善等原因,在2015年、2016年,天兴仪表分别亏损了1 300万元、418.59万元。因此,2017年3月1日,天兴仪表被深交所实行退市风险警示。虽然天兴仪表在主营业务的发展上受挫,但是它依旧拥有稀缺的壳资源,借用这一资本,天兴仪表还能够在撤牌退市之前寻求一线生机。

在天兴仪表此次的重大资产重组中有一处非常值得关注的地方。2016年6月15日天兴仪表发布重大资产重组停牌公告,在同年9月,宏瓴思齐(珠海)并购股权投资企业收购天兴仪表30 000 000股股份,占股本总额的19.84%,成为天兴仪表的第二大股东。在签署这份股权转让协议时,天兴仪表还处在停牌的阶段,因此当时的股价为停牌前的价格22.12元,而此次的股份转让单价却为33.33元,溢价率达到了50.68%。这一次股权转让其实是天兴仪表在资产重组过程中的点睛之笔。首先,在宏瓴并购入驻天兴仪表之前,天兴仪表的第一大股东为天兴集团,其股份持有比例达到了58.86%。其次,贝瑞和康与天兴集团的交易并没有涉及现金支付,完全是股权与股权的置换。如果此时贝瑞和康想要借天兴仪表的壳,而只通过股权与股权相互置换的话,是无法取得天兴仪表的控股权的,那么贝瑞和康在获取控制权上则需要花费好一番功夫。而当天兴集团将股份转让给宏瓴并购后等同于稀释了自己的股权,为贝瑞和康的进入扫清了一部分阻碍,使得贝瑞和康与天兴仪表之间的重组步骤能够得到简化。另外,为抑制炒壳热潮,证监会于2016年公布的《上市公司重大资产重组管理办法》中对被借壳上市公司原控股股东减持行为进行了限制,要求原壳公司控股股东在交易完成后36个月内不得转让其在该上市公司中拥有权益的股份。所以一旦贝瑞和康借壳成功,天兴集团手中的股份要过三年才可出售,而如果此时天兴集团率先将股份转让给第三方,则可以提前收回资金,投入公司后续阶段的运营。面对此情况以及宏瓴并购愿意给出的高溢价率收购价格,天兴集团提前出售手中的股权是一个明智之选。

(二)贝瑞和康:取得壳资源,实现弯道超车

近年来,随着生物科学技术进步,基因测序行业进入高速发展时期。数据显示,2007年全球基因测序市场规模为7.9亿美元,到2014年市场规模增长至

54.5 亿美元,并预计 2018 年全球基因测序市场规模将超过 110 亿美元,年复合增长率为 21.1%。其中生活水平的提高、医疗支出占比的增加、人们健康意识增强以及基因测序技术成熟等因素,都不断推动着基因测序行业快速向前发展。

在这一市场背景下,我国基因公司在中下游领域竞争优势明显。其中表现优异的有华大基因、贝瑞和康、达安基因、博奥生物,其余的还包括安诺优达、诺禾致源、凡迪生物、百迈克等。在有如此强大竞争对手的市场内,贝瑞和康需要有所行动才能在这个蓬勃发展的新兴行业真正站稳脚跟。早在 2015 年 8 月,被誉为生物界"腾讯"的华大基因就完成集团旗下科研服务和医学服务的重组,宣布 IPO 冲击创业板,到 2017 年华大基因已经排到了 IPO 队伍的第 27 名,此时如果贝瑞和康同华大基因一样走常规的 IPO 流程的话,在上市进程上很有可能就会晚华大基因一步。而华大基因和贝瑞和康作为高通量测序在 NIPT(无创产前诊断)领域应用的两大领头羊,两大公司在各个市场上一直厮杀得难舍难分,此时华大想要率先一步上市取得先机,无疑会对贝瑞基因造成巨大压力,因此借壳上市成为贝瑞和康唯一的选择。尤其基因行业作为目前的蓝海,在起步阶段需要大量的资金投入来支持企业发展,通过上市融通资金也是贝瑞和康的最佳选择。基于此,贝瑞和康用一种类似于"弯道超车"的巧妙方式,在上市进程上成功超越了华大基因,通过借壳成为我国股票市场上基因测序行业的第一股。

(三) 此次并购的意义

对于天兴仪表而言,此次重组置出了公司原有的缺乏发展前景的资产,置入具有极强发展能力的资产,这有利于大幅提升上市公司的资产质量和持续盈利能力,有利于上市公司的长远发展。从公司的股价图上看,在上市公司发布重组报告书且复牌之后,公司的股价有了一个大幅度的拉升,这说明市场对于新置入上市公司的资产也有一个良好的预期。对于贝瑞和康而言,抢先华大一步上市能够给贝瑞和康造就一个更好的市场环境,同时通过上市获得的大量融资机会也会推动贝瑞和康不断向前进步。

五、市场表现（000710）

贝瑞基因交易前后股价变动情况见图18。

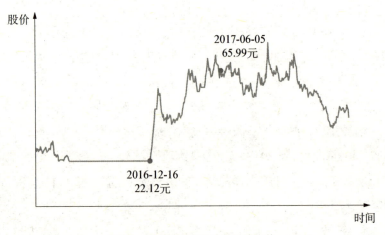

图 18　贝瑞基因交易前后股价走势

000916

华北高速：
招商公路换股吸收合并，"史诗级"高速公路上市

一、收购相关方简介

(一) 收购方：招商局公路网络科技控股股份有限公司

招商局公路网络科技控股股份有限公司系中国投资经营里程最长、跨区域最广、产业链最完整的综合性公路投资运营服务商。公司前身是交通部 1993 年 12 月成立的"华建交通经济开发中心"，1997 年划入招商局，2011 年更名为"招商局华建公路投资有限公司"。2016 年公司更名为"招商局公路网络科技控股股份有限公司"，正式完成股份制改革。其中，招商局集团持有 399 600 万股，占总股本的 99.90%，蛇口资产持有 400 万股，占总股本的 0.10%。截至 2017 年 3 月 31 日，招商公路参控股路权已覆盖全国 18 个省、自治区和直辖市，投资经营的收费公路(含桥)总里程达 8 203 公里，权益里程达 1 787 公里，是中国公路行业领先的中央级国有企业。

(二) 收购标的：华北高速公路股份有限公司

华北高速公路股份有限公司是经交通部、国家经贸委批准成立的，以京津

塘高速公路为主营资产的股份制上市公司,于 1999 年 9 月 27 日在深圳证券交易所挂牌上市,是我国华北地区高速公路的龙头企业。华北高速主营业务为投资开发、建设、经营收费公路,拥有华北地区的公路主干线京津塘高速公路的收费权。同时,公司也经营部分光伏发电业务。本次换股吸收合并前,华北高速的控股股东为招商公路,实际控制人为招商局集团。

二、收购事件一览

- 2016 年 6 月 24 日,华北高速因筹划重大事项停牌。

- 2017 年 6 月 14 日,招商公路第一届董事会第十次会议审议通过招商公路以发行股份为对价换股吸收合并华北高速;华北高速第六届董事会第四十七次会议审议通过招商公路以发行股份为对价换股吸收合并华北高速;签署《换股吸收合并协议》。

- 2017 年 6 月 15 日,刊登换股吸收合并报告书(草案)及其摘要。

- 2017 年 6 月 27 日,国务院国资委下发《关于招商局公路网络科技控股股份有限公司吸收合并华北高速公路股份有限公司有关问题的批复》(国资产权〔2017〕508 号),同意招商公路吸收合并华北高速的总体方案。

- 2017 年 6 月 28 日,华北高速复牌交易。

- 2017 年 6 月 30 日,招商公路股东大会批准本次交易的有关事项;华北高速股东大会批准本次交易的有关事项。

- 2017 年 8 月 7 日,商务部反垄断局下发《不实施进一步审查通知》(商反垄初审函〔2017〕第 204 号),决定对招商局公路网络科技控股股份有限公司与华北高速公路股份有限公司合并案不实施进一步审查。

- 2017 年 11 月 24 日,华北高速收到中国证监会出具的《关于核准招商局公路网络科技控股股份有限公司换股吸收合并华北高速公路股份有限公司的批复》(证监许可〔2017〕2126 号),核准招商局公路发行 554 832 865 股股份吸收合并华北高速。

- 2017 年 12 月 5 日,华北高速停牌。

- 2017 年 12 月 21 日,按照换股股权登记日下午 3:00 深圳证券交易所收市后中国结算深圳分公司登记在册的华北高速全体股东名册,华北高速投资者所持有的每 1 股华北高速股份将转换为 0.695 6 股招商公路股份。

● 2017 年 12 月 25 日,华北高速 A 股股票终止上市;招商公路 A 股股票于深交所上市。

三、收购方案

招商公路以换股方式吸收合并华北高速,即招商公路以发行 A 股股份的方式与华北高速换股股东进行换股,华北高速退市并注销,招商公路作为合并方暨存续公司,华北高速全部资产、负债、业务、人员、合同及其他一切权利与义务由招商公路承继和承接,招商公路的全部股份(包括为本次吸收合并发行的 A 股股份)申请在深交所主板上市流通,从而实现招商公路吸收合并华北高速。本次合并前招商公路所持有的华北高速股份不参与换股、不行使现金选择权,并将于本次吸收合并后予以注销。

(一) 换股比例的确定

1. 华北高速换股价格

本次换股吸收合并中,华北高速的换股价格以定价基准日(华北高速审议本次合并有关事宜的董事会决议公告日)前 20 个交易日华北高速股票交易均价,即 4.73 元/股为基础,及 25.4%的换股溢价率确定,即 5.93 元/股。

华北高速于 2016 年 5 月 10 日召开的 2015 年度股东大会审议通过了 2015 年度利润分配方案,按 2015 年末总股本 1 090 000 000 股为基数,每 10 股派人民币 0.8 元现金(含税)。华北高速于 2017 年 4 月 12 日召开的 2016 年度股东大会审议通过了 2016 年度利润分配方案,按 2016 年末总股本 1 090 000 000 股为基数,每 10 股派人民币 1.6 元现金(含税)。

因此,华北高速换股价格根据除息结果调整为 5.69 元/股。

2. 招商公路发行价格

招商公路发行价格的确定以兼顾合并双方股东的利益为原则,综合考虑行业可比公司的估值水平、合并双方的总体业务情况、盈利能力、增长前景、抗风险能力等因素,招商公路 A 股发行价格为 8.41 元/股。

招商公路于 2017 年 5 月 11 日召开的 2016 年度股东大会审议通过了 2016

年度利润分配方案,按 2016 年末总股本 5 623 378 633 股为基数,每 10 股派人民币 2.3 元现金(含税)。

因此,招商公路发行价格根据除息结果调整为 8.18 元/股。

3. 换股比例计算公式

换股比例=华北高速的换股价格÷招商公路股票发行价格(计算结果按四舍五入保留四位小数)。招商公路换股吸收合并华北高速的换股比例为 1∶0.695 6(5.69/8.18),即华北高速换股股东所持有的每 1 股华北高速股票可以换得 0.695 6 股招商公路发行的股票。

(二) 华北高速异议股东现金选择权

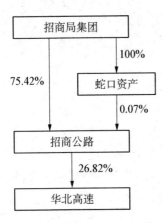

图 19　吸收合并前华北高速股权结构

为充分保护华北高速全体股东特别是中小股东的权益,换股吸收合并将由招商局集团向华北高速异议股东提供现金选择权。现金选择权价格按照定价基准日前 20 个交易日华北高速股票交易均价确定,即 4.73 元/股。据华北高速 2015 年度和 2016 年度的利润分配方案做相应除息调整,调整后华北高速现金选择权价格为 4.49 元/股。行使现金选择权的华北高速异议股东,可在现金选择权实施日,获得由招商局集团按照现金选择权价格支付的现金对价,同时将相对应的股份过户到招商局集团名下。吸收合并华北高速前标的公司的股权结构如图 19 所示。

招商公路在吸收合并前的总股本为 5 623 378 633 股,招商公路因吸收合并将发行股票 554 832 865 股。吸收合并前后,当不考虑现金选择权的影响时,招商公路股权结构变化情况如表 9 所示。

表 9　吸收合并前后招商公路股权结构变化情况

股东名称	本次交易前		发行股数(股)	本次交易后	
	股数(股)	持股比例		股数(股)	持股比例
招商局集团及关联方	4 245 425 880	75.50%	—	4 245 425 880	68.72%
原招商公路其他股东	1 377 952 753	24.50%	—	1 377 952 753	22.30%

续表

股东名称	本次交易前		发行股数(股)	本次交易后	
	股数(股)	持股比例		股数(股)	持股比例
原华北高速中小股东	—	—	554 832 865	554 832 865	8.98%
合计	5 623 378 633	100%	—	6 178 211 498	100%

本次吸收合并交易构成重大资产重组,构成关联交易,不构成重组上市。本次换股吸收合并前,华北高速的控股股东为招商公路,实际控制人为招商局集团,换股吸收合并实施完毕后,存续公司的实际控制人未发生变更。

四、案例评论

(一) 招商局集团整合公路资产,"史诗级"高速公路上市

随着地产、港口等业务板块相继整合并呈现协同效应,招商局集团在公路板块的整合也迈出了实质性步伐。此次重大资产重组事项并不涉及实际控制人的变化,不构成重组上市,而大费周章地换股、整合,其实就是为了实现招商局集团旗下的公路资产的整体上市,可以看作是"承载顶层意志的整合大潮"在收费公路领域的生动体现。

招商公路是招商局集团旗下经营收费公路及交通科技业务的唯一整合平台,也是我国投资范围最广、里程最长的公路公司,管理和投资公路经营性公司达 26 家,堪称高速公路运营平台中的巨无霸。在全国 19 家 A 股高速公路上市公司中,招商公路持有其中 13 家的部分股权,包括华北高速、皖通高速、四川成渝等。所以这番动作,可以称得上是一家"史诗级"的高速公路上市。

(二) 综合考虑,换股吸收合并华北高速

换股吸收合并是指吸收合并方通过发行股票,并按照经吸收合并双方同意且合理的换股比例换取被吸收合并方股票或股权的并购方式,换股吸收合并完成后,被吸收合并方丧失法人主体资格,其资产、负债、业务及人员全部纳入吸收合并方。换股吸收合并已经成为发达国家并购的重要方式之一,在我国也逐渐发展起来。由目前国内已经发生的几件吸收合并案例看,它们基本上都采取了以股换股的方式。比如招商局集团旗下的招商蛇口就以换股吸收合并的方

式合并了子公司招商地产。

采取这种方式的优势在于：第一，不需要支付大量现金，不会影响并购企业的现金状况，较适用于集团内资源整合，主要便于集团内部完善管理流程，理顺产业链关系，为集团长远发展打下基础。第二，"股权互换＋现金选择权"这种方式，以较少的现金流支出来换目标公司的控制权，使融资成本降至最低，同时兼顾各方利益，尤其是中小股东的利益，从而促使合并顺利实现。

招商公路以换股吸收合并的路径实现上市，就是基于综合成本低、避免大量现金流出等多方面的考虑。那招商公路旗下如此多上市平台，为何选择了华北高速呢？原因是虽然"资源"众多，但招商公路在很多上市公司仅仅是"二股东"，而华北高速股权相对分散，招商公路是最大股东；另外，华北高速正在布局的光伏电站业务也有望与集团旗下相关公司产生"联动"效应。

(三) 此次换股吸收合并的意义

1. 响应"供给侧结构性改革"，为"互联互通"、"一带一路"战略提供有力支撑

交通运输是支撑经济发展的重要基础设施。交通运输供给侧效率的高低会直接传导至经济供给侧。招商公路通过对招商局旗下公路板块整合上市，对路权集中管理，有利于降低高速公路运营成本、提高公路运营技术、改善服务质量，从而加快提升交通运输的有效供给。另外，招商局集团本次以招商公路为平台整合公路板块资源上市，可以充分利用资本市场优势，以培育具有国际竞争力的世界一流企业为核心目标，提升企业自身竞争力，同时助力招商局集团海外"港—区—城"建设，最终为推动"互联互通"以及"一带一路"战略提供有力支撑，更好地服务于国家战略，践行央企责任和使命。

2. 有利于加快产业整合，培育智能交通生态圈

招商公路已形成了公路全产业链业务形态，并致力于探索智能交通领域业务。通过创建崭新的上市平台，招商公路可以进一步扩大其业务结构战略协同的优势，实现集公路行业科研、设计、特色施工、投资、养护、运营于一体的全产业链、全方位的产业布局，将极大增强企业在行业内的综合实力。同时，招商公路已在"产业＋互联网"方面做了积极探索，其中部分项目已经商业化运营，部分重点项目已列入相关部委的"十三五"专项规划。本次交易完成后，将为智能

交通生态圈建设提供更为广阔的平台,有助于将相关技术和商业模式向全国推广,从而推动行业的整体进步。

3. 消除关联交易,避免同业竞争

虽然此前招商公路与华北高速主要经营高速公路路段不存在明显竞争关系,但未来在多元化、综合性公路企业的建设过程中可能存在业务交叉、重叠的情况,存在同业竞争的可能性。本次交易完成后,华北高速的法人资格将被注销,招商公路将承继及承接华北高速的全部资产、负债、业务、人员、合同及其他一切权利与义务,将彻底解决招商公路和华北高速面临的潜在同业竞争问题,二者间的关联交易也将全面消除。

五、市场表现(000916)

华北高速交易前后股价变动情况见图 20。

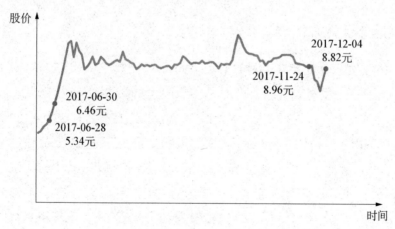

图 20　华北高速交易前后股价走势

002379

宏创控股(原＊ST鲁丰)：
借壳 A 股，枕戈待旦

一、收购相关方简介

(一) 收购方：山东宏桥新型材料有限公司

山东宏桥新型材料有限公司于 1994 年成立，是铝的专业生产厂家和供应商。张士平持有中国宏桥 81.12% 的股份，而中国宏桥全资控股的宏桥香港，又 100% 持有山东宏桥的股份，山东宏桥的最终控制人为张士平。公司的主营业务为铝矿砂(铝矾土)贸易，铝锭、铝板、铝箔、铝带、铝制品和铝型材的加工和销售。山东宏桥旗下有 24 家控股子公司，包括魏桥铝电、宏桥热电、汇宏新材料等。山东宏桥作为上市公司——中国宏桥的全资子公司，一直保持着行业领先地位和独特的竞争优势。

(二) 收购标的：鲁丰环保科技股份有限公司

鲁丰环保科技股份有限公司前身为山东鲁丰铝箔工业有限公司，成立于 2000 年 8 月 11 日。2007 年 8 月，公司整体变更为股份有限公司，并更名为山东鲁丰铝箔股份有限公司。2007 年 9 月，北京汇泉国际投资有限公司对公司进行增资扩股，公司股本由 4 800 万股增至 5 800 万股。2010 年首次公开发行股票 1 950 万股人民币普通股并上市。2011 年,公司资本公积转增股本,由总股本 7 750 万股增至 15 500 万股。2012 年,非公开发行 7 660 万股人民币普通股。2013 年,资本公积转增股本,总股本由 23 160 万股增至 46 320 万股;2014 年,再次转增,从 46 320 万股增至 92 640 万股。2014 年公司名称由"山东鲁丰铝箔股份有限公司"变更为"山东鲁丰环保科技有限公司"。公司主营业务为高品质铝板带和铝箔产品的加工、生产与销售,其中铝板带主要供应自身生产铝箔需要,部分对外销售。2015 年 7 月,公司将现有铝箔业务出售给远博实业,公司将专业从事铝板带业务。于荣强持有公司 35.54% 的股权,是公司的控股股东和实际控制人。

(三) 关联控股方:中国宏桥集团有限公司

中国宏桥集团有限公司是一家中国领先的铝产品制造商,位于中国山东省的中国宏桥主要从事液态铝合金、铝合金锭、铝合金铸轧产品及铝母线的生产和销售。2011 年 3 月,中国宏桥集团有限公司于香港联合交易所有限公司主板上市,股份编号:01378.HK。集团凭借其庞大的规模及先进的技术、具竞争力的成本结构、具前瞻性的产业链拓展战略及经验丰富的管理团队,成功进一步巩固行业领先地位,保持业务增长及独特竞争优势。2016 年,中国宏桥继续按照既定的发展战略稳中求变,实现了多方面的重大突破。集团加强巩固产业布局成果,采用资源多渠道的原材料采购战略,进一步巩固了全球化资源分配战略,保持上游原材料长期安全和稳定的供应;持续加大绿色生产科技创新投入,利用规模优势合理配置资源,依然有效控制成本,处于行业领先水平。

二、收购事件一览

● 2016 年 5 月 17 日,鲁丰环保拟披露重大事项,公司股票自 5 月 16 日开市起临时停牌。

● 2017 年 1 月 19 日,鲁丰环保接到控股股东于荣强通知,于荣强与山东宏桥新型材料有限公司(简称"山东宏桥")于 2017 年 1 月 19 日签署了《股份转让协议》。

● 2017 年 4 月 21 日,公司接到通知,转让双方已在中国证券登记结算有限责任公司办理完毕本次股份转让过户登记手续,并收到中国证券登记结算有限公司出具的《中国证券登记结算有限责任公司证券过户登记确认书》。于荣强持有的公司261 096 605股股份已过户至山东宏桥名下,至此于荣强与山东宏桥协议转让该部分公司股份的股权过户已完成。

● 2017年5月24日,公司股票交易撤销退市风险警示。股票简称由"＊ST鲁丰"变更为"鲁丰环保";股票代码仍为002379。

● 2017年6月1日,上市公司中文简称由"鲁丰环保"变更为"宏创控股",英文简称由"LOFTEN"变更为"HongChuang";并完成相应经营范围的变更。

三、收购方案

(一) 交易方案

于荣强持有鲁丰环保329 240 000股股份,占总股本的35.54%,为鲁丰环保的控股股东。山东宏桥拟受让的目标股份为于荣强所持鲁丰环保261 096 605股股份(该等股份均已质押给山东宏桥),占总股本的28.18%,并获得鲁丰环保的控制权。根据合同约定,收购价预估约19.95亿元人民币。

转让价款如下:按照股份转让协议签署日的前一交易日公司股份二级市场收盘价(8.04元/股)的95%(即7.64元/股)为定价基准计算,交易总价合计261 096 605×7.64 = 1 994 778 062.2元。

(二) 股权变化

交易完成前后鲁丰环保股权结构变化如表10所示。

表10 交易完成前后鲁丰环保股权结构变化情况

股东名称	本次交易前		本次交易后	
	股数(万股)	持股比例	股数(万股)	持股比例
于荣强	329 240 000	35.54%	68 143 395	7.36%
其他股东	597 160 000	64.46%	597 160 000	64.46%
山东宏桥	0	0.00%	261 096 605	28.18%
合计	926 400 000	100%	926 400 000	100%

本次股份转让完成过户登记后，公司控股股东、实际控制人将发生变化，山东宏桥将成为公司的控股股东，山东宏桥的实际控制人张士平将成为公司的实际控制人。

四、案例评论

(一)"豪门迎娶"一波三折，摘星脱帽皆大欢喜

山东首富张士平入主 A 股上市公司的尝试可谓一波三折。中国宏桥在 2017 年 4 月 18 日于港交所发布公告，宣布终止 * ST 鲁丰非公开发行股份认购协议，而按照此前的计划，中国宏桥的全资子公司山东宏拓将以每股 6.23 元的价格进行认购，耗资 99.99 亿元，占鲁丰经扩大已发行股本后的总股本约 63.41%。连同此前宣布拟收购的股份，完成交易后，中国宏桥将持有鲁丰约 73.72%股权。中国宏桥当时表示，该等收购事项预期可提升集团产业整合力度、完善产品组合及延伸集团的产业链，以进一步巩固其于铝行业的领导地位。至于放弃认购的原因，中国宏桥表示，是由于该等收购事项已不符合中国证监会于 2017 年 2 月发布的修订后的最新监管政策要求。

中国宏桥此次认购 * ST 鲁丰非公开发行股份，本是张士平入主 * ST 鲁丰的"配套计划"，但山东首富收购 * ST 鲁丰股权过程也是一波三折，半年间多付出了 10 亿元人民币。根据 2017 年 1 月 19 日签署的《股份转让协议》，山东宏桥将以 19.95 亿元的价格收购于荣强持有的 2.61 亿股 * ST 鲁丰股份，占公司股本比例为 28.18%。股份转让完成后，* ST 鲁丰的实际股东和实际控制人将易主，变成中国宏桥实际控制人张士平。而早在 2016 年 5 月，* ST 鲁丰已发公告公布了于荣强将转让控股权、与山东宏桥签署了协议的消息，当时双方约定交易额不超过 9 亿元。到了 2016 年 8 月 14 日，双方又就股份转让事宜签署了一份《股权转让协议》，当时提出的转让价为 3.64 元/股和向深交所提交该等股份转让申请日的前一交易日的收盘价，二者中以较高者为准。而根据 2017 年 1 月 19 日的协议，约定按照协议签署日的前一个交易日的股价收盘价的 95% 为定价基准计算。而此时，停牌前的收盘价已上涨至 8.04 元/股。由此测算，如按照 8 月的协议中的 3.64 元/股实施股份转让，则山东宏桥可少出至少 10 亿元。在此过程中的另一个插曲是，中国宏桥去年 9 月曝光了 * ST 鲁丰存在环

保违法而被博兴县环保局处罚的事项。由此,中国宏桥宣布将启动独立调查程序,对上述事项进行评估,并称将根据评估结果来决定是否继续入主＊ST鲁丰。当时市场一度认为该项收购或有变数。

与此同时,鲁丰公司在股权转让的前两年也做出了一些超出常人的举动,开始了资产出售转型计划:先是在2014年1月变更公司名称,由山东鲁丰铝箔股份有限公司改为鲁丰环保科技股份有限公司,其次在2014年6月将青海鲁丰鑫恒80%股权以5.02亿元的价格出售,然后在2015年1月终止了"45万吨/年高精度铝板带项目"的冷轧项目,并在2015年6月打包将瑞丰铝板转让给刚成立的空壳公司远博实业。至此,上市公司鲁丰环保旗下只有鲁丰鑫恒18.25%股权和两家参股的小企业,其他的铝板带和铝箔资产全都没了,公司完美地蜕变成了空壳企业。2015年鲁丰公司想通过卖地扭亏为赢,以失败告终。2014年和2015年鲁丰公司连续两年业绩亏损,变成＊ST鲁丰,被划拉到退市边缘。2016年公司想通过非公开发行股份的方式引进中国宏桥,但可惜这一次又撞上了证监会关于非公开发行的相关政策,又没成功,最后选择转让股权嫁入豪门。

被豪门迎娶后,2016年经审计,＊ST鲁丰在会计期内实现归属于上市公司股东的净利润为1 415.06万元,同比增长111.95%。2017年4月28日,公司向深交所提交撤销退市风险警示申请材料。之后,＊ST鲁丰不仅摘星了,还将公司原名"鲁丰环保科技股份有限公司"改为"山东宏创铝业控股股份有限公司",将公司的经营范围从"环保新型材料的研发、生产与销售;环保及节能的技术研发服务;货物及技术的进出口"变更为"高精铝板带箔生产销售,备案范围内的进出口业务"。这可谓是一个皆大欢喜的双赢结果。

(二) 借壳A股,以此为背书进行产融结合,鏖战国外资本沽空

近年来国外做空势力做空中国企业已成一种趋势,比如辉山乳业遭做空后300亿元市值灰飞烟灭,股价暴跌90%;嘉汉林业遭到做空后不得不申请破产保护;绿诺科技遭做空后最终被迫退市等。遭到做空的公司大都惨不忍睹。在2016年魏桥创业集团旗下香港上市公司中国宏桥也遭到了爱默生的做空。曾先后做空6只港股的Emerson-Analytics于2月28日发表报告称,中国宏桥在2011年于香港上市后虚报生产成本,并从关联方以极低的价格买入电力与铝原料。Emerson-Analytics甚至直接指出,中国宏桥股票价格仅值3.1港元,不到其当时股价的一半。3月1日,中国宏桥在股价急跌8%后中途停牌,其后发布澄清报告称 Emerson Analytics 报告所载的指控及资料有偏颇、存在重大误导,且没有事实基础,并于7日复牌。此后,中国宏桥股价一直保持平稳,但在3月22日,中国宏桥突然宣布停牌,并且未能在3月31日或之前刊发2016年全年业绩。

2017年7月召开的全国金融工作会议精神指示:防范风险暴露,确保稳定发展。而此时张士平旗下的中国宏桥与魏桥纺织均处于停牌状态。2017年6月28日,宏桥集团与中信集团进行了进一步的深化合作,中信银行与中国宏桥集团在北京举行"总对总"战略合作协议签约仪式。根据协议,中信银行将在未来两年为中国宏桥集团提供200亿元的综合授信额度,同时整合中信集团各类金融资源为中国宏桥集团量身定制金融产品,提供综合化金融服务。2017年8月15日,中国宏桥集团有限公司与中信信托责任有限公司、中信银行股份有限公司在香港举行战略签约仪式。根据协议,中信信托7亿美元投资认购中国宏桥闪电配售的8.06亿股,中信银行3.2亿美元投资认购中国宏桥可转换债券。

中信集团深度介入宏桥集团的合作,原因有三个方面:第一,是基于投资方面的考量;第二,此次沽空可能会影响到 * ST 鲁丰的定增事宜;第三,更重要的方面在于,国资注入流动性,避免宏桥的风险暴露,在做空后,这个风险引爆的路径已经完全可以推导出来,适时介入扶一把,保平稳过渡。抓住主要矛盾,才能看清局势的发展,宏桥的规模就是宏桥的命脉,体量决定了宏桥不会被暴露在过量的风险下。

借壳 A 股,暗夜对决,水涨船高。公司主动调节债务结构,又获得银行的大额授信,负债端的压力大大减少,漂亮地赢得了时间和空间的"回旋踢"。结果证明,在资本和宏桥强有力的反击之下,这次的沽空团队没有大获全胜,由此宏创走上了铝产业的 A 股布局,谱写出了一篇波涛汹涌之下的绝美篇章。

华衣虽好,但不合我身。香港终归是市盈率的洼地,无法体现公司价值,中国宏桥收购了鲁丰,依托产业备回归,但基于私有化和体量上博弈的考量,目前全部回归 A 股并不是那么合适。但借壳 A 股也可谓是垂钓江边,以逸待劳,一旦形势不利,一旦被沽空遭遇不测,宏创控股作为一个后备的战略部署和及时更换大本营,何尝不是一次浪尖上的对赌。

(三) 鲁丰环保惨遭滑铁卢,供给侧改革寻求盈利增长点

从鲁丰历年的年报中发现,鲁丰公司2010年上市,上市的第二年业绩就大变脸,在营收大幅增长的情况下,归属净利润大幅下降67.64%,当时公司总共有6家子公司,4家公司出现了亏损。2014年及2015年两个会计年度经审计的净利润连续为负值,深圳证券交易所(简称"深交所")对公司股票交易实行退市风险警示。面对这样的业绩,面对IPO募投项目的产能利用率都不高的情况,公司管理层竟然依旧大张旗鼓地开启了产能的扩张计划:先是在滨州博兴县以瑞丰铝板子公司为主体投资48.02亿元新建45万吨高精度铝板带项目(该项目分为三期,一期是热轧生产线,二期是冷轧生产线,三期是熔铸生产线)。随后又高调与青海浏阳鑫达有限公司共同成立青海鲁丰鑫恒铝业有限公司,将之前要在瑞丰铝板公司建造的项目搬迁到青海西宁去实施。而此项目却成了公司走向毁灭的原因。一期项目建成投产后的第一年就产生了3 146.26万元的亏损,而这刚刚是个开始,其他的项目也陆续开始走向亏损。就这样出师未捷身先死,满心欢喜建成的产能竟然成了公司的包袱,如此大的反差让公司陷入了"魔怔"。在业绩大幅下滑的情况下鲁丰选择了扩大产能,但产能的扩大并没改变公司净利下滑的趋势,在亏损中公司只好走上了资产出售之路。可这也并不能让公司扭亏为盈,相反这个泥潭却是越陷越深。

供给侧政策和规模经济是行业集中度提升的重要因素。供给侧改革针对上中游行业淘汰落后产能,采用政策手段去产能将成本压力传递至下游,下游行业采用市场化方式去产能;同时,行业龙头企业依靠规模经济优势对落后的企业进行并购整合,进而实现集中度的提升。行业集中度下滑的因素主要是产业规模。宏桥紧跟供给侧改革的政策导向,果断停产两百多万吨。动态来看,供给侧成效显现,规模效应发力。宏桥供给侧改革创举赢得了利益,配合铝产业深度加工的鲁丰来说,也顺应改革洪流,实现集中度提升的同时逐渐成为改革的受益者,为寻求盈利增长点搭上了顺风车。

(四) 此次并购的意义

1. 优质资产注入,于风暴中转身

从实质上来说,＊ST鲁丰成为中国宏桥的孙公司之前,已经成功成为一家

空壳公司。2015年6月19日，＊ST鲁丰与远博实业签署的《重大资产出售协议》约定，交易标的是＊ST鲁丰持有的瑞丰铝板、上海鲁申铝材有限公司、鲁丰北美有限公司、鲁丰铝业(香港)有限公司、青岛鑫鲁丰环保材料有限公司、山东鲁丰铝箔制品有限公司100%的股权；同时，将与铝箔业务相关的存货、固定资产、知识产权等移交至全资子公司博兴县瑞丰铝板有限公司(简称"瑞丰铝板")，并清理与瑞丰铝板等6家全资子公司的内部债权债务；同时，将全资子公司瑞丰铝板拥有的与铝板带业务相关的存货、固定资产移交至＊ST鲁丰。至此，鲁丰已无翻身之力。

在山东宏桥开始接手鲁丰后，对鲁丰进行了整改。第一，处置鲁丰原先的子公司，并结清与之相关的应收账款，完成原鲁丰的旧资产置出和账务处理；第二，调整管理架构和产品结构，实现管理上的升级，抵抗销售滑落和利润低下的风暴；第三，筹建新项目，预计投资超过60亿元，完成新资产的注入，此项目可望在2018年4月投产。2017年5月＊ST鲁丰成功摘星脱帽，并改名称为宏创控股，同时更改经营范围，公司的业务实质上已经成功转型，风暴中漂亮转身，为宏桥的新时代把舵定向，实现利润的增长。

2. 浴火凤凰于拐点下谋求产业共荣，提高核心竞争力

鲁丰环保科技股份有限公司看似掌握高精尖黑科技的环保企业，但从严格意义上来讲，＊ST鲁丰是属于材料行业的。从＊ST鲁丰2015年和2016年两年的财报中可以看出，2015年有色金属加工所贡献的营业收入为14.50亿元，占全年营业收入的比重为94.86%；2016年有色金属加工所贡献的营业收入为9.66亿元，占全年营业收入的比重为98.88%(不考虑内部资产置出)。有色金属加工撑起了＊ST鲁丰营收的一片天。2015年7月31日公司置出了相关铝箔业务，专注于铝板带加工生产销售业务，2016年铝板带(铝卷)销售业务的毛利为2 172.72万元，占公司毛利的97.36%。＊ST鲁丰的主营产品为家用箔、铝卷、涂油容器箔、容器箔等铝业深加工产品，正位于山东宏桥主业下游。山东宏桥作为上市公司——中国宏桥的全资子公司，一直保持着行业领先地位和独特竞争优势。

山东宏桥与鲁丰环保两家公司在产业上有相当强的关联度，双方此次并购重组符合未来发展趋势。实施资产的并购重组，一方面能够促进经济资源向更高效益的领域转移，实现生产和资本的集中；另一方面符合在升级的拐点上互

相借力和共荣发展,增强在资金、技术、人才、市场方面的优势,提高经济资源的利用效率和获利能力,取得规模经济效益,实现鲁丰环保的产业转型和集团的产业集中度提高,进而提高在行业中的核心竞争力。

3. 产业链整合,实现战略部署

山东宏桥是魏桥创业集团旗下上市公司中国宏桥的子公司,鲁丰环保也就顺势成为中国宏桥的孙公司。集团属于铝产业的上游,宏创控股不管是在氧化铝还是电解铝产业进行扩张的可能性都比较低,未来宏创的发展重点自然就落在了铝的深加工上。铝材的深加工主要有两个方向,第一是高档的铝板材,第二就是铝板带、铝箔。从宏创公布的2017年半年报来看,主要产品是铝卷,铝卷业务属于非常粗放的铝加工业务,基本没什么复杂工艺,国内的制作企业也非常多,在定价上基本采取的是"铝价 + 加工费"的定价标准,仅仅赚取加工费而已,算是低级的供应链条。铝卷的收入能占到公司总营收的99.26%,但毛利率仅为3.26%,所以铝卷的毛利率非常低。宏创如果想从这个业务上来实现扩张和持续的盈利是不大可能的,未来的发展方向应该是往下游走发展铝箔。宏创控股在重组后,先后新建了两个项目,分别是在博兴投资1.5亿元建造8.5万吨高精度铝板带生产项目和在邹平新建15万吨高精度铝板带铸轧线生产项目。这种业务调整和部署正好契合了控股股东山东宏桥的经营范围,实现产业的协同和互补,并完整控制了供应链条和后期加工服务,在深化供给侧改革后,逐渐让规模效应发力,使公司重回铝业行业的龙头地位。除此之外,公司正在整合闲置厂区资源,目前宏创在博兴有三处厂区,公司计划将其中一处厂区的土地对外出售,而且在股东大会召开时对厂区的闲置土地进行招商合作,计划将魏桥集团的电力业务引至此处,与合作伙伴合作共赢。对整个集团来说,已经逐步完成了铝业产业链的整合,并伴随着近期的协同发展和远期战略部署的完成。

五、市场表现(002379)

鲁丰环保交易前后股价变动情况见图21。

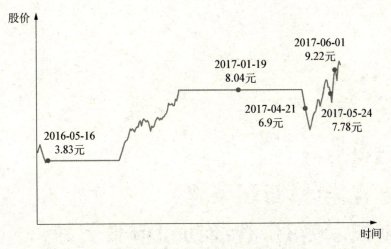

图 21　鲁丰环保交易前后股价走势

600545

卓郎智能(原新疆城建)：
响应国家号召,智能纺织前景美好

一、收购相关方简介

(一) 收购方：江苏金昇实业股份有限公司

江苏金昇实业股份有限公司成立于 2000 年,是一家以高端装备制造为主的全球化产业集团。在全球 35 个国家及地区拥有 12 000 余名员工、90 多家工厂及公司。金昇实业旗下拥有德国埃马克机床(总部在德国斯图加特)、德国科普福齿轮(总部在德国黑森林),卓郎智能(运营总部在德国杜塞尔多夫)、瑞士赫伯陶瓷(运营总部在瑞士苏黎世)及利泰纺织等多家历史悠久、行业地位领先的优质企业。

(二) 收购标的：卓郎智能机械有限公司

卓郎智能是一家具有百年品牌历史、全球领先的高端纺织装备及解决方案提供商,主要从事智能化纺织成套设备及核心零部件的研发、生产和销售。作为纺织机械行业中具备悠久历史的全球领军企业之一,企业通过多年经营积累及技术沉淀,形成了卓郎(Saurer)、赐来福(Schlafhorst)、青泽(Zinser)、阿尔玛(Allma)、福克曼(Volkmann)等多个历史悠久、全球知名的纺织机械行业品牌。卓郎智能在智能化纺织装备领域拥有行业顶尖的技术水平和研发创新团队,全球共计拥有研发人员近 400 名,并在全球范围申请获得 1 149 项注册专利,其中发明专利 1 063 项。公司产品采用机械模块化理念的全产品链研发设计,依据 TTM(time to money)研发流程,在节能、经济、人体工程学等方面具备显著的竞争优势。凭借着领先的技术水平,公司产品具备持续高效、稳定的性能及良好品质,不断满足全球客户高端智能化、定制化的产品需求。截至目前,卓郎智能是在全球范围天然纤维纺织机械领域中少数能够提供开清棉组、梳棉机、粗纱机、细纱机、络筒机、并线机、倍捻机及全自动化转杯纺纱机的整体解决方案的公司。依托高效、稳定的智能化、定制化产品,卓郎智能赢得全球行业客户普遍认可,用户遍布全球超过 130 个国家与地区,主要产品均在全球市场具备显著的竞争优势和领先的市场地位。

(三) 关联控股方:新疆城建(集团)股份有限公司

　　新疆城建(集团)股份有限公司成立于 1993 年,于 2003 年 12 月 3 日在上交所正式挂牌交易,注册资本为 20 354 万元。公司的主要业务为建筑施工、房地产开发及新型材料的生产与销售。其中,建筑施工业务是公司的主营业务,涉及市政道路、公路工程、房屋建筑等多个工程领域。作为西北地区首家以城市基础设施建设为主业的国有上市公司、特级施工总承包企业,公司目前具备施工资质类别 13 项,施工技术力量雄厚,市政、公路施工机械齐全,具备明显的道路建设和房建施工优势、资金优势和资质优势,在新疆建筑市场具有一定的市场份额。乌鲁木齐国有资产经营(集团)有限公司为公司的控股股东,乌鲁木齐市国有资产监督管理委员会为公司的实际控制人。

二、收购事件一览

　　● 2016 年 8 月 4 日,新疆城建接到控股股东乌鲁木齐国有资产经营(集团)有限公司(国资公司)通知,经乌鲁木齐市人民政府和乌鲁木齐市国有资产监督管理委员会审核同意,国资公司拟通过公开征集受让方的方式协议转让所持有的新疆城建部分股份。

　　● 2016 年 8 月 30 日,经公开征集受让程序,国资公司初步确定金昇实业为本次股份转让的拟受让方。

- 2016 年 10 月 12 日,新疆城建召开职工代表大会,顺利通过本次置出资产的职工安置方案。

- 2016 年 10 月 20 日,本次交易取得新疆国资委原则性批复。

- 截至 2016 年 10 月 30 日,本次交易已经全体交易对方内部决策机构审议通过。

- 2016 年 10 月 30 日,新疆城建 2016 年第十四次临时董事会审议通过本次重大资产重组预案及相关议案。

- 2016 年 12 月 14 日,置出资产评估报告、置入资产评估报告取得国有资产监管部门的核准/备案。

- 2016 年 12 月 28 日,新疆城建召开 2016 年第十七次临时董事会,审议通过《关于公司重大资产置换及发行股份购买资产暨关联交易方案的议案》《关于〈新疆城建(集团)股份有限公司重大资产置换及发行股份购买资产暨关联交易报告书(草案)〉及其摘要的议案》等本次重组正式方案阶段的相关议案,并同意将相关议案提交上市公司股东大会审议。

- 2017 年 1 月 17 日,新疆维吾尔自治区人民政府出具"新政函〔2017〕9号"《关于新疆城建(集团)股份有限公司实施重大资产重组有关事项的批复》,同意本次重组方案,并同意股份转让。

- 2017 年 1 月 23 日,新疆城建召开 2017 年第一次临时股东大会,审议通过《关于公司重大资产置换及发行股份购买资产暨关联交易方案的议案》《关于〈新疆城建(集团)股份有限公司重大资产置换及发行股份购买资产暨关联交易报告书(草案)〉及其摘要的议案》《关于同意江苏金昇实业股份有限公司免于以要约方式增持公司股份的议案》等与本次重组相关的议案,同意本次重组,并同意金昇实业免于以要约方式增持上市公司股份。

- 2017 年 6 月 12 日,国务院国资委出具"国资产权〔2017〕455 号"《关于新疆城建(集团)股份有限公司国有股东协议转让所持部分股份有关问题的批复》,原则同意国资公司在具备交割条件后将所持上市公司 14 940.04 万股股份协议转让给金昇实业。

- 2017 年 6 月 19 日,新疆城建召开 2017 年第七次临时董事会,审议通过《关于调整公司重大资产置换及发行股份购买资产暨关联交易方案的议案》、《关于公司本次重组方案调整不构成重大调整的议案》等本次重大资产重组方案调整的相关议案。

● 2017 年 7 月 28 日,中国证监会出具《关于核准新疆城建(集团)股份有限公司重大资产重组及向江苏金昇实业股份有限公司等发行股份购买资产的批复》,核准本次交易方案。

三、收购方案

重组的整体方案由以下三步组成:(1)资产置换;(2)置出资产承接及股权转让;(3)发行股份购买资产。

(一) 资产置换

上市公司以置出资产与金昇实业持有的卓郎智能股权中的等值部分进行置换。留在上市公司的 1.85 亿元现金可由上市公司在本次发行股份购买资产前以现金分红的方式分配给上市公司全体股东并由其享有。

(二) 置出资产承接及股权转让

金昇实业以部分卓郎智能股权从上市公司置换出的置出资产,由国资公司承接。作为国资公司承接置出资产的交易对价,国资公司向金昇实业转让其持有的上市公司 22.11% 的股份(149 400 432 股普通股)。

(三) 发行股份购买资产

上市公司以发行股份的方式购买资产,以置换除上海涌云外的卓郎智能 17 位股东持有的卓郎智能剩余股权。本次交易完成后,上市公司将持有卓郎智能 95% 股权。交易完成前后新疆城建股权结构变化情况如表 11 所示。

表 11　交易完成前后新疆城建股权结构变化情况

股东名称	本次交易前		本次发行股数(股)	股份转让(股)	本次交易后	
	股数(股)	持股比例			股数(股)	持股比例
金昇实业	—	—	721 247 974	149 400 432	870 648 406	45.93%
国资公司	179 472 899	26.56%	—	149 400 432	30 072 467	1.59%

续表

股东名称	本次交易前		本次发行股数(股)	股份转让(股)	本次交易后	
	股数(股)	持股比例			股数(股)	持股比例
原其他股东	496 312 879	73.44%	—	—	496 312 879	25.8%
新其他股东	—	—	498 109 243	—	498 109 243	26.68%
合计	675 785 778	100%	1 219 627 217	—	1 895 412 995	100%

本次重组交易构成关联交易,构成重大资产重组,构成借壳上市。本次重组前,上市公司控股股东为国资公司,实际控制人为乌鲁木齐市国资委,本次重组后,金昇实业将成为上市公司控股股东,潘雪平将成为上市公司实际控制人。

四、案例评论

(一) 符合"一带一路"国家战略,有利于新疆纺织服装产业的发展

卓郎智能源于瑞士,是金昇集团于2013年斥资42.3亿元人民币从欧瑞康集团收购而来。卓郎智能拥有160多年的历史,在全球拥有超过2 000项专利,以及位于德国、中国、瑞士、新加坡、印度等国家的14个制造基地,旗下有众多知名领先品牌,如赐来福、青泽、福克曼、阿尔玛及卓郎刺绣等,卓郎智能在纺织价值链的各个层面上都扮演了重要的角色。

近年来,新疆在发展纺织服装产业方面不遗余力,不仅出台了《发展纺织服装产业带动就业规划纲要(2014—2023)》,还发布了10项扶持纺织服装产业发展措施,除了设立纺织服装发展专项资金外,还在现有财税政策基础上,将纺织服装企业缴纳的增值税全部用于产业发展,并推出棉花补贴、运费补贴、低价购电等一系列措施,政策优惠力度空前,全方位支持新疆发展纺织服装产业。

除此之外,新疆还是"一带一路"战略的重要节点,丝绸之路经济带的核心区域,发展纺织服装产业具有得天独厚的资源优势和地理区位优势,推动纺织服装产业发展的一系列配套政策措施的实施,形成了新疆在全球范围内的发展纺织服装产业最具吸引力的政策洼地和市场区域,新疆纺织服装产业发展成为全行业令全球瞩目的最大亮点,产业投资快速增长。

通过本次重组引入卓郎智能有利于新疆地区纺织服装产业的发展,推动新疆丝绸之路经济带核心区的建设。智能化纺织装备作为纺织服装行业的上游

产业,有利于引领新疆地区纺织行业的发展并创造良好的社会效应。

(二) 智能化纺织装备行业具有广阔的市场前景

由于生活中的衣食住行都与纺织品息息相关,故而作为国民经济传统支柱产业、重要的民生产业和国际竞争优势明显的纺织工业,在繁荣市场、吸纳就业、增加农民收入、加快城镇化进程以及促进社会和谐发展等方面发挥了重要作用。

随着"中国制造 2025"的落地实施,作为中国传统支柱产业的中国纺织行业在传统纺织技术与新技术之间差距不断拉大的情况下也在进行着一场变革。随着《纺织工业"十三五"发展规划》的发布,中国纺织行业正式迈进智能化、数字化的转型当中。

当前纺织产业已进入新的历史时期,公司以智能制造和绿色发展为重要抓手,加快培育新动能和核心竞争力,走出一条以智能化技术装备为支撑的转型升级发展之路。

(三)"最严借壳新规"后的第一个成功借壳上市案例

卓郎智能借壳新疆城建的交易预案公布于 2016 年 10 月 31 日,是 2016 年 9 月 10 日旨在抑制"炒壳"的重组新规正式落地之后首例构成借壳的预案。

新疆城建的借壳方案,被业内称为紧贴"借壳新规"量身定做。在借壳上市领域,以往的收购案例包括两个步骤:"原有资产剥离 + 老股转让",即标的资产方以现金收购原控制人手中的股权,之后原控制人以现金接收上市公司资产。而在本案例中,由于"借壳新规"的限制,上市公司采取了"三步走"策略:资产置换、置出资产承接及股份转让、发行股份购买资产,即上市公司首先将原有的资产负债和标的公司大股东之间进行置换,置换出来的资产负债再由原控股股东国资公司承接,最后上市公司发行股份收购标的公司剩余股权。在操作细节中,相关参与方均比照"借壳新规",不踏入雷池半步。之所以采取这种方式收购,是因为在以往的借壳案例中,大家可以随意通过配套融资引入资金,用于现金收购老股,但新规取消了借壳配融,这种情况下,如果还按传统办法操作,募集资金的压力将会急剧增加;而"资产置换 + 老股转让 + 发行股份"的"三步走"策略,不仅遵守了新规,取消配套融资,而且取消了以往方案设计中的现金收购环节,有效地降低了募集资金的压力。

五、市场表现(600545)

新疆城建交易前后股价变动情况见图22。

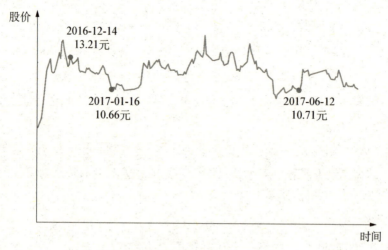

图22　新疆城建交易前后股价走势

600781

辅仁药业：
"蛇吞象"战略布局，历时两年一波三折

一、收购相关方简介

(一) 收购方：辅仁药业集团实业股份有限公司

辅仁药业集团实业股份有限公司的前身是上海民丰实业股份有限公司，1993年8月13日由上海第十印染厂、香港金礼发展有限公司、香港民亿实业有限公司共同出资设立，并于1996年12月经中国证监会批准IPO后正式上市。民丰实业29.52%的股权在2004年由上海第十印染厂转让给上海茉织华股份有限公司后，又于2006年被辅仁集团受让该部分股权成为上市公司股东。2006年6月29日民丰实业正式更名为辅仁药业集团实业股份有限公司。

辅仁药业一直以来专注于医药产业，从事医药制造、批发与零售的整合业务。辅仁药业的主要生产经营主体为其控股子公司辅仁堂，辅仁堂重点从事中成药的生产，目前已经建立起胶剂、胶囊剂、颗粒剂、片剂、中间体等数百个品种的生产线，并且拥有国内一流的制药及检测设备，凭借高技术和独家产品的生产取得了品牌与市场的同步增长。但是近几年来，受制于规模较小、产品单一等因素，辅仁药业的中药业务进入瓶颈期，销售规模和经营业绩增长缓慢。截至目前，辅仁药业的控股股东仍然为辅仁集团，实际控制人为朱文臣。

(二)收购标的：开封制药(集团)有限公司

开封制药(集团)有限公司坐落于历史名城七朝古都开封,在2013年9月26日由辅仁集团和辅仁工程共同出资设立,旗下主要有同源制药、怀庆堂、开封豫港等11家全资子公司,是国家38家重点制药企业之一。本次收购前开药集团的直接控股股东为辅仁集团,间接控股股东为辅仁控股,实际控制人为朱文臣。

开药集团是一家集化学药、中成药和原料药研发、生产、销售于一体的现代化大型医药集团,在"济世药为辅,惠民志在仁"企业理念的熏陶下,开药集团不断加快科技创新、自主品牌建设步伐,打造核心竞争力。近年来开药集团的综合经济实力得到快速提升,总资产达到792 371.09万元,员工总数达3 000余人。通过多年的研究积累和业务拓展,开药集团已发展为品种众多、剂型全面的制药企业,拥有药品批准文号480余个,入选《医保目录(2017年版)》的品种达300余个,在医药行业具备了雄厚的综合实力和市场竞争力。

(三)关联控股方：辅仁药业集团有限公司

河南三维药业有限公司(辅仁集团前身)于1997年1月22日注册成立,经过三次名称变更,最终于2005年11月11日正式更名为辅仁药业集团有限公司。除了控股辅仁药业和开药集团,辅仁集团旗下还控制着14家公司,其产品涵盖了中、西药制剂,生化制药,生物制药,原料药等多个门类,是一家以药业、酒业为主导,集研发、生产、经营、投资、管理于一体的综合性集团公司。本次交易前各方股权结构如图23所示。

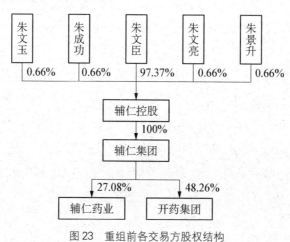

图23　重组前各交易方股权结构

二、收购事件一览

- 2015 年 9 月 23 日,辅仁药业因筹划重大事项开始停牌。

- 2015 年 12 月 20 日,辅仁药业第六届董事会第十一次会议审议通过了本次重大资产重组预案及其他相关议案。

- 2016 年 4 月 25 日,辅仁药业第六届董事会第十三次会议批准本次交易相关事项。

- 2016 年 5 月 13 日,辅仁药业 2016 年第一次临时股东大会通过本次重组事项,并批准辅仁集团及其一致行动人免于向辅仁药业所有股东发出收购要约。

- 2016 年 7 月 22 日,辅仁药业资产重组已获得商务部反垄断局的批复,商务部反垄断局声明对本次收购方案不实施进一步的审查,即日起可以实施集中。

- 2016 年 9 月 6 日,辅仁药业第六届董事会第十八次会议审议通过了本次资产重组暨关联交易方案的调整议案,将对交易对方锦城至信的支付方式变更为全部以现金支付。

- 2016 年 9 月 28 日,辅仁药业决定向中国证监会申请中止本次重大资产重组事项审核及复牌,第六届董事会第十九次会议审议通过该议案。

- 2017 年 8 月 28 日,辅仁药业决定向中国证监会申请恢复本次重大资产重组事项的审核,获得辅仁药业第七届董事会第二次会议审议通过。

- 2017 年 10 月 13 日,辅仁药业召开第七届董事会第三次会议,审议通过了延长本次重组相关事项决议的议案。

- 2017 年 11 月 1 日,辅仁药业召开 2017 年第一次临时股东大会,审议批准了延长本次重组相关事项决议的议案。

- 2017 年 12 月 5 日,辅仁药业召开第七届董事会第六次会议,审议通过了《关于调整公司本次募集配套资金方案的议案》,将募集配套资金总额从不超过 530 000 万元调整为不超过 262 800 万元。

- 2017 年 12 月 21 日,中国证监会核准辅仁药业本次发行股份及支付现金购买资产并募集配套资金事宜。

- 2017 年 12 月 26 日,本次交易辅仁药业购买的开药集团 100% 股份已经完成相应的工商变更登记。

三、收购方案

本次交易属于重大资产重组,同时,本次重组的交易对象辅仁集团、克瑞特分别为辅仁药业的控股股东及其关联方,因此本次交易也构成关联交易。本次重大资产重组交易主要有两部分构成,一是发行股份及支付现金购买资产;二是发行股份募集配套资金,且本次发行股份及支付现金购买资产不以募集配套资金的成功实施为前提。

(一) 发行股份及支付现金购买资产

本次交易标的的资产为开药集团 100% 的股份。本次交易重组中,拟向辅仁集团、平嘉鑫元、津诚豫药、万佳鑫旺、鼎亮开耀、克瑞特、珠峰基石、领军基石、锦城至信、东土大唐、东土泰耀、佩滋投资、海洋基石、中欧基石等 14 名交易对方发行股份及支付现金购买其合计持有的开药集团 100% 股权。本次标的资产的评估基准日为 2015 年 12 月 31 日,采用收益法进行评估,开药集团 100% 股权的净资产价值为 246 789.43 万元,评估值为 780 900 万元,增值率为 216.42%。根据发行股份购买资产协议,经各方协商确认,交易标的的交易价格确定为 780 900 万元。其中,向鼎亮开耀、锦城至信两家公司支付现金总对价 39 118.32 万元,其余对价均通过发行股份方式支付。

本次发行股份购买资产的定价基准日为上市公司第六届董事会第十一次会议决议公告日。经协商,交易各方约定本次发行股份购买资产的定价依据为定价基准日前 20 个交易日公司股票交易均价的 90%,即 16.50 元/股。扣除现金对价后,按此股价发行股份,辅仁药业向交易对方合计发行 449 564 648 股股份。交易对方就本次交易取得的辅仁药业股份数量和现金对价情况如表 12 所示。

表 12 　辅仁药业向交易对方支付的现金与发行股份数量情况

序号	交易对方	出资比例	交易价格(万元)	现金支付(万元)	股份支付(万元)	股份支付(股)
1	辅仁集团	48.26%	376 841.09	—	376 841.09	228 388 539
2	平嘉鑫元	10.72%	83 747.31	—	83 747.31	50 755 947
3	津诚豫药	10.45%	81 625.06	—	81 625.06	49 469 734

续表

序号	交易对方	出资比例	交易价格(万元)	现金支付(万元)	股份支付(万元)	股份支付(股)
4	万佳鑫旺	7.81%	61 006.57	—	61 006.57	36 973 680
5	鼎亮开耀	6.27%	48 975.04	24 487.52	24 487.52	14 840 920
6	克瑞特	5.18%	40 434.49	—	40 434.49	24 505 751
7	珠峰基石	3.34%	26 120.02	—	26 120.02	15 830 314
8	领军基石	2.09%	16 325.01	—	16 325.01	9 893 947
9	锦城至信	1.87%	14 630.80	14 630.80	—	—
10	东土大唐	1.65%	12 898.51	—	12 898.51	7 817 279
11	东土泰耀	0.76%	5 913.77	—	5 913.77	3 584 101
12	佩滋投资	0.75%	5 852.32	—	5 852.32	3 546 860
13	海洋基石	0.73%	5 713.75	—	5 713.75	3 462 880
14	中欧基石	0.10%	816.25	—	816.25	494 696
合计		100%	780 900.00	39 118.32	741 781.68	449 564 648

(二) 发行股份募集配套资金

辅仁药业采用询价方式,向不超过 10 名符合条件的特定对象非公开发行股票募集配套资金,募集资金总额不超过 262 800 万元,不超过标的资产交易价格的 100%。本次募集资金的发行价格为 16.50 元/股,发行数量不超过 159 272 727 股。募集的配套资金用于支付现金对价以及生产线建设、研发等项目,其中拟支付现金对价的金额为 31 742.30 万元。交易完成前后辅仁药业股权结构变化情况如表 13 所示。

表 13 交易完成前后辅仁药业股权结构变化情况

股东名称	本次交易前		本次交易后			
			募集配套资金前		募集配套资金后	
	持股数量(万股)	持股比例	持股数量(万股)	持股比例	持股数量(万股)	持股比例
辅仁集团	4 810.00	27.08%	27 648.85	44.09%	27 648.85	35.16%
平嘉鑫元	—	—	5 075.59	8.09%	5 075.59	6.45%
津诚豫药	—	—	4 946.97	7.89%	4 946.97	6.29%
万佳鑫旺	—	—	3 697.37	5.90%	3 697.37	4.70%
鼎亮开耀	—	—	1 484.09	2.37%	1 484.09	1.89%

续表

股东名称	本次交易前		本次交易后			
			募集配套资金前		募集配套资金后	
	持股数量(万股)	持股比例	持股数量(万股)	持股比例	持股数量(万股)	持股比例
克瑞特	—	—	2 450.58	3.91%	2 450.58	3.12%
珠峰基石	—	—	1 583.03	2.52%	1 583.03	2.01%
领军基石	—	—	989.39	1.58%	989.39	1.26%
东土大唐	—	—	781.73	1.25%	781.73	0.99%
东土泰耀	—	—	358.41	0.57%	358.41	0.46%
佩滋投资	—	—	354.41	0.57%	354.41	0.45%
海洋基石	—	—	346.29	0.55%	346.29	0.44%
中欧基石	—	—	49.47	0.08%	49.47	0.06%
其他股东	12 949.28	72.92%	12 949.28	20.65%	12 949.28	16.47%
特定投资者	—	—	—	—	15 927.27	20.25%
合计	17 759.29	100%	62 715.75	100%	78 643.02	100%

　　本次交易完成后,辅仁药业将持有开药集团100%股权,本次交易没有导致上市公司的控股股东和实际控制人发生变更,公司控股股东仍为辅仁集团,实际控制人仍为朱文臣。

四、案例评论

(一) 重组历时两年,收购一波三折

　　辅仁药业于2015年9月23日因筹划重大事项首次停牌,此后有序地推进资产重组相关工作。2016年5月17日,辅仁药业向中国证监会发送文件正式申请本次重大资产重组,并于2016年6月和同年9月分别取得《中国证监会行政许可项目审查一次反馈意见通知书》和《中国证监会行政许可项目审查二次反馈意见通知书》。证监会上市公司并购重组审核委员会原本计划在2016年9月28日召开2016年第72次并购重组委工作会议,准备正式审核包括辅仁药业在内的几家公司的定增事项,但是在2016年9月27日晚,辅仁药业以保护股东权益为由向证监会申请中止本次重大资产重组事项审核,并向上交所申请于2016年9月28日开市起恢复交易。2016年9月28日当天的另一则公告里

发布消息称公司收到河南证监局出具的《关于对辅仁药业实施出具警示函措施的决定》,而警示函主要是针对辅仁药业计划转让子公司的信披不及时导致,并未明确表示与定增有关,因此辅仁药业本次中止重组的具体原因不得而知。至此,历时一年的并购准备活动暂告一段落。

直至 2017 年 8 月 28 日,辅仁药业再次决定向中国证监会申请恢复本次重大资产重组事项的审核,并最终于 2017 年 12 月 21 日获得证监会并购重组委审核"有条件通过"。历时两年之久的并购活动最终落下了帷幕,但是本次并购有两点不容忽视。其一,历时两年,标的资产评估价不升反降。对比两年前首次公布的预案,开药集团的资产评估值基本未变化,甚至从此前的 78.5 亿元降为 78.09 亿元,而发行价格也与两年前的重组方案一致。其二,募集配套资金遭"腰斩"。由于本次重大资产重组获得证监会"有条件通过",早在审查过程中,证监会就针对本次重组的募集配套资金方案提出异议。最终辅仁药业于 2017 年 12 月 6 日发布公告称,决定将此次资产重组的募集配套资金总额从不超过 53 亿元调整为不超过 26.28 亿元。在预计 16.50 元/股的发行价下限不变的情况下,计划发行股份数由先前的 3.212 1 亿股锐减为 1.592 7 亿股。仅一周之内,募集配套资金计划"腰斩"逾一半。纵观本次重组,不仅过程一波三折,结果更是出人意料,让步越大,越见辅仁药业的并购决心。

(二) 开药集团借壳上市,辅仁集团成最大赢家

本次交易中通过"借壳"方式将全部资产注入上市公司的开药集团主要受益于两方面:其一,可借助资本市场平台,拓宽融资渠道;其二,进一步提升企业知名度和品牌影响力,提升核心竞争力。而对于本次交易的收购方辅仁药业来说,本次交易完成后,公司主营业务将从较为单一的中成药业务拓展到综合性医药业务,可以在扩大中成药领域规模的同时,弥补公司在化学药和原料药领域的空缺,实现多元化发展,上市公司抗风险能力也将因为产品结构的丰富而显著提高。

然而本次交易的最大赢家当属辅仁集团,2006 年,辅仁集团通过受让股权及实施股权分置改革,成为上市公司控股股东,同时也是开药集团的控股股东。本次重组对于以医药类产业为核心业务的辅仁集团来说意义重大。近年来,我国医药产业发展迅猛,成为国民经济中发展最快的行业之一。2016 年医药工业

规模以上企业实现主营业务收入 29 635.86 亿元,同比增长 9.92%,增速较上年同期提高 0.90 个百分点,高于全国工业整体增速 5.02 个百分点。医药产业的持续稳定发展得益于两方面:其一,医药行业是国民经济的主要组成部分,随着人们生活水平的提高,对医疗保健的需求不断增长。其二,近年来,国家发布一系列产业政策、文件以鼓励和支持我国医药行业做大、做强。基于此,医药类行业的发展备受关注。

而本次开药集团注入上市公司也是辅仁集团医药资产整体上市的重要举措,通过响应国家政策的号召而基本实现了辅仁集团核心医药资产整体上市。通过本次重组,辅仁集团核心控股公司辅仁药业和开药集团将会进行医药资源整合,发挥协同效应,获得了辅仁集团其他所属生物医药类资产的辅仁药业将成为业务涵盖化学药、中成药、原料药、生物制药的大型综合性医药上市公司平台,在医药领域实现统一规划、统一管理、统一运营的集约化经营,进一步凸显规模优势。

(三)"蛇吞象"战略布局,巧避同业竞争,扩大公司规模

本次交易的收购方辅仁药业和被收购方开药集团均属于辅仁集团的控股子公司,辅仁药业主要从事医药制造、批发与零售的整合业务,重点在于中成药的研发、生产和销售。2014 年、2015 年、2016 年和 2017 年前三季度辅仁药业的营业收入分别为 4.35 亿元、4.62 亿元、4.96 亿元和 3.82 亿元,归属于母公司所有者的净利润分别为 1 212 万元、2 777 万元、1 766 万元和 1 327 万元。受制于规模较小、产品单一等因素,近年来公司中药业务发展速度陷入了瓶颈,销售规模和经营业绩短期内难以进一步提升。

而此次收购的标的公司开药集团是一家集化学药、中成药、原料药的研发、生产和销售于一身的综合类大型医药企业。在 2014 年度、2015 年度、2016 年度及 2017 年 1—8 月开药集团的营业收入分别为 35.72 亿元、40.07 亿元、45.34 亿元、33.89 亿元,归属于母公司所有者的净利润分别为 5.62 亿元、5.86 亿元、6.53 亿元、4.81 亿元。从营业收入和净利润来看,同为从事医药类业务的企业,开药集团的盈利能力已明显超越上市公司,成为辅仁集团旗下核心企业,也是辅仁集团旗下最主要、最优质的医药经营资产。而本次收购则为辅仁药业提供了一个将"对手"变"队友"的绝佳时期,辅仁药业发行股份及现金收购

开药集团 100%的股份,将其主要的核心优质医药资产一举纳入囊中,从而大大减少了医药类业务方面的同业竞争问题,对于加快业务发展,提升盈利能力,保护股东利益具有迫切性和重要意义。

综合双方的资产情况可知,截至 2017 年第三季度末,辅仁药业总资产为 126 992.41 万元,而开药集团总资产达到 792 371.09 万元,二者体量悬殊近七倍,因此辅仁药业本次收购开药集团的行为属于典型的"蛇吞象"并购手法,在医药产业快速发展的背景之下,这种体量的突破对辅仁药业来说无异于如鱼得水,解决了由于体量小而缺乏竞争优势的问题。通过本次交易,辅仁药业置入盈利能力较强的医药类资产,大幅提升公司的经营规模,改善财务状况,显著增强持续盈利能力,有效提高资产质量和抗风险能力,对上市公司来说意义重大。

五、市场表现(600781)

辅仁药业交易前后股价变动情况见图 24。

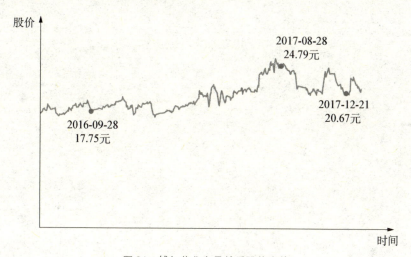

图 24 辅仁药业交易前后股价走势

第四辑　中概股回归

600449

宁夏建材：
"中国神材"诞生，蓄力打造世界一流建材企业

一、收购相关方简介

(一) 收购方：中国建材股份有限公司

中国建材股份有限公司(证券代码：03323.HK)于 1985 年成立，主要从事水泥、轻质建材、玻璃纤维及复合材料以及工程服务业务。中国建材集团直接及间接合计持有中国建材股份有限公司 2 227 987 270 股股份，占中国建材股份总数的 41.27%，是中国建材的控股股东和实际控制人。中国建材集团是国务院国资委直接监管的中央企业，国务院国资委为中国建材集团唯一出资人和实际控制人，为中国建材的最终控制人。

(二) 收购标的：宁夏建材集团股份有限公司

宁夏建材集团股份有限公司是国家重点扶持的 60 户水泥企业之一，是西部地区具有较强竞争力的建材工业企业。2003 年 8 月公司股票在上海证券交易所上市交易，注册资本金为 47 818.1 万元。公司主要经营水泥制造、销售，水泥制品、水泥熟料的制造与销售，混凝土骨料的制造与销售等。水泥和混凝土产品广

泛应用于铁路、高速公路、水利、机场、桥梁等国家和地方重点工程建设项目。

(三) 关联控股方：中国中材股份有限公司

中国中材股份有限公司是经国务院国资委批准,由中国中材集团有限公司联合其他发起人设立的股份公司。公司注册成立于 2007 年 7 月 31 日,并于 2007 年 12 月 20 日在香港联交所主板挂牌上市。中材股份集团主营业务分为三大部分,即水泥装备与工程服务、水泥及高新材料,包括玻璃纤维、复合材料、人工晶体及先进陶瓷。中材股份由中材集团直接及间接持股约 43.87%,而中材集团由中建材集团全资拥有。中材股份是中国领先的水泥工程公司及第四大水泥公司,总产能约 1.12 亿吨(至 2017 年 6 月 30 日)。在中材股份的附属公司当中,中国中材国际工程股份有限公司、宁夏建材集团股份有限公司及甘肃祁连山水泥集团股份有限公司在上海证券交易所上市,中材科技股份有限公司及新疆天山水泥股份有限公司在深圳证券交易所上市。

二、收购事件一览

- 2017 年 9 月 8 日,中国建材召开第四届董事会第五次临时会议审议通过《关于中国建材股份有限公司与中国中材股份有限公司合并方案的议案》,批准本次合并事项。

- 2017 年 9 月 8 日,中材股份召开第四届董事会第十八次会议审议通过《关于中国中材股份有限公司与中国建材股份有限公司合并方案的议案》,批准本次合并事项。

- 2017 年 9 月 8 日,中国建材与中材股份签署《合并协议》,约定了本次合并方案、合并双方权利义务等内容。

- 2017 年 11 月 17 日,国务院国资委发布《关于中国建材股份有限公司吸收合并中国中材股份有限公司有关问题的批复》,同意中国建材吸收合并中材股份的总体方案。

- 2017 年 12 月 6 日,中国建材分别召开 2017 年第一次临时股东大会、2017 年第一次 H 股类别股东会、2017 年第一次内资股类别股东会,审议通过了关于中国建材与中材股份合并方案的议案,批准本次合并事项。

- 2017 年 12 月 6 日,中材股份分别召开 2017 年第二次临时股东大会、

2017 年第一次 H 股类别股东会,审议通过了关于中材股份与中国建材合并方案的议案,批准本次合并事项。

● 2017 年 12 月 13 日,中国证监会以《关于核准豁免中国建材股份有限公司要约收购宁夏建材集团股份有限公司股份义务的批复》,核准豁免中国建材的要约收购义务。

三、收购方案

本次收购的方案为换股吸收合并,即宁夏建材的控股股东中材股份为被合并方,中国建材为合并方,二者就宁夏建材的 47.56% 股权进行换股合并。本次合并完成后,中国建材作为本次合并的合并暨存续方,相应办理相关变更登记手续;中材股份作为本次合并的被合并方暨非存续方,其全部资产、负债、业务、人员、合同、资质及其他一切权利与义务由中国建材承接与承继,中材股份相应办理退市及注销登记手续。通过本次合并,中国建材将收购中材股份直接持有的宁夏建材 227 413 294 股股份(占宁夏建材的股份总数的 47.56%)。因此,本次收购不涉及收购对价的支付,不涉及收购资金来源相关事项。

本次收购前,中国建材未持有宁夏建材的股份,中材股份直接持有宁夏建材 47.56% 的股份。本次收购前,宁夏建材的产权控制关系如图 25 所示。

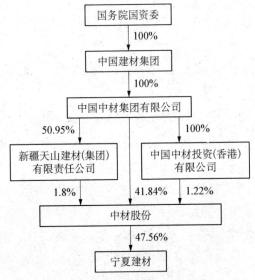

图 25　并购前宁夏建材的产权控制关系

本次收购完成后,宁夏建材的产权控制关系如图 26 所示。

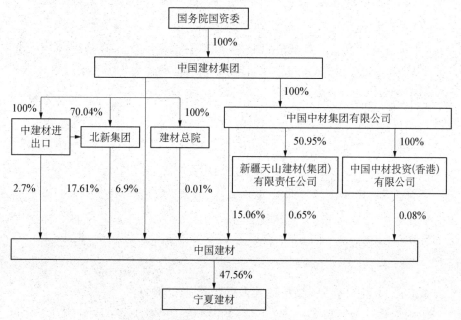

图 26　收购完成后宁夏建材的产权控制关系

本次重组交易构成重大资产重组。本次交易前,上市公司的控股股东为中材股份,实际控制人为国务院国资委。本次交易完成后,中国建材将直接持有本公司47.56%股份,为上市公司第一大股东,上市公司的实际控制人仍为国务院国资委。

四、案例评论

(一)"两材"合并,携手打造世界一流建材企业

中国建材吸收合并宁夏建材 47.56%的产权,实则是中国建材与中材股份合并事宜的一部分。在 2017 年 9 月,中国建材和中材股份签订合并协议,并发布公告称将以换股方式实施合并。

中国建材和中材股份的合并事宜一直备受关注。中国建材集团集科研、制造、流通为一体,是中国最大、世界领先的综合性建材产业集团,连续 6 年荣登《财富》世界 500 强企业榜单。中材股份主要从事水泥技术装备与工程服务、水泥和新材料三方面的业务,是全球最大的水泥技术装备与工程服务供应商,也

是中国非金属材料行业的领先生产商。2016 年 8 月,两公司获批合并。有业内人士称,此举将创造我国建材行业规模最大、资产最雄厚、人才最集中的超大型集团,标志着全行业供给侧结构性改革迈入新的阶段。在国资委 2017 年 8 月举行的"关于中央企业重组整合有关情况的通报"会议上,中国建材提出,集团在两个月内完成了二级平台搭建,由原"两材"旗下的 32 家整合为 17 家,后续经过多次整合变为目前的 13 家,未来还要继续整合成 12 家。这也是与重组整合同步进行的,为集团业务整合和打造"大利润平台"奠定了坚实基础。

相关资料显示,两公司合并是 2016 年原中建材与原中材重组后旗下旗舰上市公司整合迈出的实质性步伐,将极大提升两公司的协同效应。合并后公司水泥总产能将达 5.3 亿吨,成为全球最大水泥生产商;商品混凝土产能将达 4.25 亿立方米,位居世界第一位;在新材料领域拥有多个世界级"隐形冠军":玻璃纤维、风电叶片、石膏板产能均位列全球第一;连续 8 年蝉联全球最大水泥工程承包商地位。

(二) 顺应行业发展趋势,合并将大大提高行业竞争力

中国建材和中材股份的合并,顺应了建材行业特别是水泥行业的发展趋势。全球范围内,行业整合是大势所趋。近年来,中国步入经济发展新常态,水泥等建材行业的部分区域供需关系面临一定挑战。伴随着中国经济稳增长、供给侧结构性改革、"一带一路"倡议推进和国际产能合作等时代主题,我国建材行业迎来了新的发展机遇。

中国建材集团以及所属中国建材股份、中材股份两家上市公司在过去的一年都取得了良好的业绩。为了更好地应对挑战并充分把握发展机遇,中国建材股份和中材股份将在建材行业转型升级的过程中抢占先机,通过本次合并推动运营改善和协同效应释放,在产业布局、业务规模、市场营销、运营管控、技术创新等各方面拥有全面、综合的竞争优势,实现两家公司的强强联合、优势互补,打造世界一流的综合性材料产业集团并创造出建材领域全球领先的上市公司,巩固行业领先地位,增强国际市场竞争力,为股东创造更大的价值。

(三) 借水泥板块解决同业竞争,扩大集团整体发展空间

中国建材是中国最大的水泥公司,中材股份则是中国领先的水泥工程公司及第四大水泥公司。据 2017 年中国建材的半年报显示,公司的利润增长主要

来源于水泥业务板块销售和盈利的增加,此外,中国建材水泥业务的营收占比高达81.3%,中材股份水泥业务营收占比也有41.7%。从中国建材和中材股份下属的13家上市公司的业务范围可以发现,中国建材下属的洛阳玻璃、中国巨石、凯盛科技主要从事玻璃制造,中材股份下属的中材科技主要负责玻璃纤维制造,祁连山、宁夏建材、天山股份主要负责水泥制造。两家公司在玻璃和水泥行业的业务高度重叠,此次合并,在水泥行业整体产能利用率不高、产能持续增长的背景下,将成为解决同业竞争的重要切入口。

根据水泥行业"十三五"发展规划,到2020年将关闭4亿吨熟料产能,前十位企业的市场占有率从2015年的54%提升至大于80%。2015年以来,在中国供给侧结构性改革、水泥行业的系列调控政策以及行业自律的推动下,去产能、去产量成效明显,水泥价格日益趋稳。倘若同业竞争问题得以快速解决,那么中国建材的发展将上升至一个更高的平台。中国家居建材装饰协会秘书长胡中信表示,中国建材在水泥方面的技术是比较领先的,在"一带一路"倡议下,可以较快完成人才输出和技术输出,且随着国家环保政策的实施,中小水泥企业陆续关停,给中国建材这种大厂商的发展让出了部分市场空间。

五、市场表现(600449)

宁夏建材交易前后股价变动情况见图27。

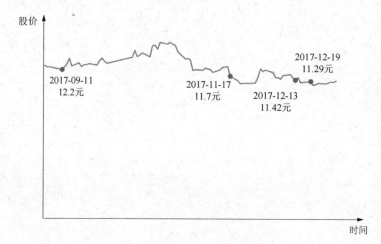

图27　宁夏建材交易前后股价走势

第五辑　跨界并购

000611

天首发展：
借力外部投资，收购优质资产

一、收购相关方简介

(一) 收购方：内蒙古天首科技发展股份有限公司

内蒙古天首科技发展股份有限公司原名内蒙古民族商场股份有限公司(集团)，是一家于 1993 年通过定向募集方式设立的股份有限公司，公司所属行业为纺织业，其主营业务为纺织品的生产、贸易。1996 年 9 月，经中国证监会批准，公司在深交所挂牌上市。1997 年 3 月 5 日，公司决定将名称由"内蒙古民族商场股份有限公司(集团)"变更为"内蒙古民族实业集团股份有限公司"。2003 年 1 月 27 日，公司名称再次发生变更，并在后续数年内多次更名，最终于 2016 年 6 月 23 日更名为"内蒙古天首科技发展股份有限公司"。2016 年 11 月 23 日公司拟向绍兴柯桥天瑞纺织品有限公司转让其持有的浙江四海氨纶纤维有限公司 22.26% 的股权，向北京天首财富管理顾问有限公司出售其应收账款和其他应收款项，但这一重组事项于 2017 年 1 月 3 日终止。

(二) 收购标的：吉林天池钼业有限公司

吉林天池钼业有限公司设立于 2008 年 4 月，由天池矿业、第二调查所共同出资。其中,天池矿业以现金出资 700 万元,占天池钼业注册资本的 70%,第二调查所以现金出资 300 万元,占天池钼业注册资本的 30%。钼作为一种不可再生的战略性资源,在各个领域具有广泛的用途。天池钼业拥有的钼矿的主要金属矿物为辉钼矿,有用组分单一,纯度高,具有较高的工业价值,其所生产的最终产物高纯度钼金属等下游产品主要应用在航空、航天、核工业、石油炼化催化剂等高端产业。天池钼业所处的行业为采矿业下的有色金属采选业,拥有吉林省舒兰市小城镇季德钼矿采矿权和季德钼矿南部探矿权。但是由于资金不足,天池钼业拥有的季德钼矿矿山建设进展缓慢,尚未建成投产。

二、收购事件一览

- 2017 年 3 月 9 日,天首发展因筹备重大资产重组事项开市起停牌。

- 2017 年 4 月 17 日,公司召开第八届董事会第十二次会议和第八届监事会第六次会议,审议通过了《关于〈内蒙古天首科技发展股份有限公司重大资产购买预案〉的议案》等重大资产重组相关议案。

- 2017 年 4 月 28 日,公司收到深圳证券交易所《关于对内蒙古天首科技发展股份有限公司的重组问询函》(非许可类重组问询函〔2017〕第 8 号)。

- 2017 年 6 月 26 日,召开第八届董事会第十四次会议和第八届监事会第八次会议,审议通过了《关于公司本次重大资产购买符合上市公司重大资产重组条件的议案》。

- 2017 年 7 月 7 日,收到深交所出具的《关于对内蒙古天首科技发展股份有限公司的重组问询函》(非许可类重组问询函〔2017〕第 14 号)。

- 2017 年 7 月 13 日,召开 2017 年第二次临时股东大会,审议通过本次重大资产收购的相关议案。

三、收购方案

重组的整体方案由以下两步组成:(1)设立有限合伙企业;(2)支付现金购买资产。

(一) 设立有限合伙企业

2017 年 6 月 22 日,天首发展、凯信腾龙与日信投资签署《有限合伙协议》,天首发展以其新设立的有限合伙企业吉林天首以支付现金方式购买天成矿业持有的天池钼业 75% 股权和天池矿业对天池钼业享有的 34 200 万元债权,并通过这一子公司实现对天池钼业的控制。在这一有限合伙企业的设立中,日信投资拟出资 8 亿元认购吉林天首的 LP 份额;同时天首发展的二级全资子公司凯信腾龙作为有限合伙企业的 GP,出资 100 万元;另一个 LP 则为天首发展,出资 4.99 亿元认购相应份额。

(二) 支付现金购买资产

截至 2016 年 12 月 31 日,天池钼业 100% 股权的评估值为 127 129.93 万元,经交易各方协商确定,天池钼业 75% 的股权交易价格为 95 347.45 万元。同时在交易过程中上市公司决定购买天池矿业对天池钼业享有的债权中的 34 200 万元,因此本次交易总价格为 129 547.45 万元。这一笔交易资金来源主要包括两个部分:上市公司自筹资金与外部融资。首先上市公司向公司的实际控制人邱士杰发出《催款函》,要求其在 2017 年 4 月 20 日前还清所欠款项共计 466 922 379.87 元,这笔款项在 2017 年 4 月 19 日支付给上市公司。另一方面上市公司则通过股东借款方式筹集资金。2017 年 6 月 22 日,上市公司实际控制人邱士杰与上市公司签署《借款合同》,拟向上市公司提供不超过 8 000 万元的资金,至此上市公司的自筹资金数额达到五亿元。由于约定交易价格近 13 亿元,于是上市公司决定资金不足的部分通过外部借款筹集。本次交易的外部资金提供方为日信投资,2017 年 6 月 22 日,天首发展、凯信腾龙与日信投资签署《有限合伙协议》,日信投资拟出资 8 亿元认购天首发展拟设立的有限合伙企业吉林天首的 LP 份额。协议约定日信投资持有份额年度投资预期收益率为 13%,合伙企业利润分配优先满足日信投资的年度预期收益率。在确定资金来源后,上市公司再以现金方式向天成矿业、天池矿业分期支付交易款项完成交易。

本次重组交易构成重大资产重组,但不构成关联交易。同时本次交易不涉及公司股权变动,不会导致公司实际控制人发生变更,不构成借壳上市。

四、案例评论

(一) 上市公司新增主营业务期待利润新突破

本次交易前,上市公司的主营业务为纺织品的生产、贸易,由于受产品市场行情低迷、产业创新不足和人工成本上涨等原因的影响,近些年我国纺织业举步维艰,公司纺织品业务的发展也困难重重,主营业务竞争力薄弱,持续发展能力受到考验。2014 年、2015 年、2016 年,公司的营业收入呈现下降趋势,分别为6 717.71 万元、3 391.42 万元、2 982.93 万元,实现扣除非经常性损益后的净利润分别为 - 4 913.76 万元、- 35 012.10 万元、- 4 632.58 万元。尤其是近年来,纺织业务市场需求萎靡和劳动力成本上升导致了公司主营业务规模下降和参股企业亏损,为此公司管理层根据市场情况对产品结构进行了调整,增加了高附加值产品的生产,同时加强了生产管理和成本费用的控制,公司主营业务的亏损幅度已经得到较大改善,但公司主营业务仍受到纺织行业整体的影响,竞争力和持续发展能力受到考验。与之相对,自 2016 年下半年以来,有色金属下游行业的需求回暖使得包括钼金属在内的有色金属采选企业的营业利润逐渐回升,金属钼的采选业已经成为可以为公司带来较大利润的行业。上市公司基于对金属钼及其相关产业发展趋势的洞察,决定逐步将矿产资源、清洁能源业务作为业务转型方向,从而提高上市公司的资产质量,增强上市公司持续经营能力和未来盈利能力。本次交易完成后,上市公司将持有天池钼业 75% 股权。天池钼业主要从事钼精矿采选,属于有色金属矿采选行业,因此上市公司主营业务将新增钼精矿的采选业务。同时天池钼业拥有的季德钼矿在钼精矿品位、纯度及储量方面具有较大的优势并且属于露天开采的大型矿山,在供给侧改革不断深化以及钼产品未来在汽车、电子、航空航天等领域的应用范围逐渐扩大的趋势下,天池钼业拥有的季德钼矿将成为上市公司赚取利润的重要产业。

(二) 有限合伙人进入提供大额资金

截至 2017 年 3 月 31 日,上市公司货币资金余额为 459.73 万元,加上公司的自有资金与自筹资金约为 5 亿元,尚不足以支付本次重组交易的对价,因此为了成功进行本次以现金支付的资产重组,公司需要借助外部融资来募集大额资金。2017年6月22日,天首发展、凯信腾龙与日信投资签署《有限合伙协议》,日信投资拟出资8亿元认购天首发展拟设立的有限合伙企业吉林天首的LP份额。同时有限合伙人天首发展承诺:在日信投资投资完成日(以日信投资工商登记为合伙企业的有限合伙人之日)后12个月内以其经营所得及通过合法渠道筹集资金方式所筹集的资金受让日信投资所持有合伙企业的全部份额。

日信投资此次选择作为天首发展资产重组中设立有限合伙公司的有限合伙人,其原因有下几点:(1)天首发展协议约定给出的预期收益率满足日信投资的要求。协议约定日信投资持有份额年度投资预期收益率为13%,合伙企业利润分配优先满足日信投资的年度预期收益率。这一条协议保证了日信投资这笔大额资金的收益要求。同时对日信投资而言,在当前情况下不存在综合风险与收益优于天首发展的投资项目,因此他们选择进入此次资金募集。(2)日信投资对天首发展的后续经营情况有积极预期。天首发展的此次并购事项能够为上市公司带来新的利润增长点,改善公司的经营状况,同时,交易后新增加的主营业务也有很大的发展潜力。基于这些情况,日信投资认为天首发展的后续经营是不成问题的,所以选择进入。

(三) 交易结构简单,资金来源复杂

在此次交易中,上市公司直接通过支付现金来购买目标资产,在交易结构上十分简单,同时也避免了其他交易方式可能带来的股权结构的变动。但是由于天池钼业资产规模不算小且天首发展现金缺乏,因此天首发展需要通过多种途径来募集资金。天首发展作为一家民营企业,缺乏国有资本背景,通过银行借款筹集资金的渠道受限,所以天首发展采用了使用自有资金、自筹资金以及获得外部借款的方式。首先使用内部资金不需要实际对外支付利息或股息,对于现金少的公司而言能够不影响公司的现金流量;其次由于资金来源于公司内部,不发生融资费用,使融资成本远低于外部融资。但是由于内部资金有限,上市公司还采用了外部债务融资。通过获取外部债务融资,上市公司一方面避免了公司股权可能发生的变动,另一方面积极发挥了财务杠杆的作用,成功实现了交易所需资金的筹措。同时多种融资方式共举减少了单一方式下带来的融资风险,有益于后续交易的进行。

五、市场表现(000611)

天首发展交易前后股价变动情况见图28。

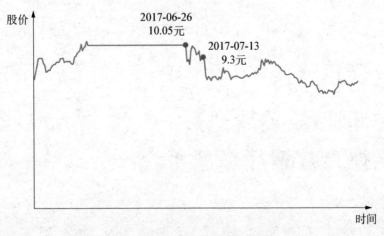

图28　天首发展交易前后股价走势

002034

旺能环境(原美欣达)：
腾笼换鸟打造环保新平台

一、收购相关方简介

(一) 收购方：浙江美欣达印染集团股份有限公司

　　浙江美欣达印染集团股份有限公司主营业务为纺织品的印染、制造、加工及销售。公司前身为湖州市灯芯绒总厂，于 1996 年 5 月 13 日设立，2004 年 8 月首次公开发行股票并上市。公司的控股股东、实际控制人均为单建明。2016 年 5 月，公司非公开发行新股 2 412 万股，募集资金用于补充印染业务流动资金。本次新股发行之所以成功，主要由于公司管理层认为虽然印染行业竞争激烈，但是美欣达作为印染行业的领先企业之一，仍然具有发展机会。但是，2016 年受外部经济形势变化的影响，纺织品外贸处于下滑态势，印染行业相较于 2015 年度竞争进一步加剧，公司印染业务盈利能力再次大幅下滑。

(二) 收购标的：浙江旺能环保股份有限公司

　　浙江旺能环保股份有限公司主要从事垃圾处理项目，在垃圾焚烧发电行业中处于领先地位。2007 年 7 月旺能环保由美欣达集团和湖州美欣达房地产开发有限公司共同出资设立。旺能环保立足于以特许经营的方式从事生活垃圾焚烧发电厂的投资、建设及运营,向餐厨垃圾处理、污泥处理等固废处理领域扩展,致力于打造平台型环保企业。公司的控股股东为美欣达集团,实际控制人为单建明。

(三) 关联控股方: 美欣达集团有限公司

美欣达集团有限公司于 2002 年 7 月 22 日设立,注册资本为 1 000.00 万元。集团旗下资产主要分为纺织印染、现代服务、房地产开发以及能源环保业务四大业务板块。其中印染业务以上市公司浙江美欣达印染集团股份有限公司作为运营主体,美欣达集团持有上市公司股权比例为 5.30%,美欣达集团与上市公司的实际控制人均为单建明。交易各方关系结构如图 29 所示。

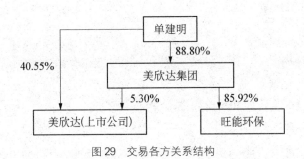

图 29　交易各方关系结构

二、收购事件一览

● 2016 年 10 月 10 日,美欣达因筹划重大事项停牌。

● 2016 年 12 月 14 日,美欣达集团召开股东会审议通过本次交易的相关方案。

● 2016 年 12 月 20 日,美欣达职工代表大会审议通过本次资产出售涉及的职工安置方案。

● 2016 年 12 月 28 日,美欣达召开第六届董事会第二十一次会议,审议通过了本次交易的正式方案及相关议案。

● 2017 年 1 月 16 日,美欣达召开 2017 年第一次临时股东大会,审议通过了本次交易的正式方案及相关议案。

- 2017 年 3 月 16 日,美欣达召开第六届董事会第二十三次会议,审议通过了关于调整本次交易方案的相关议案。
- 2017 年 3 月 22 日,美欣达召开第六届董事会第二十四次会议,审议通过了关于调整本次交易方案的相关议案。
- 2017 年 5 月 15 日,美欣达召开第六届董事会第二十六次会议,审议通过了美欣达备考审阅报告等相关议案。
- 2017 年 7 月 28 日,美欣达召开第六届董事会第二十八次会议,审议通过了置出资产第一季度财务报表、审计报告,以及美欣达备考审阅报告等相关议案。
- 2017 年 9 月 30 日,本次交易获得中国证监会的核准。
- 2018 年 1 月 5 日,上市公司名称变更为旺能环境股份有限公司;证券简称变更为"旺能环境"。

三、收购方案

(一) 资产置换+发行股份+支付现金购买资产

上市公司将以其拥有的置出资产与美欣达集团拥有的旺能环保85.92%股份的等值部分进行资产置换,置换差额部分由上市公司以非公开发行股份及支付现金的方式购买;同时上市公司以非公开发行股份的方式购买重庆财信、新龙实业、永兴达实业、陈雪巍合计持有的旺能环保14.08%的股份。

本次交易置出资产为上市公司拥有的与印染纺织业务相关的全部资产和负债,由美欣达集团承接。为便于置出资产、负债的交割,公司将设立美欣达纺织印染科技有限公司,用以承接本次交易置出的与印染业务相关的资产、负债及人员。

置入资产旺能环保 100%股权评估价值为 425 100.00 万元,经协商交易作价 425 000.00 万元,其中以资产置换方式向美欣达集团支付的交易作价为56 000.00 万元,以现金方式向美欣达集团支付的交易对价为 63 750.00 万元,以发行股份的方式向全体股东支付的交易对价为 305 250.00 万元,发行股份按照发行价格 31.34 元/股计算,上市公司向各交易对方预计发行 97 399 488 股。具体情况如表 14 所示。

表 14　本次交易具体情况

股东名称	持有旺能环保股份(股)	持股比例	交易对价(万元)	股份对价(万元)	现金对价(万元)	置出资产对价(万元)	发行股份数量(股)
美欣达集团	343 692 860	85.92%	365 173.66	245 423.66	63 750.00	56 000.00	78 310 039
重庆财信	19 960 000	4.99%	21 207.50	21 207.50	—	—	6 766 911
新龙实业	17 800 000	4.45%	18 912.50	18 912.50	—	—	6 034 620
陈雪巍	9 647 140	2.41%	10 250.09	10 250.09	—	—	3 270 608
永兴达实业	8 900 000	2.23%	9 456.25	9 456.25	—	—	3 017 310
合计	400 000 000	100%	425 000.00	305 250.00	63 750.00	56 000.00	97 399 488

(二) 募集配套资金

美欣达拟向不超过 10 名符合条件的特定对象非公开发行股票募集配套资金,总额不超过 147 624.23 万元,不超过拟购买资产交易价格的 100%。募集配套资金在扣除交易相关费用后将用于支付本次交易的现金对价 63 750 万元,剩余部分将用于攀枝花项目、台州二期项目、河池项目和湖州餐厨项目。其中,重大资产置换与非公开发行股份及支付现金购买资产互为前提;募集配套资金将在前项交易的基础上实施,募集配套资金实施与否或配套资金是否足额募集,均不影响前项交易的实施。交易完成前后股权结构如表 15 所示。

表 15　交易完成前后美欣达股权结构变化情况

股东名称	本次交易前		本次新增股数	本次交易后 (未考虑募集配套资金影响)	
	股数(股)	持股比例	股数(股)	股数(股)	持股比例
单建明	43 807 545	40.55%	—	43 807 545	21.32%
鲍凤娇	5 965 000	5.52%	—	5 965 000	2.90%
美欣达集团	5 728 909	5.30%	78 310 039	84 038 948	40.91%
美欣达投资	3 015 000	2.79%	—	3 015 000	1.47%
潘玉根等 50 名美欣达投资的合伙人	2 353 392	2.18%	—	2 353 392	1.15%
重庆财信	—	—	6 766 911	6 766 911	3.29%
新龙实业	—	—	6 034 620	6 034 620	2.94%
陈雪巍	—	—	3 270 608	3 270 608	1.59%

续表

股东名称	本次交易前		本次新增股数	本次交易后（未考虑募集配套资金影响）	
	股数（股）	持股比例	股数（股）	股数（股）	持股比例
永兴达实业	—	—	3 017 310	3 017 310	1.47%
募集配套资金认购方	—	—	46 716 528	—	—
其他社会公众股股东	47 170 154	43.66%	—	47 170 154	22.96%
总股本	108 040 000	100%	144 116 016	205 439 488	100%

本次交易构成重大资产重组、关联交易,交易前后上市公司实际控制权未发生变更,仍为单建明。本次交易完成后,上市公司不再从事纺织品的印染、制造、加工和销售的业务,主营业务变更为垃圾焚烧发电,所属行业变更为生态保护和环境治理业。

四、案例评论

(一) 并购原因

1. 印染业务竞争优势减弱,上市公司需要战略转型

上市公司主营业务是采购面料进行印染后销售,属于纺织工业中的印染子行业。印染作为纺织服装产业链中间环节,为下游服装制造企业提供面料。受各种因素影响,2016 年印染行业相较于 2015 年度竞争进一步加剧,公司印染业务盈利能力大幅下滑。

首先,东南亚人工成本较低导致我国印染行业竞争优势减弱。以印染为代表的劳动密集型产业曾是我国外贸出口的主力军,但近年来随着东南亚国家人工成本优势逐步显现,以低价策略抢占国际印染市场,我国印染品在国际市场竞争力下降,出口增长乏力,在国际市场的原有份额受到冲击。

除此之外,我国印染行业处于充分竞争阶段,行业整体盈利能力下降。根据中国印染行业协会统计数据,我国规模以上印染企业数量超过 2 000 家,数量庞大,平均市场占有率低于 1%,竞争较为充分;并且印染产品日趋同质化,处于产业链中游的印染企业与上下游的议价能力相对较弱。同时,随着我国新环保法的实施,印染企业环保达标成本提高,加上劳动力成本上升等一系列因素的

影响,议价能力较弱的印染企业难以向上游供应商和下游客户传导成本压力,导致多数印染企业盈利能力下降。

上市公司如果仅围绕印染行业开展经营,难以通过现有主业持续提升盈利能力,无法给予全体股东良好稳定的业绩回报,所以需要战略转型升级,重新优化产业布局。

2. 垃圾焚烧行业市场前景广阔,旺能环保发展势头好

我国经济建设的快速发展和城镇化率的快速上升,带动了生活垃圾处理需求持续增加。在生活垃圾无害化处理领域中,垃圾焚烧发电具有占地面积小、减量化效果显著、无害化较彻底和垃圾资源化利用等优点,获得政府大力支持。焚烧发电作为当前最符合实际需求的垃圾处理方式将在未来得到快速推广,规模将进一步扩大,市场前景广阔。旺能环保经过多年的发展,已在垃圾焚烧发电领域建立了品牌知名度。截至 2015 年末,旺能环保已运营项目的生活垃圾焚烧处理规模位列行业排名第 6 位,已成为我国垃圾焚烧发电行业的领军企业之一。上市公司通过旺能环保进入环保产业这个发展潜力巨大的市场,未来借助资本市场的平台优势有望获得持续快速发展。

(二) 并购意义

1. 上市公司进军环保行业,打造环保新平台

旺能环保自成立以来采取积极的市场拓展策略,在经济发达、人口密集、生活垃圾数量集中的浙江省投资运营了多个垃圾焚烧发电项目,已涵盖省内台州、舟山、湖州、兰溪、丽水、德清、安吉、三门,并将业务区域布局延伸至湖北、广东、安徽、河南、四川,形成了"立足浙江,辐射全国"的市场拓展布局。本次交易完成后,上市公司将进军环保行业,成为我国垃圾焚烧发电行业的龙头企业之一,并有望通过资本、技术、客户等资源的整合,"以点带面"进一步拓展现有业务,同时以此为基础进行横向布局,将上市公司打造成为以垃圾焚烧发电为业务基础的环保新平台。

2. 旺能环保借助资本市场拓宽融资渠道,实现快速发展

垃圾焚烧发电项目投资规模大、建设周期及投资回收期长,属于资金密集型行业。由于垃圾焚烧发电项目的资金密集性,该行业的参与者需要有充足的资本实力和融资能力以满足较大的资本性和成本性支出需求。因此,资金实力是垃圾焚烧发电企业实现快速发展和保持行业领先地位的关键因素之一。本次交易完成后,旺能环保将成为上市公司的全资子公司,有望借助资本市场融资渠道,更有力地保障后续大规模发展的资金需求,为实现快速发展和保持行业领先地位奠定坚实的基础。

五、市场表现(002034)

旺能环境交易前后股价变动情况见图 30。

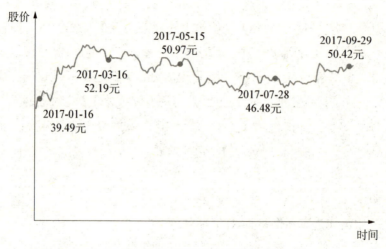

图 30　旺能环境交易前后股价走势

002061

浙江交科(原江山化工):
跨界收购,国有资产证券化再提速

一、收购相关方简介

(一) 收购方:浙江江山化工股份有限公司

    浙江江山化工股份有限公司前身为江山县化肥厂,筹建于1977年,1979年5月建成投产,1985年10月更名为江山化工总厂,1998年11月23日整体改组为浙江江山化工股份有限公司。2006年8月2日,江山化工在深交所挂牌交易。公司实际控制人为浙江省国资委。公司主要从事化工产品的开发、生产和销售,现有DMF、DMAC、顺酐、甲胺、环氧树脂、合成氨、聚碳酸酯等系列产品,是全球最大的DMF生产企业之一和中国最大的DMAC生产企业,主要产品广泛应用于聚氨脂不饱和树脂、腈纶、医药、染料、农药、电子等行业。2016年公司收购宁波浙铁大风化工有限公司后,新增聚碳酸酯新兴高分子材料业务板块。

(二) 收购标的:浙江交工集团股份有限公司

    浙江交工集团股份有限公司主要从事道路、桥梁、隧道等交通工程施工、养护及工程项目管理业务。公司前身为浙江省交通工程建设集团有限公司,系在浙江省交通工程建设集团(浙江省交通厅直属事业单位性质的企业)的基础上改制而

成的有限责任公司。2016 年 9 月 8 日,交工有限
改制成为股份公司。浙江交通集团持有浙江交工
85% 股权,为浙江交工控股股东。浙江省国资委
持有浙江交通集团 100% 股权,为浙江交工实际控
制人。交易各方股权结构如图 31 所示。

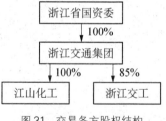

图 31　交易各方股权结构

二、收购事件一览

● 2017 年 2 月 3 日,江山化工因筹划重大事项停牌。

● 2017 年 4 月 27 日,江山化工第七届董事会第七次会议审议通过《关于公
司符合发行股份及支付现金购买资产并募集配套资金条件的议案》。

● 2017 年 5 月 12 日,江山化工复牌。

● 2017 年 6 月 1 日,江山化工第七届董事会第八次会议逐项审议并通过《关
于公司发行股份及支付现金购买资产并募集配套资金暨关联交易方案的议案》。

● 2017 年 6 月 14 日,浙江省国资委出具《浙江省国资委关于浙江江山化工
股份有限公司发行股份及支付现金购买资产并募集配套资金有关事项的批复》
(浙国资产权〔2017〕17 号),同意江山化工发行股份及支付现金购买浙江交工
100% 股权并募集配套资金的方案。

● 2017 年 6 月 19 日,江山化工第二次临时股东大会审议通过了《关于公司
符合发行股份及支付现金购买资产并募集配套资金条件的议案》。

● 2017 年 11 月 9 日,收到中国证券监督管理委员会出具的《关于核准浙江
江山化工股份有限公司向浙江省交通投资集团有限公司等发行股份购买资产
并募集配套资金的批复》(证监许可〔2017〕1994 号)。

● 2017 年 12 月 22 日,公司证券简称由"江山化工"变更为"浙江交科"。

三、收购方案

本次交易的整体方案由发行股份及支付现金购买资产和募集配套资金两项
内容组成,募集配套资金在发行股份及支付现金购买资产实施条件满足的基础上
再实施,但募集配套资金成功与否不影响发行股份及支付现金购买资产的实施。

(一) 发行股份及支付现金购买资产

公司以发行股份的方式向交易对方购买浙江交工 99.99% 股权,公司全资子公司浙江浙铁江化新材料有限公司拟以现金方式向浙江交通集团购买浙江交工 0.01% 股权,交易标的作价 52.39 亿元。本次发行股份的发行价格为审议本次重组的第七届董事会第七次会议决议公告日前 20 个交易日股票交易均价的 90%,即 8.14 元/股。公司支付情况如表 16 所示。

表 16　公司向交易对方具体支付情况

序号	交易对方	交易对价(万元)	现金支付金额(万元)	股份支付金额(万元)	需发行股份数量(股)
1	浙江交通集团	445 315.00	52.39	445 262.61	547 005 663
2	浙江国资公司	26 195.00	—	26 195.00	32 180 589
3	中航成套	26 195.00	—	26 195.00	32 180 589
4	汇众壹号	13 180.28		13 180.28	16 191 985
5	汇众贰号	13 014.72	—	13 014.72	15 988 604
	合计	523 900.00	52.39	523 847.61	643 547 430

(二) 发行股份募集配套资金

为提高本次重组绩效,增强重组完成后浙江交工的可持续发展能力,公司拟向不超过 10 名特定投资者非公开发行股票募集配套资金,总额不超过 133 390 万元,发行股份数量不超过 132 337 791 股。募集配套资金在支付本次重组的中介机构费用后拟用于施工机械装备升级更新购置项目。若实际募集资金额小于募投项目拟投入的资金需求量,公司将通过自筹资金解决资金缺口。

四、案例评论

(一) 两年两次资产重组,"化工+交工"两翼齐飞

对于江山化工而言,本次的资产收购已经不是第一次了。由于自身业务持续不振,作为全球最大的 DMF 生产企业之一,江山化工顶着全年 1.83 亿元的亏损压力,在 2015 年底以 9.8 亿元收购浙铁大风,一举杀入了聚碳酸酯行业。随后,运行稳定的浙江大风实现满负荷生产,帮助公司在 2016 年实现了业绩的扭亏为盈。

接着,在2016年8月,江山化工停牌重组,这次重组收购的标的就是浙江交工。不过当时由于浙江交工体量与资产业务规模较大,审计、评估等相关工作量较大,江山化工未能在停牌3个月内披露原重组预案或重组报告书,最终在2016年11月17日召开2016年第四次临时股东大会审议《关于筹划重大资产重组停牌期满申请继续停牌的议案》时,未获得股东大会通过,公司被迫终止筹划收购。不过公司并没有放弃收购浙江交工,在2017年2月3日再次停牌,并在4月28日披露了重大重组预案,最终收购成功完成。

经过这两次资产重组,公司主营业务变更为化工和交通工程双主业,并且两块业务未来均有望进入快速增长期,实现两翼齐飞。首先,依托位置优越、配套完善的宁波石化园区和核心产品聚碳酸酯,公司化工业务前景广阔。其次,本次收购的浙江交工是浙江省内规模最大、实力最强的龙头型路桥施工企业之一。报告期内,浙江交工的业务呈现快速增长态势。2016年,浙江交工新签合同274.74亿元,同比增长136.56%。2017年1—7月,浙江交工新签合同221.96亿元,同比增长130.66%。随着我国对交通运输需求的不断增加、交通固定资产投资的不断增长和国家对路桥建设的政策支持,路桥工程施工行业前景依然广阔。"化工＋交工"两翼齐飞,降低了公司未来业绩的波动性,为公司的可持续发展创造了条件。

(二)国企改革持续深化,国有资产证券化再提速

近十年来,浙江国有企业坚持市场化改革方向,不断加快国企改革步伐。2016年省属企业和各地更是把加快资产证券化作为深化国企改革、提升治理能力、发展混合所有制经济的主攻方向。2016年实现了浙商银行H股上市、杭州银行A股上市、实施了宁波港、杭钢股份、浙江东方、江山化工、浙江东日等重大资产重组,完成了省建设集团、浙江交工、浙江外事旅游等公司股份制改造,实现了巨化、机电所属2家公司和杭州、宁波、绍兴等地4家公司在新三板挂牌。截至2016年底,省属企业资产证券化率为51.8%,比2015年末提高5.3个百分点。

作为浙江省级交通基础设施投融资平台和综合交通体系建设的主力军,浙江交通集团统筹承担着全省高速公路、铁路、重要的跨区域轨道交通和综合交通枢纽等交通基础设施投融资、建设、运营及管理职责,并协同地市及其他交通基础设施投资建设。江山化工是浙江交通集团推进并购重组、积极践行国企改革的资本运作平台公司之一。本次浙江交工注入江山化工,浙江交通集团资产证券

化率将由 54%提高到 59%,此举意味着浙江交通集团正加大资产证券化力度,也从侧面反映了浙江国企改革加速、国有资产证券化水平正进一步提高。

(三) 整合优势资源,发挥产业链上下游协同优势

本次收购浙江交工,有助于整合国企优势资源,促进上市公司产品在建筑材料领域的拓展,充分发挥产业链上下游协同优势。江山化工子公司浙铁大风拥有年产 10 万吨非光气法聚碳酸酯的联合装置,其产品聚碳酸酯(PC)是五大工程塑料中唯一具有良好透明性的产品,光学性能、机械性能、电绝缘性等均优于同类产品,是近年来增长速度最快的工程塑料,也是建筑行业理想的采光材料之一。随着我国经济不断发展进步,大型公共设施不断投建,我国聚碳酸酯板材消费量大幅增长,未来市场空间有望继续增大。近年来,由于国内 PC 企业纷纷上马、扩产 PC 项目,市场竞争预期将日趋激烈。本次重组完成后,浙江交工在项目实施过程中将积极尝试施工新材料的使用,有利于上市公司 PC 产品在建筑领域的拓展,开辟客户渠道,达到真正意义上的协同效应。

五、市场表现(002061)

浙江交科交易前后股价变动情况见图 32。

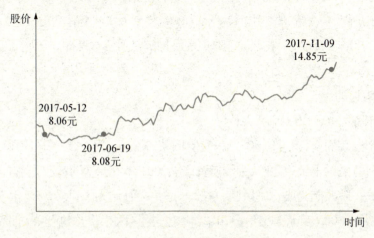

图 32　浙江交科交易前后股价走势

002478

常宝股份：
转型打造双主业，风雨缥缈求生长

一、收购相关方简介

(一) 收购方：常宝股份

公司全称为江苏常宝钢管股份有限公司，成立于1989年，是一家专业从事各种专用无缝钢管的制造服务商，主要生产油田用油管、套管、管接箍、高压锅炉管、低中压锅炉管、精密管、船舶用钢等产品。2008年2月2日整体变更设立为股份有限公司，2010年9月21日在深圳证券交易所上市，注册资本为80 020万元人民币。

(二) 收购标的

1. 什邡二院

什邡二院的全称是什邡第二医院有限责任公司，成立于2015年1月。什邡二院前身是禾丰镇卫生院，为国有资产。2001年6月，国有资产改制，什邡市第二人民医院改制为股份制医院，总股本是400万元人民币。2002年5月，总股本扩增为1 000万元人民币。2012年，获得了《医疗机构执业许可证》，机构类型为股份合作制，经营性质为非营利性(非政府办)。2015年3月，变更为营利性医院。4月，什邡二院的《事业单位法人证书》注销。同年9月，嘉愈医疗受让了上海梵康医院管理有限公司所持有的什邡二院 70% 的股权。2016 年 11 月,嘉愈医疗再次受让了曾祥武、杨川义、刘本绪、陈仁冰等 25 人所持有的什邡二院 10% 的股权。截至交易报告日,嘉愈医疗共持有什邡二院 80% 的股权,为最大股东。另外,什邡康德、什邡康盛、什邡康强和什邡康裕分别持有什邡二院 4.72%、4.51%、4.42% 和 6.35% 的股权。

什邡二院是一所集医疗、科研、教学为一体的二级甲等综合医院,是 120 院前急救定点医院。截至 2016 年 12 月 31 日,什邡二院拥有 24 个临床医技科室和 15 个行政后勤职能部门,相比同区位其他医院具有较强的综合服务能力。什邡二院外科系列科室在四川省内享有较高声誉,其中普通外科是德阳市医学重点专科。什邡二院近 20 年间共获得四川省、德阳市和什邡市 17 项科技成果奖。医院不断添置设备并引进人才,在综合性医院的基础上发展特色专科,形成了肿瘤科、普外/腹腔微创科为代表的特色专科。

收购前什邡二院股权结构如图 33 所示。

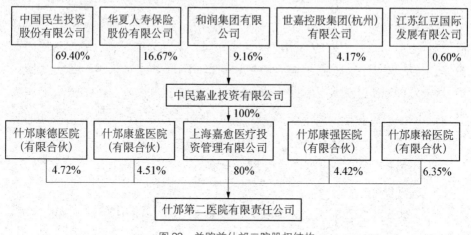

图 33　并购前什邡二院股权结构

2. 洋河人民医院

宿迁市洋河人民医院有限公司成立于 2016 年 6 月。医院前身是宿迁市洋河新城医院,在 2012 年取得《医疗机构执业许可证》。

2013 年 12 月,洋河新城医院名称变更为"洋河新区人民医院",出资金额由 480 万元增加至 3 370 万元,新的出资人为宿迁市金鹏置业,以土地使用权的出资方式持有 85.76% 的股权。2016 年 6 月,洋河人民医院设立了宿迁市洋河人民医院有限公司,变更为营利性医疗机构。6 月 28 日,金鹏置业决定以土地使用权经评估作价认缴出资 3 370 万元,股东杨艳将其持有的洋河人民医院 480 万元出资额(对应出资比例 14.24%)转让予金鹏置业,转让对价为 1 元,计入资本公积。2016 年 7 月 6 日,金鹏置业作出股东决定,同意中民嘉业投资有限公司(简称"中民嘉业")以货币方式认缴出资 5 055 万元,取得洋河人民医院 60% 的股权,注册资本由 3 370 万元增加至 8 425 万元。2016 年 8 月,洋河人民医院注册资本由 8 425 万元增加至 41 400 万元。2016 年 11 月,洋河人民医院股权变动,变动后金鹏置业持有 25%,嘉愈医疗持有 65%,嘉旨投资持有 10%。

洋河人民医院系按照三级综合医院标准建设的二级综合医院,总占地面积 116.85 亩,建筑面积 11.75 万平方米,建有门急诊楼、医技楼、住院病房楼、后勤行政楼、康复楼、传染性疾病区、商业综合楼和独栋 VIP 楼,最大可开放床位 1 200 张,目前已开放床位 600 张,是一家集医疗、科研、预防、保健、急救、康复、养老为一体的大型综合医院,医疗辐射人口约 70 万人,担负当地突发公共事件的医疗救援和防控工作,并在特定优势领域辐射宿迁市及周边苏北地区,业务规模、技术实力在洋河新区及周边区域处于较为领先的地位。与洋河人民医院签订合作协议的知名医疗机构包括南京军区南京总医院、徐州矿务集团总医院、济南军区总医院以及中国人民解放军第八二医院等。此外,洋河人民医院与宿迁市宿豫区仰化镇医院等当地乡村社区医院建立了合作关系,扩大病患转诊就医。洋河人民医院还积极加入了当地医保体系,是新农合、医保定点医院。

收购前洋河人民医院股权结构如图 34 所示。

3. 瑞高投资

山东瑞高投资有限公司成立于 2013 年 11 月,注册资本为 1 000 万元。2016 年 10 月,瑞高投资注册资本由 1 000 万元增加至 31 000 万元。2016 年 11 月,瑞高投资股权转让,转让后嘉愈医疗持有 77% 股份,潍坊嘉元持有 23% 股份,全体股东认缴出资总额为 31 000 万元,实缴出资总额为 24 000 万元,嘉愈医疗和潍坊嘉元分别缴纳 18 480 万元和 5 520 万元。

瑞高投资的业务通过山东单县东大医院开展,单县东大医院于 2014 年 1 月变更为营利性医疗机构。瑞高投资仅作为持股公司持有单县东大医院有限公司 71.23% 的股权,无其他实际经营业务。本次交易完成后,上市公司将持有瑞高投

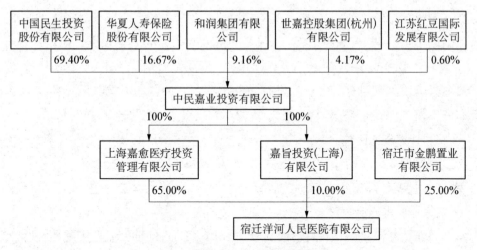

图34　并购前洋河人民医院股权结构

资 100% 股权,成为瑞高投资的唯一股东,瑞高投资作为单县东大医院控股权的持股平台不会开展其他业务,因此不会对上市公司主营业务产生不利影响。

收购前瑞高投资股权结构如图 35 所示。

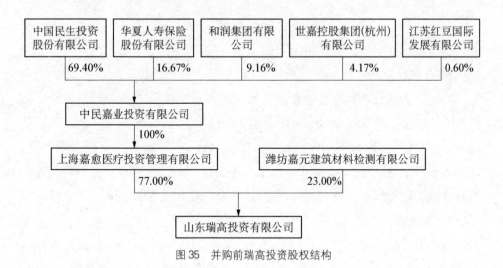

图35　并购前瑞高投资股权结构

(三) 关联控股方

1. 嘉愈医疗

嘉愈医疗成立于 2015 年 9 月 11 日,注册资本为 6 000 万元。嘉愈医疗是中民嘉业的全资子公司,中民嘉业的控股股东为中民投。中民投是经国务院批准,由全国工商联牵头组织,59 家民营企业发起设立的大型投资公司,于 2014 年 5 月在上海成立,注册资本为人民币 500 亿元,无实际控制人。嘉愈医疗主要经营方向为以自有资金对外进行实业投资。嘉愈医疗成立以来陆续收购了什邡二院 80% 的股权、洋河人民医院 65% 的股权、瑞高投资 77% 的股权等。

2. 什邡康德医院

什邡康德医院(有限合伙)成立于 2016 年 11 月,什邡康德无实质性经营业务,主要持有什邡二院 4.72% 的股权。

3. 什邡康盛医院

什邡康盛医院(有限合伙)成立于 2016 年 11 月,什邡康盛无实质性经营业务,主要持有什邡二院 4.51% 的股权。

4. 什邡康强医院

什邡康强医院(有限合伙)成立于 2016 年 11 月,什邡康强无实质性经营业务,主要持有什邡二院 4.42% 的股权。

5. 什邡康裕

什邡康裕医院(有限合伙)成立于 2016 年 11 月,什邡康裕无实质性经营业务,主要持有什邡二院 6.35% 的股权。

6. 金鹏置业

宿迁市金鹏置业有限公司成立于 2010 年 12 月,主营业务为开发、建设、运营"宿迁金鹏大厦"地产项目。宿迁金鹏大厦位于宿迁市核心地段,紧临宿迁市政府,规划建筑面积 8.9 万平方米,高 28 层。2014—2016 年,"宿迁金鹏大厦"项目处于开发建造期,金鹏置业未产生营业收入。金鹏置业的股东为两名自然人唐建虎、杨艳,唐建虎持有金鹏置业股权的 90%,为实际控制人。

7. 潍坊嘉元

潍坊嘉元建筑材料检测有限公司成立于 2004 年 11 月,公司主营业务为水泥、钢筋、门窗检测、混凝土回弹、混凝土外加剂、防水材料、空气检测等 37 个项目的建筑材料检测和建筑主体结构工程现场检测。公司还经营建筑材料的销售业务。公司最近三年多次承担大型工程的检测,业务稳定发展。潍坊嘉元的股东为两名自然人王有刚、林艳霞,王有刚持有潍坊嘉元的 76.92% 股权,为实际控制人。

二、收购事件一览

- 2016 年 8 月 25 日,常宝股份拟筹划重大事项,自开市起开始停牌。
- 2016 年 12 月 7 日,常宝股份董事会审议通过了《关于本次发行股份购买资产并募集配套资金暨关联交易方案的议案》。
- 2016 年 12 月 21 日,常宝股份发布《发行股份购买资产并募集配套资金暨关联交易预案(修订稿)》的公告,公司股票自即日开市起复牌。
- 2017 年 1 月 16 日,常宝股份发布《发行股份购买资产并募集配套资金暨关联交易报告书(草案)》公告,并公告说明了发行股份购买资产并募集配套资金暨关联交易报告书(草案)与预案的主要差异。
- 2017 年 7 月 5 日,中国证监会上市公司并购重组审核委员会将召开会议,审核公司发行股份购买资产暨关联交易事项,常宝股份于 2017 年 7 月 6 日开市起停牌。
- 2017 年 7 月 13 日,常宝股份获得中国证监会上市公司并购重组审核委员会有条件通过,公司股票复牌。
- 2017 年 7 月 25 日,常宝股份回复关于交易对方嘉愈医疗及其实际控制人在解决与上市公司同业竞争方面的进一步措施,其公司及控股的子公司将在本次交易完成后不再投资控股任何综合性医院。
- 2017 年 8 月 5 日,常宝股份发布《发行股份购买资产并募集配套资金暨关联交易报告书(修订版)》公告。
- 2017 年 8 月 16 日,中国证监会核发《关于核准江苏常宝钢管股份有限公司向上海嘉愈医疗投资管理有限公司等发行股份购买资产的批复》,核准常宝股份发行股份购买资产。
- 2017 年 10 月 30 日,常宝股份发布公告,截至目前已全部完成标的资产的过户手续及相关工商登记。

三、收购方案

(一)发行股份购买资产

1. 发行股份购买什邡二院 100% 股权

常宝股份拟向嘉愈医疗发行股份购买其持有的什邡二院 80% 股权,拟向什郑康德发行股份购买其持有的什邡二院约4.72%股权,拟向什邡康盛发行股份购买其持有的什邡二院约4.51%股权,拟向什邡康强发行股份购买其持有的什邡二院约4.42%股权,拟向什邡康裕发行股份购买其持有的什邡二院约6.35%股权。以收益法的估值作为最终评估结果,即什邡二院股东全部权益价值评估值为22 800.00万元,增值率145.10%,什邡二院100%股权整体作价22 800.00万元。

2. 发行股份购买洋河人民医院90%股权

常宝股份拟向嘉愈医疗发行股份购买其持有的洋河人民医院65%股权,拟向金鹏置业发行股份购买其持有的洋河人民医院25%股权。以收益法的结果作为最终评估依依据,即洋河人民医院股东全部权益价值评估值为39 000.00万元,增值率2.78%,洋河人民医院90%股权整体作价35 100.00万元。

3. 发行股份购买瑞高投资100%股权

常宝股份拟向嘉愈医疗发行股份购买其持有的瑞高投资77%股份,拟向潍坊嘉元发行股份购买其持有的瑞高投资23%股权。瑞高投资仅采用资产基础法进行评估,经评估,被评估单位股东全部权益价值为人民币188 913 113.39元。考虑评估基准日后瑞高投资股权变更、股东增资并归还应付款项(22 423.39万元)事项对评估结果的影响,瑞高投资100%股权整体作价41 312.59万元。

根据标的资产评估值计算,本次交易中标的资产交易价格总额为992 125 880.00元。根据本次重组的交易方式,上市公司发行股份购买资产的股份数量为187 193 559股。

(二) 发行价格

常宝股份本次发行股份购买资产的定价基准日前一交易日(2016年8月24日)收盘价为13.13元/股。定价基准日前20个交易日、前60个交易日、前120个交易日均价分别为10.86元/股、10.38元/股、10.34元/股,均价的90%均低于常宝股份股票停牌时的价格。经交易各方商议,本次发行股份购买资产的发行价格定为11.60元/股,不低于本次交易市场参考价的90%。

(三) 股权变动

交易前后常宝股份股权结构变化情况如表17所示。

表 17　交易完成前后常宝股份股权结构变化情况

股东名称	本次交易前		本次发行股数(万股)	本次交易后	
	股数(万股)	持股比例		股数(万股)	持股比例
现有股东	80 020	100%	—	80 020	81.04%
其中：曹坚	22 071.73	27.58%	—	22 071.73	22.35%
常宝投资	8 394.57	10.49%	—	8 394.57	8.50%
嘉愈医疗	—	—	14 226.55	14 226.55	14.41%
金鹏置业	—	—	1 839.62	1 839.62	1.86%
潍坊嘉元	—	—	1 792.81	1 792.81	1.82%
什邡康德	—	—	203.25	203.25	0.21%
什邡康强	—	—	190.14	190.14	0.19%
什邡康盛	—	—	193.91	193.91	0.20%
什邡康裕	—	—	273.08	273.08	0.28%
合计	80 020	100%	18 719.36	98 739.36	100%

本次重组交易构成关联交易,不构成重大资产重组,不构成借壳上市。本次发行股份购买资产的交易对方为嘉愈医疗、什邡康德、什邡康强、什邡康裕、什邡康盛、金鹏置业、潍坊嘉元。本次交易完成后,交易对方嘉愈医疗预计将成为上市公司持股比例5%以上的股东,即嘉愈医疗为上市公司潜在的关联方,故本次交易构成关联交易。本次交易前后,上市公司控股股东及实际控制人均为自然人曹坚,故本次交易未导致实际控制权发生变更。

四、案例评论

(一) 单主业外延不及预期,巧设计双轮主业驱动

常宝股份主营业务为高端合金无缝钢管的生产和销售。2015 年我国无缝钢管产量 40 年来首次出现下降,无缝钢管 2016 年价格上涨明显,2016 年MySpic 无缝管价格指数涨幅达到 64.7%。但受国际油价下跌、国内油田开采放缓的影响,公司 2016 年油气开采用管全年仅实现营收 6.52 亿元,同比大幅下降 59.69%;营收下降的同时,毛利率亦下降至 12.19%,导致油气开采用管毛利下降 78%。身处下游行业的常宝股份,受上游能源行业需求不足以及价格低迷的持续影响,业绩下滑明显。另一方面,受大环境的影响,能源行业投资和

资本性支出大幅减少,主营业务单一的上市公司业绩波动较大,进入了业务单脚轮滑的低谷。虽在供给侧改革下有望回暖,终归无法快速前进,常宝股份旨在实现业务双轮驱动,在掌握资源整合和领域深耕的技术要领后,实现质的加速度飞跃前进。

常宝股份在积极寻求产业升级、经营模式转型的同时,主动寻找战略新兴产业,谨慎论证目标资产盈利能力及业绩持续增长能力,力图打造双主业齐头并进的战略布局,从而为广大中小股东的利益提供更为多元化、更为可靠的业绩保障,最终选择了朝阳行业的大健康医疗服务。2016年8月,公司筹划发行股份购买嘉宇愈医疗、什邡康盛、潍坊嘉元等交易对手持有的什邡二院、洋河人民医院、瑞高投资的股权,希望以此构建钢管制造及大健康医疗服务双主业。交易顺利完成后,公司将新增综合医院服务业务板块,形成专用钢管生产与医疗服务双主业的业务格局,打造以制造业为主要经营支柱,控股医院资产运作平台的双主业上市公司。公司将构建起良好的业务组合,有助于防御钢管周期波动风险。医疗业务具有经营较为稳定、抗周期性强、现金流良好等优点,这将有利于上市公司构建周期波动风险较低且具有广阔前景的业务组合,双主业构建防御周期波动风险。临渊羡鱼不如退而结网,公司有望驶出盈利滑坡泥潭。

(二)"联姻"中民嘉业,医疗并购冰点下打造民营医院新的盈利模式

医疗服务行业整体资本化率原本就比较低,资本市场在2016年对医疗并购还一度陷入冰点。常宝股份与中民嘉业的联姻并购,是一起重新燃起资本市场进军医疗行业新希望的并购活动,可见由于医疗的刚性需求,资本市场对医疗资产的关注度有所回升。

据Wind资讯统计数据显示,2016年医药类上市公司中,医疗服务类企业净利润仅占整体医疗板块的4%,主要原因是这些医院的切入点没有找准,盈利模式不清晰。中民投积极投资筹建"新能源、建筑工业化及医疗健康"三大板块的产业布局,旗下中民嘉业平台,也一直积极探索并形成清晰的医疗健康投资模式。综合医院盈利水平虽然比不上专科医院,但通过调整布局,综合医院在不同科室之间的协同效应、同类科室可开展项目的多样性方面,都比单一的专科医院更有优势。基于标的资产现有的资源和条件、国家对民营医院的政策、老龄化社会的现状、鼓励二孩等政策,重新对医院进行布局和定位,应与公立医

院互补而非竞争,应立足多元化、多层次、差异化的医疗市场,改变盈利思路。因此,常宝股份对旗下医院资产的整体定位是建设"医疗、康复、护理、养老"四位一体的集团化医院,计划利用1—3年时间打造出一个民营医院新的盈利模式,既具有专科特色,又将综合优势无限放大,树立常宝股份在医疗大健康领域的品牌和影响力,同时能为民营医疗产业并购后的整合做行业的表率。

(三) 签订对赌协议,叹比翼双飞下风雨犹在

交易双方签订了对赌协议。什邡二院股东、洋河人民医院和单县东大医院股东(瑞高投资不开展实际经营,为持股型公司,其持有单县东大医院71.23%的股权)分别作出利润补偿承诺,在补偿期限前三个年度中,若当年实际净利润数未达到当年承诺净利润数的90%(不含),则触发补偿义务人的补偿义务。

其中值得关注的是:

(1) 什邡二院预测2017年、2018年和2019年净利润分别同比增长116.10%、35.85%和22.68%;

(2) 2014年、2015年及2016年,均为净亏损状态;2017年、2018年和2019年预测净利润分别为2 085万元、3 385万元和3 840万元;

(3) 单县东大医院股东承诺,单县东大医院预测2017年和2018年净利润分别同比增长58.36%和17.29%。

可见,经营需要增长的幅度还是不小,由于两个行业跨度较大,交易完成后的整合能否使上市公司在保持原有竞争力的同时,保证标的资产在上市公司平台下稳健经营并取得较快的发展存在一定的不确定性。此外,本次交易完成后,上市公司的资产、人员规模将相应增加,这将对公司已有的运营管理、财务管理、发展战略、内部控制制度等各方面带来挑战。

(四) 此次并购的意义

1. 贯彻落实供给侧改革大背景下企业去产能的需求

在供给侧改革已成为宏观政策主基调的大背景下,钢管行业的相关方均已认识到唯有供给侧改革、行业去产能才能走出寒冬。因此,为了上市公司的长远盈利前景和战略发展,在做好原有主业的情况下,上市公司应该积极寻求产业升级以及经营模式转型,积极寻找机会进入战略新兴产业。经过详细而审慎

的产业分析后,上市公司决定进入医疗大健康产业,依托医疗产业作为第二产业为公司提供优质的现金流和稳定的盈利增长点。上市公司通过发行股份获得优质医院资产,有利于改善上市公司资产质量、增强上市公司持续盈利能力,维护中小股东利益。

2. 有效平滑上市公司业绩波动性

上市公司所在的能源管材行业受能源消费需求、经济周期变化、原材料价格波动等因素影响较为明显。通过本次交易,标的公司将成为常宝股份的控股子公司并纳入合并报表范围。由于医疗机构具有经营较为稳定、抗周期性强、现金流良好等优点,这将有利于上市公司构建周期波动风险较低且具有广阔前景的业务组合。同时,注入上市公司后,标的公司预计将通过资本市场运作有效提高自身的品牌知名度和社会影响力,借助上市公司通畅的融资渠道,快速扩大自身的业务规模,抢占医疗服务行业市场。因此,本次交易完成后,优质资产的注入将提升上市公司盈利能力,熨平业绩周期性波动,进而实现股东价值最大化。

五、市场表现(002478)

常宝股份交易前后股价变动情况见图36。

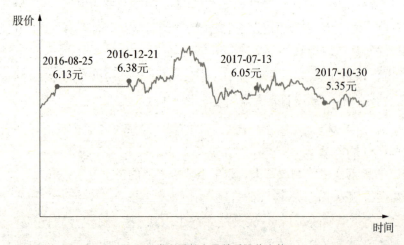

图36　常宝股份交易前后股价走势

300069

金利华电：
"制造产业+文化产业"双轮驱动

一、收购相关方简介

(一) 收购方：浙江金利华电气股份有限公司

浙江金利华电气股份有限公司前身为浙江金利华电气有限公司，成立于 2003 年 4 月 15 日。2007 年 12 月 3 日，公司整体变更设立为股份有限公司，并于 2010 年 4 月 21 日在深圳证券交易所创业板上市。公司直至 2016 年末主营业务均未发生变化，主要经营业务为高压、超高压和特高压交、直流输变电线路上用于绝缘和悬挂导线的玻璃绝缘子的研发、生产、销售和相关技术服务，是国内少数拥有成熟的交、直流特高压玻璃绝缘子生产技术的厂商。公司在行业内形成并确立了技术上的领先地位，并已基本建成全国性的营销和服务网络。2017 年起，为提高公司整体抗风险能力，公司在传统绝缘子业务的基础上，通过自主发展和对外收购的方式加强文化业务发展，完善公司业务结构。

(二) 收购标的：北京央华时代文化发展有限公司

北京央华时代文化发展有限公司成立于 2014 年 8 月，主营业务为戏剧投资、制作和演出。公司长期致力于制作华语世界顶级戏剧作品，并不断对传统话剧艺术进行创新变革,是国内高端戏剧市场的开拓者。凭借对观众文化需求的深刻理解、对舞台美学价值的不懈追求,央华时代推出的剧目不断成为业内标杆,其作品获得市场肯定和观众的赞许。目前,央华时代拥有版权的剧目总共有 21 部,2014 年、2015 年、2016 年分别实现剧目全国巡演 154 场、169 场与281 场,累计达 604 场。近期,央华时代将在现有剧目的基础上积极推进古宅戏产品线的发展,构造融合戏剧和旅游元素的全新文化产品,将我国文化戏剧推向国际市场,实现国际化是公司未来的发展目标。

二、收购事件一览

● 2017 年 2 月 16 日,金利华电召开第四届董事会第二次会议,审议通过了《关于收购北京央华时代文化发展有限公司 51% 股权的议案》等本次交易相关的议案,并与交易对象签订了《股权转让协议》。公司独立董事对该事项发表了同意的意见。

● 2017 年 2 月 17 日,金利华电发布《关于收购北京央华时代文化发展有限公司 51% 股权的公告》。

● 2017 年 3 月 6 日,金利华电召开 2017 年第一次临时股东大会,审议通过了《关于收购北京央华时代文化发展有限公司 51% 股权的议案》等本次交易相关的议案。

● 2017 年 3 月 18 日,央华时代 51% 股权的资产过户手续及相关工商登记已经完成,金利华电持有央华时代 51% 的股权,央华时代成为金利华电的控股子公司。

三、收购方案

金利华电将以自筹资金出资 7 650 万元收购央华时代股东秀戏投资、坤联投资持有的央华时代 51% 股权。其中,拟以 5 737.5 万元购买秀戏投资持有的央华时代 38.25% 股权;拟以 1 912.5 万元购买坤联投资持有的央华时代12.75% 股权。本次收购完成后,金利华电将持有央华时代 51% 的股权。

四、案例评论

(一) 以收购之举涉足戏剧产业,落实双主业格局

提升"文化自信"已经成为我国全面发展的重要要求,在强调文化自信的背景下,深入发展文化产业是我国提升文化软实力的必然要求。

金利华电目前主营业务为绝缘子产品的生产与销售,为把握国家文化产业大发展机遇,形成制造与文化双主业发展的业务格局,公司已经引入部分行业人才,调整了组织机构设置,并先后在浙江横店、上海及北京设立了三家文化行业子公司。尽管上市公司已在文化行业做出一定的尝试,但本次收购系公司首次涉足戏剧投资、制作和演出这一细分文化领域。之所以选择并购方式,得益于标的公司在戏剧领域先进的管理水平及其所建立的品牌与口碑效应。标的公司在多年戏剧创作和生产中,发展、积累和拥有了在戏剧领域发现、判断并制作高端作品,并在全国市场取得高端作品票房成功,从而构建良性戏剧产业的能力;另一方面,标的公司已成功通过在全国数十个城市每年的市场拓展,建立起央华戏剧的消费品牌,形成稳定且不断增长的消费受众。直接收购标的公司使上市公司快速涉足戏剧相关的领域,避免了从头开展相关业务所造成的资源浪费,大大减小了发展新业务的不确定性。

通过本次交易,金利华电将在立足传统绝缘子产品生产与销售业务的基础上,以戏剧投资、制作和演出这一细分文化领域作为切入口,进一步落实向文化产业转型升级的发展战略,逐步实现"制造产业＋文化产业"双轮驱动的发展目标。

(二) 构建新的利润增长点,改善抗风险能力

戏剧投资、制作及演出行业具有良好的发展空间,且标的公司拥有优秀的制作运营团队,已形成丰富的戏剧产品线架构,并已成功推出多部标杆性舞台剧作品,深受行业认可和观众支持。另一方面,标的公司后续作品储备较多,未来具有较为可期的盈利能力和业绩增长速度。2016 年标的公司归属于母公司的净利润为 572.96 万元,而金利华电 2016 年归属于母公司的净利润为 2 388.59 万元,标的公司的净利润接近于金利华电的 25%,可见本次收购完成后,该标的公司可以为金利华电创造较高的利润,成为金利华电一个非常重要的新的利润增长点,有助于提升公司的盈利能力。涉足文化产业不仅对上市公司获

取更多收益有所帮助,也起到分散公司经营风险的作用。通过并购业务稳定、经验丰富的标的公司,金利华电的业务结构将得到进一步优化和改善,综合竞争力与整体抗风险能力也逐步得到增强。

(三) 跨行业收购,充满未知经营风险

本次收购系上市公司首次涉足戏剧投资、制作和演出这一细分文化领域,该产业与上市公司所处的传统制造行业在盈利模式、日常运营管理、市场等方面都有较为明显的差异,而这种差距的缩小需要公司不断进行完善与整合。上市公司还需要加深对戏剧文化领域的理解、积累运营经验并加强相关的人才储备,因此公司将面临一定的跨行业投资风险。在"制造产业 + 文化产业"双轮驱动的战略目标下,为实现双主营业务的发展计划,上市公司必然面临着与自身传统制造业所不同的管理模式、市场分析及客户需求。

虽然通过并购的方式可以快速学习标的公司的管理经营等模式,但金利华电在未来进军文化产业的过程中必然需要打造属于公司及其子公司在内的统一有效的运作方式,这就需要标的公司做出一定的妥协,放弃原来的管理模式,而这正是金利华电转型过程中所面临的一大挑战。

五、市场表现(300069)

金利华电交易前后股价变动情况见图 37。

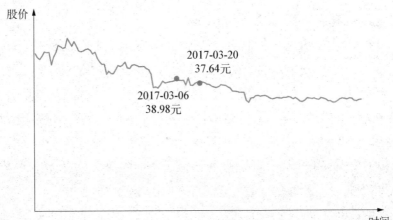

图 37　金利华电交易前后股价走势

300434

金石东方：
跨界重组，腾笼换鸟蛇吞象

一、收购相关方简介

(一) 收购方：四川金石东方新材料设备股份有限公司

金石东方成立于 2004 年，主营业务一直定位于钢增强塑料复合管道技术的研发和应用，为客户提供钢增强塑料复合管全套生产工艺、技术解决方案及成套生产设备(生产线)，形成了缠绕钢丝增强管生产线和钢带增强塑料管生产线两大产品类别。同时，公司依托机械制造领域的行业优势，在继续加强钢增强塑料复合管道技术的研发和应用的主营业务之外，新拓展了真空镀膜设备、垂直循环式立体停车库两个领域的业务，其中：真空镀膜设备的研发和制造已经签订了近 2 000 万元的合同，垂直循环式立体停车库也已基本完成量产前的各项准备。

(二) 收购标的：海南亚洲制药股份有限公司

亚洲制药前身为亚洲有限，成立于 1991 年，是一家以研发、生产、销售非处方药和保健食品为主的医药行业公司，经营范围涉及医药研发、药品生产、药品经销和零售等多个领域。在非处方药领域，亚洲制药生产和销售"快克"复方氨酚烷胺胶囊、"小快克"小儿氨酚黄那敏颗粒，以及"快克露"愈美甲麻敏糖浆、

"快克啉"多潘立酮片等快克系列产品,将"快克"从单一的感冒药品牌升级成多品种、系列化的非处方药品牌。在保健食品领域,亚洲制药生产和销售今幸胶囊、今幸牌氨糖软骨素维C锰咀嚼片等保健产品。同时,亚洲制药充分利用便捷高校的线上渠道对保健食品进行销售推广,已自建B2C电商交易平台并广泛布局于天猫、京东等主流电商平台,缩短经销环节、直接服务终端客户,渠道成本及库存压力低于传统保健食品生产企业。

二、收购事件一览

- 2016年4月18日,首次停牌,筹划重大事项。
- 2016年9月2日,披露草案,公司及全资子公司拟通过发行股份及支付现金相结合的方式购买亚洲制药100%股权,并向4名特定对象发行股份募集配套资金。
- 2016年10月12日,披露草案修订稿,并由董事会审议通过。
- 2017年2月21日,中国证监会核准公司重大资产重组事项。

三、收购方案

此次交易方案由以下两步组成:(1)发行股份及支付现金购买资产;(2)非公开发行股份募集配套资金。

(一) 发行股份及支付现金购买资产

金石东方及其全资子公司成都金石拟通过发行股份及支付现金的方式购买亚洲制药100%股权,交易价格为21亿元。其中现金支付对价8.7亿元,股份支付对价12.3亿元,发行价格为23.12元/股,合计发行股份5322万股。交易完成后,金石东方持有亚洲制药99%股份,成都金石持有亚洲制药1%股份。

(二) 非公开发行股份募集配套资金

上市公司拟向4名特定对象非公开发行股份募集配套资金,发行价格为23.68元/股,配套融资金额8亿元。其中,向上市公司实际控制人配偶杨晓东配融的 2.4 亿元与本次发行股份及支付现金购买资产互为前提条件。除杨晓东以外的其余 3 名特定对象,其认购募集配套资金将以发行股份及支付现金购买资产为前提条件。若本次募集配套资金(含杨晓东认购部分)合计少于 5.4 亿元,则本次交易自行终止。具体情况如表 18 所示。

表 18　非定向募集配套资金认购情况

序号	认购对象	认缴金额(万元)	认购股数(万股)
1	杨晓东	24 000.00	1 013.51
2	王玉连	25 600.00	1 081.08
3	谢世煌	21 100.00	891.05
4	天堂硅谷定增计划	9 300.00	392.74
合计		80 000.00	3 378.38

四、案例评论

金石东方此次收购"快克"感冒药系列制造商亚洲制药的方案,设计重点在于如何保证上市公司控制权不转移。上市公司控股股东在收购前持股比例仅为 27.29%,故在创业板不允许借壳的法规下发行股份收购一家体量较大的标的,控制权稳定是重中之重。为了保持控制权不变,此次交易方案的设计要点分三个方面:一是提高现金支付比例。亚洲制药 100% 股权作价 21 亿元,若按本次发行价格 23.12 元/股,采取 100% 股份支付方式,亚洲制药实控人将持股 19.56%,而上市公司实控人的持股比例将被稀释到 16.35%。故本次交易采用发行股份与支付现金相结合的方式,股份对价 12.3 亿元使得亚洲制药实控人持股比例为 11.21%,远低于上市公司实控人持股比例 19.61%。二是金石东方控股股东一致行动人参与配套融资。本次交易的非公开发行股份募集配套资金中,上市公司实控人的配偶拟按 23.68 元/股的价格认购 2.4 亿元。配融完成后,上市公司实控人一方持股比例达到 21.18%,而亚洲制药实控人一方持股比例稀释到 11.43%。上市公司实控人配偶参与配套融资,巩固了控股地位。三是控股股东与标的股东签订系列协议。首先,亚洲制药的股东(楼金一方、亚洲制药管理层、硅谷天堂合众创业等)均出具承诺函,承诺不谋求上市公司控制权。楼金一方等承诺未来 36 个月内不会增持金石东方股份。其次,金石东方的董事会席位由 6 席扩充到 9 席。亚洲制药的股东,即楼金及其控股的迪耳投资和亚东南工贸等人,可提名不超过 2 名董事候选人。这一系列协议使得实控人仍保持对董事会的控制力,同时也兼顾标的股东的利益。

值得注意的是,标的公司股东中的财务投资者选择了不同的退出策略。其中,硅谷天堂合众创业选择全部股份退出,这表明其对亚洲制药曲线上市后的发展较有信心。而复星医药产业选择"股份＋现金对价",获得了 1.43 亿元的现金。部分投资选择现金退出,说明部分投资已平安落地。部分投资选择股份退出,说明复星医药产业也是看好上市公司未来发展的。虽然退出策略略有差别,但可以看到,财务投资者天堂硅谷合众创业、复星医药产业在投资已取得较高回报率的情况下,依然选择了全部股份对价或者部分股份对价,对上市公司的前景都是较为看好的。金石东方的主营业绩受近几年国内经济放缓、固定资产投资增速下滑的影响,呈现连年下滑的态势,跨界转型是必然之路。金石东方拟通过此次并购跨界进入医药行业,成为"管道＋医药"双驱动的混业经营公司。而标的公司亚洲制药的"总资产、营业收入、净资产"三项财务指标均大幅领先金石东方,具有较强的盈利能力,同时较高的业绩承诺也体现了标的公司未来经营的信心。

五、市场表现(300434)

金石东方交易前后股价变动情况见图 38。

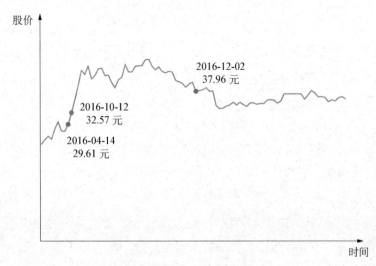

图 38　金石东方交易前后股价走势

第六辑　跨境并购

000415

渤海金控:
巨资跨境现金收购,打造领先租赁平台

一、收购相关方简介

(一)收购方:渤海金控投资股份有限公司

　　渤海金控投资股份有限公司于 1993 年 8 月 30 日成立,法人代表是卓逸群,当前注册资本 61.84 亿元人民币。2011 年 10 月,渤海金控投资股份有限公司通过重大资产重组借壳＊ST 汇通正式登陆深圳证券交易所,股票简称为"渤海租赁",成为目前中国 A 股唯一的上市租赁公司。2016 年 2 月,结合公司以租赁业为基础构建多元金融控股平台的发展规划,股票简称改为"渤海金控"。

　　公司上市后通过并购扩张其业务版图。2013 年,公司通过下属全资子公司 GSC 以现金支付 72 亿元的方式进行并购,并承接 GSCII 对 Seaco 约 9 亿元的债务对价,购买了海航集团控制的境外下属公司 GSCII 持有的 Seaco 100% 股权。2014 年,公司下属全资子公司 GSC 购买了 Cronos Holding Company Ltd. 持有的 Cronos 80% 股权以及 CHC 享有的对 Cronos 的金额为 2 588 万美元的债权。2015 年,公司下属全资子公司 GAL 通过将全资子公司 Mariner 与 Avolon 合并的方式收购 Avolon 100% 股权。通过以上并购,渤海金控迅速在飞机、集装箱租赁等领域奠定了全球领先地位。

(二) 收购标的：C2 Aviation Capital，LLC

2016 年 6 月 1 日，C2 公司在美国特拉华州依法注册设立，设立时 CIT Leasing 持有其 100% 的股权。CIT Leasing 于 1957 年 7 月 26 日在美国特拉华州秘书处备案成立，系 CIT 集团全资控制的子公司，主营业务为商业飞机租赁业务相关实体及部分飞机资产。C2 公司是 CIT 为了将其拥有和经营的商业飞机租赁业务及资产分离出来而新设立的承接该资产的主体。C2 公司主要从事商业飞机租赁业务，处于全球领先地位，有着超过 40 年为商业航空行业提供金融解决方案的经验，同时也是最早为航空公司提供经营租赁服务的公司之一。截至 2016 年 9 月 30 日，C2 公司曾为全球约 50 个国家与地区的 100 余家航空公司提供飞机租赁服务。除了与广大客户建立了良好的合作关系外，C2 公司还与行业内主要的供应商如波音公司、空客公司等有着长久的合作历史。自 1999 年起 C2 公司便开始直接向飞机制造商购买飞机，良好的合作关系使得 C2 公司屡次成为新型飞机的启始客户。C2 公司自有的飞机数量位居全球飞机租赁公司的第 4 位，截至 2016 年 9 月 30 日，C2 公司自有的飞机资产的平均机龄约为 6 年，机龄较小。

二、收购事件一览

- 2016 年 9 月 23 日，因渤海金控拟筹划收购海外飞机租赁资产事项，公司股票开始停牌。
- 2016 年 10 月 5 日，CIT Leasing 董事会作出同意本次交易的决议。
- 2016 年 10 月 6 日，渤海金控召开 2016 年第十二次临时董事会，审议通过《关于公司、公司全资子公司 Avolon 及其下属子公司与 CIT 及其下属子公司 CIT Leasing 签署〈购买与出售协议〉(〈PURCHASE AND SALE AGREEMENT〉)及相关附属协议的议案》等议案，与相关方就本次交易签订《购买与出售协议》。
- 2016 年 11 月 7 日，本次交易通过美国反垄断审查。
- 2016 年 11 月 30 日，Park 及 CIT Leasing 签署了《豁免函》，确认本次交易无需在巴西进行反垄断审查申报，因此双方同意将豁免巴西反垄断审查作为本次交易的条件。

● 2016 年 12 月 6 日,南非竞争委员会兼并收购处无条件通过本次交易的反垄断审查。

● 2016 年 12 月 9 日,渤海金控召开第八届董事会第九次会议审议通过《关于〈渤海金控投资股份有限公司重大资产购买预案〉的议案》等相关议案。

● 2016 年 12 月 21 日,哥伦比亚工业贸易署出具了关于本次交易的反垄断审查意见,确认通过本次交易的反垄断审查。

● 2016 年 12 月 22 日,渤海金控股票复牌。

● 2016 年 12 月 29 日,俄罗斯联邦反垄断局出具了关于本次交易的反垄断审查意见,确认通过本次交易的反垄断审查。

● 2017 年 1 月 6 日,韩国公正贸易委员会出具了关于本次交易的反垄断审查意见,确认通过本次交易的反垄断审查。

● 2017 年 1 月 17 日,美国外资投资委员会(CFIUS)出具了关于本次交易审查的函件,本次交易已经通过美国外资投资委员会(CFIUS)的审查。

● 2017 年 1 月 20 日,墨西哥联邦经济竞争委员会作出决议,批准通过本次交易的反垄断审查。

● 2017 年 2 月 27 日,渤海金控收到保加利亚保护竞争委员会的函件,确认通过本次交易的反垄断审查。

● 2017 年 3 月 7 日,渤海金控 2017 年第二次临时股东大会审议通过了本次重大资产重组的相关议案。

三、收购方案

2016 年 10 月 6 日,上市公司、上市公司全资子公司 Avolon 及其下属全资子公司 Park 与 CIT 及其下属全资子公司 CIT Leasing 签署了《购买与出售协议》及其附属协议,以支付现金的方式购买 CIT 下属商业飞机租赁业务,标的资产为 C2 公司 100% 股权。本次交易方案主要包括以下几方面:(1)标的资产。截至 2016 年 9 月 30 日,C2 公司的资产包括自有的飞机 305 架,持有的飞机订单 131 架。(2)定价及估值。本次交易最终交易价格系根据《购买与出售协议》约定的方式对 C2 公司在交割日前一日净资产进行调整,并以调整后的净资产额加上固定溢价 627 491 703 美元的方式确定的。最终成交价格约为 104.1 亿美元,折合 717.1 亿元人民币。(3)融资方式。本次交易的收购资金来源为公司自有资金、银行贷款及境外银行 Morgan Stanley 和 UBS 给予的不超过 85 亿美元的贷款和中国银行海南省分行出具的贷款承诺函。

四、案例评论

(一) 国际飞机租赁市场前景良好,CIT 下属商业飞机租赁业务具国际领先地位

飞机租赁业务产生以前,航空公司主要以自有资金和贷款等方式购入商用飞机,成本高、融资难的问题长期存在。随着国际航空运输业的发展,客户运输量增加,航空公司对飞机的需求增加,而传统融资方式无法满足航空公司更新和迅速扩张机队的需求。飞机租赁为航空公司提供了解决迅速扩张机队和资金紧张之间矛盾的新途径。国际航空运输协会(IATA)预测在 2020 年时飞机租赁公司所拥有的飞机数量将占据整个市场份额的 50%,在未来,飞机租赁行业面临着广阔的发展空间。

CIT 集团是最早一批为航空公司提供经营性租赁业务的企业,其飞机租赁业务有着深厚的行业背景,集团已经与全球约 50 个国家及地区超过 100 家航空公司建立了良好的合作关系。根据 Flightglobal 截至 2015 年底的排名显示,CIT 集团下属商业飞机租赁业务从机队规模上来看在行业内排行第四,规模巨大且种类多样化。其拥有的机型除了主流机型外,还包括大型新型飞机。收购 CIT 集团下属的商业飞机业务不仅能使渤海金控一跃成为全球第三大飞机租赁公司,还能够充分利用其丰富的全球客户资源,发挥协同效应。

(二) 斥巨资现金收购,背后是巨额的负债

此次收购 C2 公司以前,渤海金控先后收购了集装箱租赁领域的第六大公司 Seaco 和第八大公司 Cronos,成为全球最大的集装箱租赁服务商;随后,通过收购飞机租赁平台 HKAC、Avolon,跻身飞机租赁行业全球前十。其中,2015 年 11 月,渤海金控以 162.39 亿元的价格要约收购纽交所上市飞机租赁公司 Avolon 100% 股权,并于 2016 年初完成对 Avolon 的并表。根据公告,Avolon 2015 年实现营业收入 95.27 亿元,实现净利润 14.42 亿元。完成对 Avolon 的

并表后,渤海金控飞机租赁业务跻身世界前四,机队规模超过 400 架。

实际上,自公司 2012 年收购 HKAC 开始,渤海金控进入国际飞机租赁行业不过五年。渤海金控先后通过三次大型并购,迅速跻身全球飞机租赁行业的第一梯队。而这三次体量巨大的并购案中,渤海金控均是以现金方式来完成的。

为了完成并购,渤海金控除了自有资金外背负了大量的负债。据 Wind 资讯数据显示,渤海金控自上市以来共计进行了 3 次定向增发与 9 次发行公司债券的再融资行为,再融资金额累计 365.84 亿元人民币。在银行贷款方面,渤海金控除了获得境外银行 Morgan Stanley 和 UBS 给予的不超过 85 亿美元的贷款外,还取得中国银行海南省分行约 14.7 亿美元的贷款承诺函,二者合计高达99.7 亿美元。而将债券融资和银行贷款相加,负债总额已超过 1 000 亿元人民币。据公司公示的累计新增借款额显示,截至 2016 年 9 月 30 日,渤海金控的借款余额为 1 476.70 亿元人民币,较 2015 年新增借款额 569.59 亿元人民币。当期,渤海金控的负债总额为 1 608.33 亿元人民币,资产负债率为 83.75%。

约 104 亿美元收购价款中,若把 14.7 亿美元的国内贷款承诺函和 85 亿美元的境外借款算满,渤海金控只需动用约 4 亿美元的自有资金来完成本次规模巨大的收购。

五、市场表现(000415)

渤海金控交易前后股价变动情况见图 39。

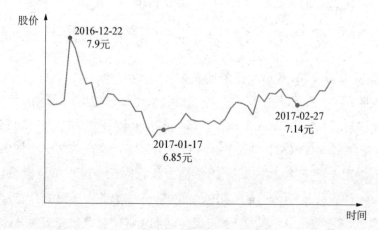

图 39　渤海金控交易前后股价走势

002280

联络互动：
美国新蛋破壳新生，实现跨境电商梦

一、收购相关方简介

(一) 收购方：联络互动

杭州联络互动信息科技股份有限公司成立于 2002 年 7 月，2014 年借壳新世纪上市。公司属于移动互联网公司，拥有数亿用户，在行业内处于领先地位。公司控股股东、实际控制人均为何志涛及其一致行动人陈理、郭静波。

公司期初的主营业务是为 Android 用户提供解决方案和预装智能机 OS。在成立之初，因受到市场欢迎，公司积累了上亿用户规模，随后公司推出了游戏联运、电商业务及多元化智能硬件产品矩阵。其中，游戏业务的收入是企业收入的主要来源，其原因主要是公司对游戏业务采取的是平台型筛选分发机制并兼顾内容与渠道。

企业目前拥有大量的联络 OS 用户，用户基数较多。企业发展过程中不断自主创新，持续推出硬件产品，布局智能硬件产业，形成了其独特的盈利模式。企业十分注重与其他公司的合作，于 2015 年底陆续投资美国虚拟公司 Avegant、互联网金融平台趣分期并收购德海尔医疗。2016 年 2 月 22 日，其全资孙公司香港数字天域认购雷蛇 5.01% 的股权，雷蛇的雄厚实力为联络互动解决 VR 游戏的研发和运营奠定了平台基础。

(二) 收购标的：Newegg

Newegg 前身是 Newegg Computers，成立于 2002 年 2 月。2005 年 9 月 Newegg 吸收合并 Newegg Computers 后，Newegg Computers 不再存续。截至 2016 年 8 月 31 日，Newegg 是复合股权结构，股权结构包括 A 类普通股和 A 系列优先股。

Newegg 总部位于美国加利福尼亚州工业城，为美国知名电商，主要从事 IT/CE、通信等 3C 产品的网上销售，是知名的 IT/CE、通信产品的网上超市。Newegg 致力于提供世界级的电子商务平台，优质的客户体验，快速的物流配送和贴心的客户服务，是网络零售企业的领导者。目前 Newegg 已成为中国智能硬件出海的重要渠道，特别是在北美市场。

Newegg 的定位是技术性平台，致力于将最好的技术产品给客人，商品方面销售的是科技产品，营销方面采用精准营销，围绕内容（Content）、社区（Community）和交易（Commerce）展开。Newegg 的核心竞争力包括：（1）技术方面：大数据、移动应用、供应链的管理等技术、全球的开放团队（保证质量和流程的稳定）；（2）产品管理：在 IT 产业有领先的市场占有率；（3）物流能力：物流速度快、自动化程度高、物流系统自主研发；（4）营销：主要投资客户体验、粉丝、用户的评价等，客户分为四类：折扣用户、游戏玩家、企业客户、DIY 用户。

二、收购事件一览

● 2016 年 4 月 22 日，联络互动发布公告，公司控股股东正在筹划重大资产重组事项，公司股票于 2016 年 4 月 25 日开市起首次停牌。

● 2016 年 8 月 15 日，联络互动与 Newegg 就本次交易签订《股份购买协议》。

● 2016 年 8 月 26 日，本次交易获 Newegg 董事会审议通过。截至报告书签署日，全部交易对方已经签署作为联合交易卖方的接受协议。

● 2016 年 8 月，本次交易获 Newegg 股东书面确认，并增加批准的可发行股数。

- 2016 年 9 月 23 日,本次交易提交的反垄断审查获得通过。
- 2016 年 9 月 27 日,公司第四届董事会第二十五次会议审议通过了《关于审议〈杭州联络互动信息科技股份有限公司重大资产购买预案〉的议案》,《关于同意公司就本次重大资产重组签署交易协议的议案》等相关议案。
- 2016 年 10 月 25 日,上市公司股票复牌。
- 2016 年 11 月 14 日,公司第四届董事会第二十七次会议审议通过了《关于审议〈杭州联络互动信息科技股份有限公司重大资产购买报告书(草案)〉及其摘要的议案》等相关议案。
- 2017 年 3 月 31 日,公司与 Newegg 的股权交割已完成。

三、收购方案

以支付现金的方式购买 Newegg 的 55.7% 股权,重组的整体方案由以下两步组成:(1)收购原有股份;(2)认购增发股份。

(一) 收购 A 类普通股 490 706 股,A 系列优先股 12 782 546 股;收购原有股份的交易对价为 9 192.84 万美元

本次交易中收购股份的交易对价为 9 192.84 万美元,收购股份占 Newegg 增发股份前的比例约为 30.44%,即增资前 Newegg 的作价为 30 199.87 万美元,约合人民币 202 339.12 万元(以取整汇率 1 美元兑 6.7 元人民币计算),该交易作价略低于其评估值 224 921.68 万元人民币,但与评估值不存在显著差异。

(二) 认购增发的 AA 系列优先股 24 870 027 股;认购增发股份的交易对价为 17 224.58 万美元

本次交易支付认购增发股份的对价 172 245 828 美元,每股认购价格为 6.925 84 美元。本次交易完成后,联络互动将直接或间接持有 Newegg 的 55.7% 权益(投票权比例为 55.57%)。本次交易构成重大资产重组,不构成关联交易。本次交易未导致实际控制人变更,不构成重组上市。本次交易对价全部以美元现金支付,不涉及发行股份,故本次交易对联络互动的股权结构不产生影响。

四、案例评论

(一) Newegg 17.8 亿元人民币"被低价贱卖"

新蛋作为一个电商平台,网站主要经营电脑、消费电子、通信等 3C 产品的销售,在北美是仅次于亚马逊的第二大电商平台。新蛋除了主打常规的 3C 数码产品外,在差异化产品上下足了功夫,精巧出奇,使得市场上基本无同类的产品进行价格上的对比,为其创造了较高的利润空间。

2005 年,中国新蛋网销售额为 6 000 万元,当时京东的年销售额不足 1 000 万元。2008 年,京东获得风险投资,这个新蛋中国强有力的竞争对手开始崭露锋芒,而且逐渐将产品线从 3C 产品一直扩充到百货和家电,成为国内家喻户晓的知名电商平台。此外,京东收购国内电商超市一号店并进行产品战略布局,成为一个拥有超高客户资源的综合型电商平台。同时,由于总部给到的资金短缺,新蛋中国与国内电商展开的价格战最终没能胜利,又加上美国式思维的管理,新蛋中国已经开始落后于京东等巨头,慢慢退出了巨头的历史舞台。据易观智库发布的《2015 年第三季度中国 B2C 市场 3C 家电品类交易规模》显示,京东在 3C 家电品类中居领先地位,占比 49.8%。天猫以小家电为优势,占比达34.3%。苏宁排第三,当当排第八,而新蛋中国则未出现在其中。在北美享有较高市场占有率的新蛋,在中国却未能突破。由于供应商在中国也与京东等电商基本重合,新蛋中国慢慢在采购上失去了优势。2015 年度、2016 年 1—6 月,Newegg 经营业绩出现亏损,"新蛋"变成"老蛋",不再有昔日辉煌。而面对阿里、京东、FACEBOOK、HTC 等四十多家公司抛出的橄榄枝,"老蛋"最后还是选择了联络互动,而且价格还不是最高,原因是联络互动能帮助新蛋提供符合未来行业趋势的智能硬件方面的业务,这可算是自行"贱卖"的一次战略协同跨境并购。

(二) 精巧的 Earn-Out 安排

Earn-Out,即"业绩目标付款安排"或"盈利能力支付计划",是对收购价格和支付方式的特殊规定。通过 Earn-Out,在时间上可将以往传统并购支付安排中的一次性支付分为多期;在价格上,可将固定的"一口价"定价变为"固定 + 浮动"定价,定价上的逻辑安排是交易双方对价值和风险判断相左而做的,经常用在并购和金融领域。Earn-Out 在资本市场上有着颇多讨论和设计,本次交易中的设计为其迎来了新生的经典范例。

联络互动的 Earn-Out 合约期是三年（2016—2018 年），计算变量是 EBITDA、GMV 和税前利润，并且对三个变量按照一定比重做了加权处理。

根据《股份购买协议》，如果标的公司未来财务目标达到 Earn-Out 业绩目标，上市公司将对相关内部卖方支付剩余的对价。2016—2018 年 Earn-Out 目标付款额合计分别为 535.55 万美元、401.66 万美元和 401.66 万美元，均低于当年 Earn-Out 财务指标中的 EBITDA 或税前利润。假设在 2016—2018 年三年中 GMV 和 EBITDA 都不为正，2017 年、2018 年两年中税前利润都不为正的极端情况下，上市公司将免于支付剩余的对价，免于支付的剩余对价仍低于《股份购买协议》约定的财务指标中的 EBITDA 或税前利润，不能覆盖未实现的 Earn-Out 业绩目标。

（三）上市公司撬动"老蛋"之优先股，破壳而出为其变现

联络互动有三大产业事业部，分别是数字天域事业部、游戏事业部及智能硬件事业部。数字天域事业部致力于软件解决方案的综合平台推广，游戏事业部负责游戏发行。智能硬件事业部则是其未来发展的重心，与新蛋这个极客思维的发展方向诉求一致，这也是为什么"老蛋"能够下在联络互动这个"窝"里的原因。并且这次并购，是通过收购 A 系列优先股和认购增发的 AA 系列优先股而实现的，从整个交易对价比例看，A 类普通股占 1.29%；A 系列优先股占比 33.51%；认购增发 AA 优先股 65.2%。优先股这个概念在国内并购市场上还是相对罕见的，可见，上市公司这次是想要用杠杆撬地球的"节奏"。

2016 年 2 月，联络互动以 7 500 万美元战略投资美国知名游戏外设公司雷蛇（Razer），试图发展智能硬件业务。尽管公司凭借线上的先天优势并提前布局了线下渠道，着力建设相关金融服务平台，但是面对市场的快速变化和激烈竞争，一个强大的变现渠道及宣传平台至关重要。新蛋是北美第二大纯网络零售商、排名第四的在线平台业务零售商，新蛋覆盖了整个北美 IT 和 CE 品类的 47% 多的市场份额，在全球拥有 2 900 万注册用户、250 万社交媒体粉丝，以及 1 380 万邮件订阅用户，2015 年在北美拥有个人消费者 461 万人、企业消费者 6.1 万家。而且新蛋的客户服务能力超强：福布斯杂志对整个美国的所有行业，包括航空公司、银行、电商等做了一个客户满意度排名，新蛋排名第七名——是排名前 10 的品牌中仅有的两家电商之一。这可是全美国所有公司加

起来的排名。不仅如此,新蛋线上销售业务、知名度和客户资源正符合联络互动的未来战略目标。另外,新蛋的仓储物流体系也是联络互动选择新蛋的原因之一。因此直接收购新蛋这个高知名度平台是实施最有效的一种投资和扩张路线。这次并购新注入的资金将加速联络互动"战略性目标"的推进,借新蛋的平台和规模进行国际扩张、拓宽自营品类以及耕植电子竞技(eSports)、VR 和AR 等核心市场。

此外,联络互动与新蛋的协同战略表明,作为一个推广平台,不仅要让中国制造的优质产品走出去,当然也希望在跨境电商领域分一杯羹,把海淘的发展提上日程,并且夹缝生存,全球买全球卖两头开花。但这中间存在较大的风险,因为跨境进口这块市场已经相对成熟,市场份额和增量相继被阿里、京东和网易考拉等电商占去。联络互动能否实现通过收购新蛋重启中国市场,打通美国市场,然后进军全球的电商梦,有待日后检验。

(四)降低重组风险,再现拆除 VIE 又一范式

Newegg 在美国业务快速发展之后,决定开拓中国市场。Newegg 的主要股东和管理层均为境外个人与公司,为了更加便利地在中国开展业务,提高办理相关审批、备案、登记的效率,2006 年 Newegg 通过其境内子公司与翁占春、汤丽年签订了《独家技术许可与服务协议》、《期权协议》、《代理协议》、《代理投票权协议》、《股权质押协议》等 VIE 控制协议,通过 VIE 协议来控制上海新蛋电子商务有限公司("新蛋中国"),以新蛋中国作为中国市场的主要运营实体。Newegg 通过 VIE 控制协议控制新蛋中国的管理、财务及运营政策。

为梳理公司在海外的业务管理体系、规范在中国境内业务经营、还原中国业务实际权益持有情况,Newegg 决定见招拆招,拆除新蛋中国 VIE 架构并由Newegg 新设立的外商投资企业承接新蛋中国的业务及资产。具体包括:

(1) Newegg 将转移新蛋中国全部或绝大部分的资产和业务至一家设立在中国上海自由贸易区的符合中国法律要求的 Newegg 全资子公司;Newegg 的全资子公司 NEWEGG ENTERPRISES LLC 在上海自贸区独资设立外商独资企业新蛋商贸(上海)有限公司("新蛋商贸"),作为实际承接新蛋中国业务和资产的实体。

(2) 解除新蛋中国的股权质押;

(3) 终止 VIE 架构合约;

(4) 注销新蛋中国及其控制方新蛋贸易(中国)有限公司("新蛋贸易")。

新蛋中国历史上存在的 VIE 协议控制架构,在交易前被见招接招拆除后,为上市公司的重组降低了风险。

(五) 此次并购的意义

1. 有助于上市公司资产结构调整和盈利能力提升

联络互动已完成本次重组,即已持有 Newegg 的 55.70%权益,按照上述重组后的资产架构,根据立信出具信会师报字〔2016〕第 211743 号《备考审阅报告及备考财务报表》,本次交易对联络互动主要财务指标的影响如表 19 所示。

表 19　交易前后联络互动主要财务指标变动情况　　　　单位:万元

项目	2016 年 6 月 30 日			2015 年 12 月 31 日		
	交易前	备考数	增长率	交易前	备考数	增长率
资产总额	630 941.35	1 007 774.59	59.73%	185 762.62	588 575.42	216.84%
归属于上市公司股东的所有者权益	596 037.21	585 189.87	−1.82%	112 991.13	106 449.53	−5.79%
营业收入	59 008.95	747 197.11	1 166.24%	67 635.53	1 564 048.15	2 212.47%
归属于母公司所有者的净利润	19 387.27	16 791.55	−13.39%	31 596.54	26 063.57	−17.51%
每股收益(元/股)	0.09	0.08	−11.11%	0.18	0.15	−16.67%

通过上述对比可知,本次交易完成后,因 Newegg 纳入上市公司合并口径,联络互动的总资产规模、收入规模水平将有明显增加;归属于联络互动股东的所有者权益与净利润以及每股收益指标小幅下降。根据《股份购买协议》,Newegg 支付条款中约定的支付价款指标包括 GMV、EBITDA、税前利润:2016 年、2017 年及 2018 年 EBITDA 目标分别为 850 万美元、2 260 万美元和 3 900 万美元,如果 EBITDA 目标如约完成,则有利于进一步增强联络互动未来的盈利能力。

2. 发挥战略协同作用,与国外电商平台对接,或可实现"走出去、引进来"的全球策略,将改变三个领域的命运

联络互动通过并购新蛋的战略联合,借助新蛋在美国市场的影响力和用户体验资源,同时借助"一带一路"战略导向,实现国内制造的优质产品向美国市场销售,最终走向国际化的市场深耕和推广,为"走出去"做好充分的准备。

从另一角度来说,联络互动并不会局限于"走出去"的战略布局。随着国内消费结构和消费习惯的改变,中国的用户也在追求更高品质的产品,这也迫切需要有更好的品牌或国际产品进入中国,联络互动会将跨境业务通过新蛋和tt海购实现协同发展。新蛋多年收集的北美数据,通过分析后可以直接应用到tt海购上,将北美或者全球优质的供应商引入到中国,满足中国消费的多样化和创新需求。未来,人们对联络互动如何更快地做出反应来协作实现全球买、全球卖的跨境梦想拭目以待。

联络互动和新蛋的平台对接,或将改变电商行业、VR行业和中国制造业三个领域的命运。第一,电商行业。这次并购是国际电商市场格局的一次洗牌,延缓了两大巨头阿里巴巴和京东快速进军北美市场和国际布局进程。第二,VR行业。新蛋一半的营收来自游戏玩家,这些用户对前沿的科技产品也是兴趣深厚。之前选择在新蛋发布VR新品的HTC、Oculus和三星,由于联络互动本身的VR产品品类的增加以及未来发展重心的转移,估计将很难在推广上占到先机,其整个VR产品的北美推广必然受挫。第三,中国制造业。协同发展下的B2C平台的优势让"走出去、引进来"无缝衔接,"走出去"是现代民企深化改革,践行"一带一路"倡议下坚定不移的一个目标,中国制造业或将在这个国际经济背景下发生令人难以预估的变化。

五、市场表现(002280)

联络互动交易前后股价变动情况见图40。

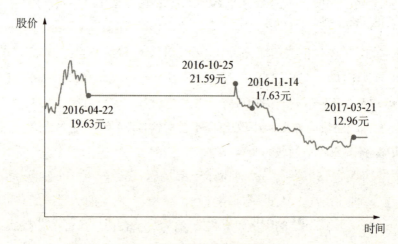

图40　联络互动交易前后股价走势

002547

春兴精工：
跨境交易，分步开展吸收合并

一、收购相关方简介

（一）收购方：苏州春兴精工股份有限公司

苏州春兴精工股份有限公司是由苏州春兴精工有限公司整体变更设立的股份有限公司，于 2001 年成立，注册资本为 10 600 万元，是一家以精密轻金属结构件制造与服务的供应商，主要从事精密轻金属结构件、移动通信射频器件以及冲压钣金件的研发和制造业务。2010 年 11 月，经中国证券监督管理委员会许可，春兴精工于 2011 年 2 月首次向社会公开发行人民币普通股 3 600 万股，并于同月在深交所挂牌上市。公司分别于 2009 年 12 月和 2010 年 8 月成立上海分公司和深圳分公司。截至 2017 年 11 月末，春兴精工参股或控股的公司达 34 家，其中涉及合并报表的有 31 家。

（二）收购标的：CALIENT Technologies, Inc.

CALIENT Technologies, Inc. 于 1999 年 3 月成立，拥有业界领先的 3D-MEMS 光路交换开关生产技术，持有近 64 个专利以及数量可观的技术秘密。公司拥有的深硅等离子刻蚀工艺的专利技术用于制造 3D-MEMS 反光镜阵列，这项专利技术与强大可靠的软件相结合,可使其产品光路交换开关实现光学层的动态灵活管理。公司产品主要应用领域为数据中心和云计算中心、SDN(软件定义网络)光传输、实验室自动化等。此外,公司面临的细分市场包括:多租户和机房共享、媒体和娱乐、CRAN无线基础设施以及海底电缆登陆等。

(三)交易对方:合并子公司1&合并子公司2

苏州春兴精工股份有限公司拟通过在美国的子公司 Chunxing Holdings (USA) Ltd. 设立一家项目控股公司(即 Chunxing Lightspeed Ltd.)和一家合并子公司1(即 Lightspeed Merger Sub 1 Ltd.)。项目控股公司下设一家中间层公司(即 Lightspeed Intermediaite Ltd.),中间层公司下设合并子公司2(即 Lightspeed Merger Sub 2 Ltd.)。

本次交易中,春兴精工以在美国设立的合并子公司1和合并子公司2作为收购主体,通过合并的方式收购标的公司(即 CALIENT Technologies, Inc.)。交易完成后,合并子公司1和合并子公司2将不再存续,标的公司(即 CALIENT Technologies, Inc.)将作为存续主体,成为公司的控股子公司。

二、收购事件一览

● 2017年2月18日,春兴精工发布公告,公司控股股东正在筹划重大资产重组事项,公司股票拟于2017年2月20日首次停牌。

● 2017年4月14日(美国时间),春兴精工收到美国联邦贸易委员会竞争局并购前申报办公室出具的美国HSR反垄断审查通过函件。

● 2017年4月18日,春兴精工收到苏州工业园区行政审批局关于此项交易备案的通知,对公司在美国并购成立Calient技术有限公司事项予以备案,有效期两年(自2017年4月13日起)。同日,公司收到江苏省商务厅出具的《企业境外投资证书》,对公司在美国并购成立Calient技术有限公司境外投资事项予以核准,有效期为2年(自2017年4月17日起)。

● 2017年4月29日,春兴精工发布了公司与CALIENT Technologies, Inc.签署《收购项目谅解备忘录》的主要内容,拟以此为基础继续协商推进收购事宜。

● 2017年5月15日(美国时间),春兴精工收到美国财政部投资安全办公室出具的本次交易的相关事项已通过美国"外国投资委员会"有关国家安全问题的审查函件。

● 2017 年 8 月 16 日(美国西部时间),CALIENT Technologies, Inc. 公司董事会作出决议,批准通过本次交易,并同意目标公司签署相关协议等法律文件。

● 2017 年 8 月 17 日,春兴精工召开第三届董事会第三十次会议,审议通过《关于公司终止筹划重大资产重组事项暨股票复牌的议案》,决定终止与 CALIENT Technologies, Inc. 签署的原收购 71% 股权议案;同时审议通过《关于公司现金收购 CALIENT Technologies, Inc. 51% 股权的议案》。新的交易方案不构成重大资产重组。

● 2017 年 9 月 5 日,春兴精工召开第七次临时股东大会,审议通过了《关于公司现金收购 CALIENT Technologies, Inc. 51% 股权的议案》。

● 2017 年 11 月 24 日,春兴精工召开第三届董事会第三十四次临时会议,审议通过《关于 CALIENT Technologies, Inc. 收购方案变更的议案》。

● 2017 年 12 月 11 日,春兴精工召开第九次临时股东大会,审议通过《关于 CALIENT Technologies, Inc. 收购方案变更的议案》。至此,春兴精工关于收购 CALIENT Technologies, Inc. 51% 股权的方案及变更方案已经由股东大会审议通过。

三、收购方案

春兴精工收购 CALIENT Technologies, Inc. 的整体方案由以下四步组成:(1)成立境外 SPV 公司;(2)分两次进行吸收合并;(3)向投资实体注资;(4)后续持股选择权。

(一) 成立境外 SPV 公司

为规避某些法律、财务等方面因素,春兴精工拟在标的公司所在地设立 SPV 公司,具体操作由春兴精工在美国的子公司 Chunxing Holdings (USA) Ltd. 实施。Chunxing Holdings (USA) Ltd. 在当地设立一家项目控股公司(即 Chunxing Lightspeed Ltd.)和一家合并子公司 1(即 Lightspeed Merger Sub 1 Ltd.);项目控股公司下设一家中间层公司(即 Lightspeed Intermediaite Ltd.);中间层公司下设合并子公司 2(即 Lightspeed Merger Sub 2 Ltd.)。

(二) 分两次进行吸收合并

第一次吸收合并：由目标公司对合并子公司 1 实施。基于第一次吸收合并,持有目标公司普通股的非美国合格投资人股东和持有目标公司股份的美国合格投资人股东将因此分别取得现金和非现金合并对价。

第二次吸收合并：在第一次合并完成的同时,合并子公司 2 和目标公司将立即进行第二次合并,由目标公司对合并子公司 2 进行吸收合并。基于第二次吸收合并,持有目标公司 A 系列优先股的股东和持有目标公司保留股份的股东将因第二次合并而取得第二次合并对价。

(三) 向投资实体注资

第一次吸收合并后,目标公司合格股东随即将第一次合并非现金对价注入投资实体中(即 CALIENT Holdings, LLC),以换取投资实体的普通股权益。注资完成后,公司将通过春兴美国(即 CALIENT Holdings, LLC)持有项目控股公司 51% 股权,目标公司合格股东将通过投资实体持有项目控股公司 49% 股权。

(四) 后续持股选择权

春兴精工在本次交易交割完成之日起的两个会计年度后,公司可基于届时适用的法律规定并经决策程序批准后,选择是否收购投资实体持有的目标公司 20% 股权,继而使得公司持有目标公司 71% 股权。若公司选择不再继续收购目标公司的 20% 股权,投资实体有权要求受让公司持有的目标公司 2% 的股权,使得其持有目标公司股权比例达到 51%,公司将持有目标公司的 49% 股权。

具体收购方案如图 41、图 42、图 43 所示。

四、案例评论

(一) 产业链并购,推动公司转型升级

春兴精工通过收购境外标的公司,实现了公司通信业务板块的垂直整合。

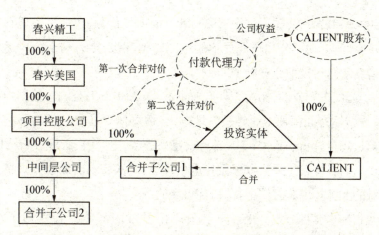

图 41　第一次合并交易结构图

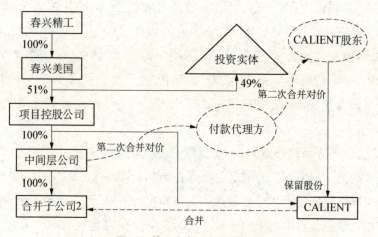

图 42　第二次合并交易结构图

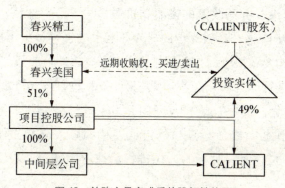

图 43　并购交易完成后的股权结构图

收购标的 CALIENT 公司不仅能够巩固既有的市场份额,还能扩大现有客户群体和市场空间,推动了公司在光通信领域的转型升级,更有利于公司逐步由精密制造型企业向科技型企业转型。

首先,公司布局方面,拓展境外产业集群。CALIENT 公司在数据中心产品和 SDN 光传输方面都处于业界领先地位,客户群体更是包括华为、爱立信、诺基亚、中兴、思科、Juniper、Google、腾讯、亚马逊、阿里巴巴、百度、微软、IBM 等优质企业。而春兴精工一直以来聚焦电信市场,此次交易有助于春兴精工在光通信领域的业务拓展和客户群体、目标市场的推广。

其次,公司战略方面,更趋向于全球化发展的战略。春兴精工在收购 CALIENT 公司之后能够进入电信市场并巩固公司在市场中的地位,CALIENT 公司也为春兴精工提供了独特可靠的技术,助其进入全球化的系统市场。早在 2001 年 CALIENT 公司的估值就已经超过 10 亿美元,成为早期的独角兽公司,公司业务更是进入全球光通信领域。随着 2015 年 CALIENT 公司估值降至 4.28 亿美元,2017 年更进一步降至 2.936 亿美元,春兴精工借此契机顺利收购 CALIENT 公司,正式开启光通信领域的全球化战略布局。

第三,公司产品制造方面,不断提升开发高端精密制造业的能力。春兴精工此次收购的 CALIENT 公司是业界领先的 3D-MEMS 光路交换开关制造商,其产品可提供超低延迟和业界最大的交换容量与密度,而当前更低的时延和更大的交换容量是数据中心应对流量增长所急需提升的能力。

(二) 跨境交易,海外并购政策的挑战和机遇

2017 年是中国进一步放开理性海外并购市场之年。从年初至年末,中央和地方监管机构发布关于严控非理性海外投资的文件,加强监管使众多海外并购无法正常进行。春兴精工在收购海外 CALIENT 公司的进程中,聘请了专业的律师团队,共同完成中国境内企业境外投资备案、境外律师准备 CFIUS(美国外国投资委员会)申报材料、起草和修改交易文件(包括合并协议、股东协议等)、赴美国对标的公司进行法律尽职调查,以及交易文件的谈判及签约。

除此之外,春兴精工并购 CALIENT 公司还可能面临着美国政治风险、政

策风险、法律风险、税收风险、劳工风险、后续整合风险等。美国特朗普政府
2017 年全面税制改革政策的颁布和实施,更有利于降低春兴精工在后续境
外运营过程中的经营成本,但另一方面也可能造成核心管理人员和技术人
员流失的风险,以及后续企业文化、运营体制、经营模式等方面的整合
风险。

春兴精工在此背景下,勇于承接海外并购政策的挑战、抓住海外并购政策
契机、把并购目标转向海外市场,不仅有助于公司吸纳境外优质资产,更有利于
公司海外产品市场的拓展,同时也积极推动了中国企业在光路交换产品领域的
工业和技术发展。

(三) 交易结构复杂,典型的 SPV 并购案例

此次交易方案最大的一个特点就是成立境外 SPV 公司。通过在境外设立
两个 SPV 公司,春兴精工不仅能够在某种程度上避开外汇管制,还能够同时在
东道国享受外企待遇,更重要的一点是公司能够享受到税收优惠政策。本次交
易还涉及向投资实体注入权益资金。持有第一次合并非现金对价的合格股东
将第一次非现金对价注入投资实体,换取投资实体的普通股权益。春兴精工通
过第一次和第二次吸收合并,逐步取得标的公司 51% 股权。此次交易之后,春
兴精工为此次交易而设立的 SPV 公司也将不复存在。这也是近年来普遍被公
司所接受的一种新型跨境收购方式。

值得注意的是,春兴精工此次 SPV 公司的设立不同于其他并购中 SPV 公
司的设立。主要原因在于春兴精工在美国当地设有全资子公司春兴美国(即
Chunxing Holdings (USA) Ltd.),因而通过东道国的全资子公司设立 SPV 公
司所面临的审查机制和程序更简便。通过境外子公司设立 SPV 公司实施海外
收购,也是中国跨境并购的新趋势。

五、市场表现(002547)

春兴精工交易前后股价变动情况见图 44。

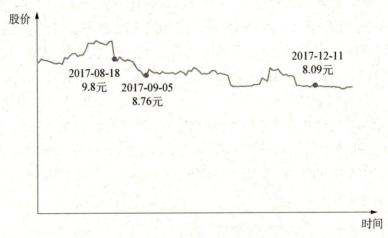

图44　春兴精工交易前后股价走势

300164

通源石油：
跨境并购，换股合并进军北美

一、收购相关方简介

(一) 收购方：西安通源石油科技股份有限公司

西安通源石油科技股份有限公司的前身为西安通源石油科技产业有限责任公司，于 1995 年 6 月 15 日在西安市工商行政管理局登记注册成立。2001 年 7 月，通源有限责任公司整体变更为股份有限公司。公司于 2011 年 1 月 13 日在深交所上市，至此上市公司的注册资本变更为 6 600 万元。

公司以油田增产关键技术复合射孔技术的研发、推广为核心主业，持续加强研发创新能力，业务范围已涵盖油田开发、钻井、射孔、压裂等多个领域，是一家具有技术优势和影响力的国际化油田服务企业。作为我国复合射孔行业的领军企业、行业国家标准制定的参与者，公司致力于推进射孔研发、生产、销售、服务的一体化模式建立。此外，公司也在积极采用包括并购在内的其他途径来深化其战略布局。

(二) 收购标的：Cutters Group Management Inc.(CGM)

CGM 于 2016 年 7 月 5 日在美国得克萨斯州注册成立，其成立目的是用于完成上市公司对 Cutters 的收购事宜,因此 CGM 目前尚未开展实际运营,公司的经营实体为其全资子公司 Cutters。Cutters 主要为油气开发公司提供优质的油田电缆服务,具体包括测井、射孔、管道修复、套管切割以及其他套管井服务。Cutters 在美国主要五大油田生产区域均拥有分支机构,并长期为美国众多油气资源公司提供服务,主要客户超过 200 家。

二、收购事件一览

● 2017 年 7 月 20 日,通源石油发布公告,公司正在筹划重大资产重组事项,公司股票首次停牌。

● 2017 年 9 月 29 日,通源石油与 CGM 控股股东并购基金签署了《合作框架协议》。

● 2017 年 10 月 19 日,通源石油子公司 TPI、TWS 与交易对方(PetroNet、安德森家族、Kent Brown、Gary Cain)以及 TWG 共同签署了《合并协议》,对本次交易的相关事项进行了约定。

● 2017 年 10 月 19 日,通源石油召开了第六届董事会第十八次会议,审议通过了《西安通源石油科技股份有限公司重大资产购买报告书(草案)》等关于本次交易的相关议案,公司独立董事发表了独立意见。

● 2017 年 11 月 13 日,通源石油召开了 2017 年第二次临时股东大会,审议通过了《西安通源石油科技股份有限公司重大资产购买报告书(草案)》等关于本次交易的相关议案。

● 2017 年 11 月 22 日,通源石油发布《关于公司重大资产购买实施情况之标的资产过户完成的公告》等关于本次交易的相关议案,通源石油资产过户完成,CGM 和 API 的股东已变更为 TWG,公司正式成为 CGM 的控股股东。

三、收购方案

本次交易前,通源石油通过境外全资子公司 TPI 持有标的公司 CGM 23.85%的股份,并购基金通过境外全资子公司 PetroNet 持有标的公司 CGM 66.64%的股份。通源石油拟在境外子公司层面通过换股合并的方式对 CGM

剩余部分股权进行收购。

(一) 境外设立新公司作为收购平台

通源石油通过境外全资子公司 TPI 在得克萨斯州申请设立一家新公司 TWG,作为收购 CGM 的平台公司。

(二) 境外子公司换股合并

通源石油境外子公司 APIH 全体股东以其持有的 APIH 的 100% 股权向 TWG 出资;CGM 全体股东以其持有的 CGM 的 100% 股份向 TWG 出资。本次交易中 APIH 的 100% 股权作价 6 823.00 万美元,CGM 的 100% 股权作价 7 238.00 万美元。

此次换股合并完成后 TWG 持有 APIH 及 CGM 的 100% 股权,APIH 及 CGM 原有股东全部成为 TWG 的股东,其中,通源石油通过 TPI 和 TWS 合计持有 TWG 的 55.26% 股权,间接取得了 CGM 的控股权。本次交易为上市公司境外子公司层面的换股合并,不涉及资金支付。

本次并购交易前后 CGM 的股权结构变化如图 45 所示。

四、案例评论

(一) 间接并购,交易设计有看点

上市公司在设计海外并购时,其交易架构、路径、实施方法均有讲究。通源石油在设计此次跨境交易合同时,重点关注了支付方式和交易实施方式两大因素。

在支付方式方面,本次交易为通源石油境外子公司层面的换股合并,并不涉及资金支付。通源石油境外子公司 APIH 全体股东以其持有的 APIH 的 100% 股权向 TWG 出资;CGM 全体股东以其持有的 CGM 的 100% 股份向 TWG 出资。这个交易过程只涉及股权的交换,缓解了现金收购对上市公司造成的现金流转压力,并且简化了发行股份募集配套资金所带来的审批程序问题。虽然该交易构成重大资产重组,但该交易无需经过证监会的核准便可进行,从而大大提高了境外投资并购的效率。

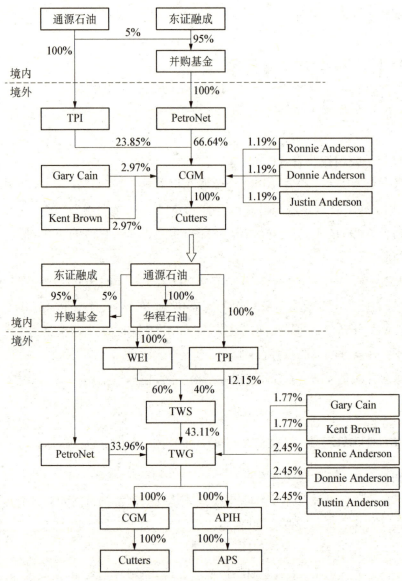

图 45　交易前后 CGM 的股权结构变化

在交易实施方面,通源石油在收购 CGM 时并没有以上市公司为平台直接收购,而是采用了间接收购的方式,即通过境外全资子公司 TPI 在境外成立一家新公司 TWG,作为收购 CGM 的平台。如果上市公司直接去收购,不仅具有较复杂的审批环节,而且大大提升了交易的不确定性,并购成功后面临的税务成本也很高。上市公司在海外设立新公司实现其收购目标,体现了上市公司对隔离法律风险、灵活操作、降低成本、避税等方面的考虑。

(二)海外收购再下一城,构建全球化平台

通源石油自设立以来依托领先的复合射孔技术,成为国内细分领域的领军企业。为了开拓市场空间,公司从 2007 年开始走出国门,进军海外市场,布局全球发展战略。2012 年,通源石油在美国得克萨斯州休斯敦市投资设立了全资子公司 TPI,将海外扩张作为公司发展的重要战略。2013 年,通源石油及其控股股东开始计划收购拥有前沿技术的美国公司 APS,并在 2015 年 3 月完成对 APS 控股权的收购;2016 年底公司参与了对 Cutters 部分股权的收购。

北美地区是全球油气开采最为活跃和成熟的区域,油气田服务市场占全球 47%,是通源石油海外战略的主攻市场。通过收购北美优质油气田服务企业,公司能够快速获得领先的技术服务能力,优质的客户渠道和丰富的市场资源,先进的业务管理和发展模式,以及具备国际竞争力的行业管理团队。同时,在北美市场站稳脚跟并拥有一席之地,将提升公司在国际油气田服务行业的知名度和竞争力,最终使公司在射孔这个油田服务的细分领域上占据全球领先地位。

公司本次交易便是在稳固北美油气田服务市场地位的目的下做出的决策。通过此次交易,公司以 APS 和 Cutters 为基础进行电缆射孔业内整合,将 TWG 公司作为全球化平台,影响力将从得克萨斯州区域市场跃升至整个美国市场,将逐渐实现以北美市场为主,向南美、非洲、中亚、中东等区域发展的战略目标,将先进的油气服务技术在其他国家推广,最终在射孔这个油田服务的细分领域上跃居全球前列。

(三)拓展业务广度,提升一体化服务能力

2014 年下半年以来,国际油价经过断崖式下跌,从约 100 美元/桶的高点到 2016 年降到约 30 美元/桶。2017 年原油市场逐步企稳,但仍处于 40 至 50 美元的低价区间。在目前的行业环境下,具备一体化服务能力的综合性油气田服务公司将逐渐凸显优势:一方面,通过利用自身优势,整合有利资源,可以为油田提供更加专业的个性化增产解决方案;另一方面,油气田服务公司通过提供一体化技术服务和集成化作业发挥各项业务之间的协同效应与互补效应,可以

降低油田整体开发成本,保证在低油价环境下拥有更加合理的利润空间。随着近几年国际油价的震荡下行,我国企业进行海外收购,一方面有利于公司甄别具有强大核心竞争力和抗风险能力的优质标的企业,另一方面有利于公司在收购中争取和获得较低的价格以及有利的交易条件。

通源石油的业务范围已涵盖油田开发、钻井、射孔、压裂等多个领域,而Cutters侧重于为老井增产而做的射孔作业,这恰好弥补了通源石油业务范围的缺口。为了在国际油价不断波动的风险下免受较大的冲击,公司在自身业务能力范围内不断寻求新的突破口,不断拓展业务广度与深度。而外延并购方式有利于公司占领更多海外资源,稳固在油气田服务震荡周期下的地位,使之成为具备一体化服务能力的综合性油气田服务公司。

(四) 加强优势互补,发挥协同效应

油气田服务业务范围较广,仅仅依靠单一产品或服务的内生增长,难以实现油气田服务业务的产业链覆盖,但企业可以通过并购优势技术企业增加市场份额。经过整合后,各项业务的协同效应和互补效应有利于提升公司运营的一体化能力,为公司整体业务的发展创造良好的条件。

通源石油是复合射孔行业的领军企业。复合射孔是油田增产重要技术,未来随着原有油田增产以及非常规油田开采需求提升,公司核心技术竞争力的优势将进一步凸显。在行业周期底部,公司确立了以外延并购为主的油气田服务一体化发展战略。本次交易完成后,通源石油将控股Cutters,上市公司、APS及Cutters之间在业务和区域市场将形成优势互补,发挥协同效应。

一是业务协同。APS和Cutter同属电缆服务公司,在技术和业务上可有效进行整合。APS和Cutter业务结构和侧重点不同。收购完成后,二者将在北美市场形成射孔业务上的互补,公司将在北美市场拥有全方位的射孔服务能力。二是作业区域协同。Cutters在Permian Basin、新墨西哥和落基山脉的优势市场资源将扩大APS在上述市场的影响力,并将APS具有优势的泵送射孔业务带入上述市场;Cutters也可借助APS进入南得州老井射孔市场。Cutters与APS整合后,将极大拓展上市公司在北美热点油气活动区域的市场覆盖。三是管理协同。Cutters核心高管拥有长时间的油服行业从业经验,上市公司及其境内外子公司可以借鉴Cutters优秀的管理经验,通过销售策略的有效制定、原材

料采购议价能力的提升、存货管理方法的改善,提升上市公司整体的管理能力和运营效率。

五、市场表现(300164)

通源石油交易前后股价变动情况见图46。

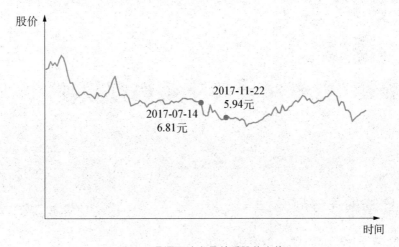

图46 通源石油交易前后股价走势

600157

永泰能源：
跨界跨境，布局辅助生殖医疗板块

一、收购相关方简介

(一) 收购方：永泰能源股份有限公司

永泰能源股份有限公司成立于 1992 年，是一家综合能源类企业。公司目前主要从事电力、矿业、石化、物流和投资等业务，所属电力总装机容量 1 094 万千瓦，焦煤年产能 1 095 万吨，油品年调和配送能力 1 000 万吨，码头年吞吐能力 3 000 万吨。截至 2016 年 12 月末，公司总资产 981 亿元，净资产 237 亿元。近年来，公司积极实施多元化转型发展战略，逐步实现了由单一能源企业向"能源、物流、投资"三大产业的转型，不断增强公司市场竞争力和抗风险力，提升公司经营业绩，实现公司的可持续性发展。

(二) 收购标的：Lifovum Fertility Management, LLC

Lifovum Fertility Management, LLC(简称"LFM")，是一家注册于美国特拉华州的有限责任公司，目前承担 Huntington Reproductive Center Medical Group(简称"HRC")的管理职能，并在收购重组后通过股权及协议方式实际控制 HRC、NexGenomics, LLC(简称"NexG")和 Reproductive Surgical Associates(简称"RSA")三家运营实体(HRC、NexG、RSA 和 LFM 合称"HRC 医疗集团"),该三家主要运营实体合计拥有九个辅助生殖治疗诊所,三个辅助生殖相关的手术中心以及四个胚胎实验室,LFM 以此合并及/或收取费用的方式取得三家运营实体的收入、成本及利润。其经营范围为辅助生殖相关医疗服务,包括试管婴儿(包括性别选择及胚胎移植前遗传学筛查)、不孕症治疗、内分泌激素调节、卵巢早衰症治疗、冷冻卵子等服务。

二、收购事件一览

● 2016 年 12 月 7 日,永泰能源召开第十四次临时股东大会,审议通过了《关于全资子公司华昇资产管理有限公司发起设立辅助生殖境外并购基金的议案》。

● 2017 年 2 月 28 日,华昇资产管理有限公司在英属开曼群岛完成了相关的辅助生殖境外并购基金管理公司的设立,公司名称为 Willsun Fertility Overseas Company Limited(华昇辅助生殖海外有限公司)。

● 2017 年 6 月 29 日,并购基金通过下设公司 Willsun Fertility US Delaware, LLC(简称"Willsun US")就收购美国 HRC 医疗集团辅助生殖项目签署了"成员权益收购协议",约定由并购基金与跟投方通过 Willsun US 以 2.09 亿美元的价格,合计收购标的公司 51%的股权。

● 2017 年 7 月 1 日,永泰能源发布《关于华昇辅助生殖香港有限公司所属境外辅助生殖并购基金收购美国 HRC 医疗集团辅助生殖项目的公告》,根据永泰能源 2016 年第十四次临时股东大会的授权,本次收购经公司管理层批准后即可实施。

● 2017 年 7 月 18 日,永泰能源发布《关于收购美国 HRC 医疗集团辅助生殖项目股权完成过户的公告》,Willsun US 所收购的 LFM 的 51%股权过户手续已完成,标志着永泰能源正式进入美国人类辅助生殖医疗市场。

三、收购方案

并购的整体方案由以下三步组成:(1)设立境外并购基金;(2)标的公司调

整股权结构;(3)并购基金收购标的公司股权。

(一) 设立境外并购基金

永泰能源全资子公司华昇资产管理有限公司于 2017 年初在英属开曼群岛设立辅助生殖境外并购基金管理公司 Willsun Fertility Overseas Company Limited,该基金管理公司出资情况如表 20 所示。

表 20　辅助生殖境外并购基金管理公司出资情况

出资人名称	认缴出资额	出资比例	出资方式
华晟资产管理有限公司	5.1 万美元	51%	货币
亚美咨询有限责任公司	2.9 万美元	29%	货币
Cayman Overseas Fertility Investment Limited(核心管理团队设立公司)	2.0 万美元	20%	货币
合计	10 万美元	100%	—

华昇资管与该辅助生殖基金管理公司等共同出资 10 亿美元,发起设立辅助生殖境外并购基金(Overseas Fertility M & A Fund.),具体出资情况如表 21 所示。

表 21　辅助生殖境外并购基金出资情况

出资人名称	认缴出资额 (万美元)	出资比例	出资方式	备注
辅助生殖基金管理公司	1	0.001%	货币	普通合伙人
华晟资产管理有限公司	51 000	51%	货币	有限合伙人
市场化募集资金	48 999	48.999%	货币	有限合伙人
合计	100 000	100%	—	—

(二) 标的公司调整股权结构

调整前,标的公司的股权结构为:医生股东持有卖方 HRC Investment Holding LLC 公司 100%股权,并且直接和间接 100%持有 LFM、HRC、RSA 和 NexG 的股权。股权结构如图 47 所示。

为了实现交易后的有效控制,卖方对 HRC 医疗集团进行重组。LFM 将由

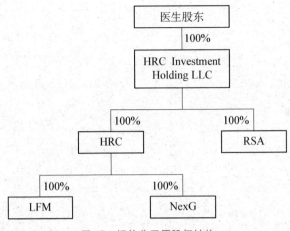

图 47　标的公司原股权结构

卖方 HRC Investment Holding LLC 100%持股拥有,同时 LFM 吸收合并 RSA,
并且由 LFM 100%持股 NexG,此外 LFM 还将通过管理协议控制重组后的
HRC,HRC 则由医生股东其中的三位共同持有。调整后的股权结构如图 48
所示。

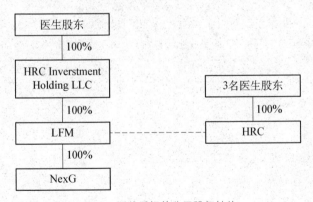

图 48　调整后标的公司股权结构

(三) 并购基金收购标的公司股权

　　华昇资管下属全资子公司华昇辅助生殖香港有限公司(简称"华昇香港")
向并购基金出资 1.98 亿美元。并购基金与跟投方 Overseas Investment (BVI)
Holding Company Limited(简称"Overseas Investment")通过并购基金的下设

公司 Willsun US 以 2.09 亿美元的价格,合计收购标的公司 LFM 的 51% 股权(其中:并购基金出资 1.78 亿美元,持有标的公司 43.35% 的股权;跟投方出资 0.31 亿美元,持有标的公司 7.65% 的股权。)

收购后的股权结构如图 49 所示。

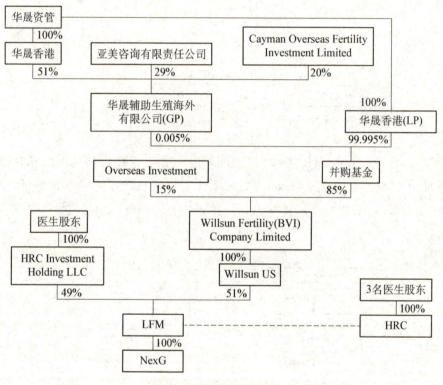

图 49　收购后整体股权结构

注:实线代表股权关系,虚线代表协议控制关系

四、案例评论

(一) 能源企业跨界医疗,抢先布局"二胎"市场

永泰能源收购 HRC 医疗集团辅助生殖项目,是其继 2016 年 1 月收购锦欣集团旗下成都西囡妇科医院 42.47% 股权后,在辅助生殖板块的又一大动作。作为能源企业,永泰能源在医疗板块的跨界正瞄准了辅助生殖这一热点行业。

近年来，由于中国不孕不育人口发病率的上升、育龄人口基数增加等原因，国内辅助生殖行业正处于需求快速增长、市场空间大、盈利空间较大但牌照稀缺、市场缺口大的行业快速发展期。2015 年 10 月，中央决定全面放开"二胎"政策，更预示着未来几年辅助生殖行业需求将会有大幅提升。在这样的背景下，永泰能源在辅助生殖医疗板块的投资布局奠定了其在该细分行业的领先地位。

本次收购选择的标的公司 LFM 实际控制着 HRC 医疗集团三家主要运营实体，合计拥有九个辅助生殖治疗诊所，三个辅助生殖相关的手术中心以及四个胚胎实验室。HRC 医疗集团是美国加利福尼亚州领先的辅助生殖医疗集团，经营规模、收入及利润均为全美领先，拥有最前端的生殖临床研究；且在全美连续十年的试管婴儿成功率评比中一直名列前茅，也是目前在中国极有影响力的辅助生殖医疗机构。HRC 医疗集团目前掌握最先进的第三代试管婴儿技术，第三代试管婴儿技术可以对囊胚 23 对染色体进行精准的筛选、诊断，可排除 125 种遗传疾病，有效提高了囊胚着床率及活产率，拥有非常高的成功率。

本次收购后，永泰能源将获得 HRC 辅助生殖医疗技术、资源和人才，是其在高端辅助生殖市场实现布局的重要标志，也是永泰能源进行海外新兴产业投资管理的重要举措。永泰能源在国内布局的基础上，通过并购境外机构，力争形成国内外资源互补，打造具有竞争力、盈利能力强的辅助生殖医疗产业。同时，HRC 医疗集团在全球辅助生殖的领先地位，能为永泰能源打开国际市场，加快其在海外医疗产业的投资布局，而 HRC 医疗集团也将通过本次并购打开境内市场，提升国内辅助生殖项目治疗水平，为国内病人提供多样化的诊疗服务选择方案，从而提高 HRC 的收益利润和永泰能源的投资回报。

（二）境外并购基金助力收购顺利完成

本次收购是通过永泰能源旗下开曼境外并购基金的下设公司来实施的，值得一提的是，该并购基金管理公司的主要合作方为亚美咨询有限责任公司，其中持股 50％的股东尼尔·布什是美国前总统乔治·W·布什的弟弟，担任中美关系研讨会美方主席，长期致力于能源、地产、金融、医疗等领域的投资。与这位"总统弟弟"合作，使永泰能源旗下的并购基金能够利用尼尔·布什所拥有的深厚家族背景、广阔的全球视野和资源整合能力，在遴选境外投资项目和获取优质项目上具有突出优势。

　　该境外并购基金的设立主要将用于投资境外具有技术领先性和一定市场规模的辅助生殖医疗机构和项目,发挥境外机构的技术优势和境内机构的规模优势,实现境内外医疗项目的协同发展。作为该并购基金设立后的第一笔海外并购,本次收购的成功无疑为其进一步开拓境外市场起到积极作用,推动永泰能源在人类辅助生殖等高成长性医疗产业的未来投资布局。

五、市场表现(600157)

　　永泰能源交易前后股价变动情况见图50。

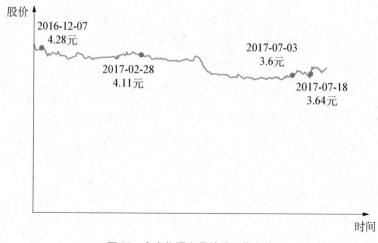

图50　永泰能源交易前后股价走势

601717

郑煤机：
跨境并购,推进电机板块的全球布局

一、收购相关方简介

(一) 收购方：郑州煤矿机械集团股份有限公司

郑州煤矿机械集团股份有限公司始建于 1958 年,是中国第一台液压支架的诞生地,前身为郑州煤矿机械厂(隶属煤炭部),是国家"一五"计划重点项目,1998 年划归河南省煤炭工业管理局管理。公司总资产 30 亿元,净资产约 6.6 亿元,下设 9 个生产分厂,生产区占地面积约 45 万平方米,已累计生产支护高度从 0.55 米到 7 米,支护强度从 1 600 KN 到 16 800 KN 的各型液压支架 11 万余架。公司产品遍布全国各大矿业集团,并出口俄罗斯、印度、土耳其等国家。公司控股股东是河南机械装备投资集团有限责任公司,持有公司股份比例 30.08%。公司最终控制人是河南省人民政府国有资产监督管理委员会,持有公司股份比例 30.08%。

(二) 收购标的：SG Holding

SG Holding 及其下属子公司系为承接 Robert Bosch GmbH 下属交易文件所规定之起动机和发电机业务而设立的。博世公司及交易对方将博世公司下属交易文件所规定之起动机和发电机业务转移至 SG Holding 及其下属子公司。交易完成前后 SG Holding 股权结构变化情况如表 22 所示。

表 22　交易完成前后 SG Holding 股权结构变化情况

本次交易前		本次交易后	
股东名称	持股比例	股东名称	持股比例
Robert Bosch GmbH	100%	郑煤机	100%

二、收购事件一览

● 2017 年 4 月 22 日,郑州煤矿机械集团股份有限公司发布重大事项停牌公告,披露正在筹划重大事项,可能涉及重大资产重组。鉴于该事项存在重大不确定性,为保证公平信息披露,维护投资者利益,避免造成公司股价异常波动,公司股票自 2017 年 4 月 24 日起停牌。

● 2017 年 5 月 1 日,公司召开第三届董事会第二十二次会议,审议通过了《关于签署〈股份购买协议〉及其他与本次交易相关协议、法律文件的议案》。

● 2017 年 5 月 23 日,公司召开第三届董事会第二十三次会议。

● 2017 年 6 月 16 日公司召开 2016 年度股东大会,审议通过了《关于郑州煤矿机械集团股份有限公司 H 股募集资金变更用途的议案》,同意将 H 股募集资金的用途全部变更为收购汽车零部件行业优质标的资产。

● 2017 年 8 月 7 日,公司召开第三届董事会第二十六次会议,审议通过了《关于签署附条件生效的〈共同投资协议〉的议案》。

● 2017 年 9 月 19 日,公司召开第三届董事会第二十八次会议,审议通过了《关于签署〈股份购买协议〉之〈第一修正案〉及相关文件的议案》等与本次重大资产购买相关的议案。

● 2017 年 9 月 22 日,公司召开第三届董事会第二十九次会议,审议通过了《关于公司重大资产购买方案的议案》等与本次重大资产购买相关的议案。

● 2017 年 9 月 22 日,公司发布《重大资产购买预案》和《重大资产购买预案摘要》。

● 2017 年 10 月 12 日,公司发布《重大资产购买预案(修订稿)》和《重大资产购买预案摘要(修订稿)》。

- 2017 年 10 月 20 日,公司发布《关于重大资产购买获得河南省商务厅备案的公告》。
- 2017 年 10 月 27 日,公司发布《关于重大资产购买通过德国联邦经济事务与能源部审查的公告》。
- 2017 年 11 月 6 日,公司召开第三届董事会第三十二次会议,审议通过了《关于公司重大资产购买方案的议案》、《关于签署开曼基金相关合伙协议的议案》等与本次重大资产购买相关的议案。
- 2017 年 11 月 7 日,公司发布《重大资产购买草案》和《重大资产购买草案摘要》。
- 2017 年 11 月 11 日,公司发布《关于重大资产购买获得国家发改委备案的公告》。
- 2017 年 11 月 13 日,公司召开 2017 年第二次临时股东大会,审议通过了《关于签署附条件生效的〈共同投资协议〉的议案》、《关于公司对郑州圣吉增资的议案》、《关于郑州圣吉对香港圣吉增资的议案》等与本次交易有关的议案。
- 2017 年 12 月 22 日,公司召开 2017 年第三次临时股东大会,审议通过了《关于公司重大资产购买方案的议案》等与本次重大资产购买相关的议案。
- 2017 年 12 月 22 日,公司召开第三届董事会第三十五次会议,审议通过了《关于签署开曼基金合伙协议文件、〈出售选择权契据〉、〈补充函〉和〈Letter Agreement〉的议案》。
- 2017 年 12 月 29 日,公司召开第三届董事会第三十六次会议,审议通过了《关于签署〈股份购买协议〉之〈第二修正案〉及相关文件的议案》。

三、收购方案

上市公司拟联合池州中安招商股权投资合伙企业(有限合伙)、China Renaissance Capital Investment Inc.,通过上市公司控制的 SMG Acquisition Luxembourg Holdings S.à r.l.所下设的全资下属企业 New Neckar Autoparts Holdings and Operations GmbH & Co. KG,以现金方式向 Robert Bosch Investment Nederland B.V.购买其所持有 Robert Bosch Starter Motors Generators

Holding GmbH 的 100% 股权。

SG Holding 及其下属子公司系为承接 Robert Bosch GmbH 下属交易文件所规定之起动机和发电机业务而设立的。博世公司及交易对方将博世公司下属交易文件所规定之起动机和发电机业务转移至 SG Holding 及其下属子公司。

本次交易不涉及发行股份,不会导致上市公司股权结构发生变化。本次交易完成前后上市公司的实际控制人均为河南省国资委,本次交易不会导致公司实际控制人发生变更,不构成重组上市。

四、案例评论

(一) 国家政策支持汽车产业通过兼并重组做大做强

2010 年 8 月 28 日,国务院办公厅发布《国务院关于促进企业兼并重组的意见》(国发〔2010〕27 号),明确指出进一步贯彻落实重点产业调整和振兴规划,做强做大优势企业。以汽车、钢铁、水泥、机械制造、电解铝、稀土等行业为重点,推动优势企业实施强强联合、跨地区兼并重组、境外并购和投资合作,提高产业集中度,促进规模化、集约化经营,加快发展具有自主知识产权和知名品牌的骨干企业,培养一批具有国际竞争力的大型企业集团,推动产业结构优化升级。其中将汽车行业作为兼并重组重点实施行业。

2013 年 1 月 22 日,《关于加快推进重点行业企业兼并重组的指导意见》进一步明确指出,鼓励汽车企业通过兼并重组方式整合要素资源,优化产品系列,降低经营成本,大力推动自主品牌发展等,实现规模化、集约化发展;支持零部件骨干企业通过兼并重组扩大规模,与整车生产企业建立长期战略合作关系,发展战略联盟,实现专业化分工和协作化生产。

因此,国家政策对汽车产业实施兼并重组的鼓励,以及成熟的资本市场条件有利于公司汽车零部件业务做大做强。

(二) 多方联合,排除难点顺利并购

这次跨境并购中担任买方独家财务顾问的是华利安,其高级副总裁王巍透露这次交易的难点很多。例如,郑煤机作为买方之一,是 A + H 股的国企,审批

和监管要求相对繁琐;从卖方博世集团来看,此次涉及在全球 9 个国家资产的剥离,也是该公司整体资产整合和剥离的开启,涉及过渡服务协议、IT 服务、厂区迁移、商标权益、员工安排等,谈判细节多;同时,博世集团这一资产的剥离吸引着全球买家的目光,竞标非常激烈,其中不乏欧美买家及 A 股上市公司的身影。卖方看的不只是价格,而且会综合评估买方提出方案的可行性、可操作性和确定性。在结构设计上,华利安和客户最初提供了并购基金的模式,即由卢森堡中银的杠杆融资、郑煤机的 H 股募集资金、崇德投资的一部分基金组成,这样实际上从内地出境的资金占比不高,在监管严格的环境下有效解决了资金出境难题,卖方对此方案比较青睐。华利安与郑煤机的努力,最后赢得卖方的信任。

(三) 发挥协同效应,进一步做大做强汽车零部件业务

博世公司的研发技术资源有助于支持上市公司汽车零部件业务自主创新,可以解决公司汽车板块在市场扩张及推进新产品研发中急需先进技术的问题。博世电机具有强大的技术和创新能力,但在市场开发和降低生产成本上却不占优势,而公司 2017 年完成并购的亚新科集团可以将产业链延伸到电机零件的精加工,从而实现更出色的质量控制和更低的成本。通过亚新科集团的本土采购渠道,将大幅改善博世电机的成本结构,有较大盈利提升空间。

(四) 完成电机板块全球布局,促进上市公司走向国际化

郑煤机通过完成对亚新科集团下属汽车零部件公司的收购,形成了煤机、汽车零部件两大主营业务的发展战略。2017 年 3 月,郑煤机通过完成收购亚新科集团下属汽车零部件公司,进入汽车零部件产业。公司借助自身资本实力和稳定的投融资平台优势,积极布局汽车零部件各细分领域,坚定业务由传统煤机领域向汽车零部件领域延伸的决心,实现"煤机产业 + 汽车零部件产业"双轮驱动。

在中国成为全球最大的汽车消费市场的背景下,有世界竞争力和影响力的汽车起动机、发电机零部件的国产供应商却为数不多。本次交易完成后,郑煤机将获得标的公司的研发平台和生产销售网络,博世公司电机资产的品牌营销网络有助于上市公司旗下的汽车零部件产业走向国际。从长远来看,收购博世

公司电机资产有助于上市公司汽车电机技术提升,有助于提高公司在汽车零部件领域的整体影响力和行业地位,为公司建立汽车零部件的业务布局奠定基础。

五、市场表现(601717)

郑煤机交易前后股价变动情况见图51。

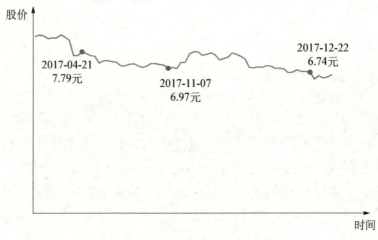

图51　郑煤机交易前后股价走势

601800

中国交建：
75亿元收购加拿大百年建筑"老店"

一、收购相关方简介

(一) 收购方：中国交通建设股份有限公司

中国交通建设股份有限公司是经国务院批准、由中国交通建设集团有限公司(国务院国资委监管的中央企业)整体重组改制并独家发起设立的股份有限公司,成立于2006年10月8日。2006年12月15日,中国交通建设股份有限公司在香港联合交易所主板挂牌上市交易,成为中国第一家实现境外整体上市的特大型国有基建企业。2008年7月,中国交通建设股份有限公司成功入选世界500强,名列第426位;2013年,位列第213位。中国交通建设股份有限公司是中国大陆建筑企业的第1位,也是中国建筑行业最具有代表性的公司。

(二) 收购标的：Aecon Group Inc.

Aecon最早起源于1877年,于1987年在加拿大多伦多证券交易所上市,公司总部位于多伦多。该公司在加拿大建筑工程企业中位列三甲,在业界享有较高的声誉。公司的主营业务包括基础设施、能源工程、采矿基建(合同采矿)以及特许经营等四大板块。基础设施板块主要包括轨道交通、道路桥梁隧道、机场建设、水力发电、污水处理等;能源工程板块既包括水电、热能、电能、石油、天然气等常规能源,也包括太阳能、风能、生物能以及垃圾发电等新型能源相关设施的建设,尤其拥有杰出的核电建设能力;采矿基建(合同采矿)板块覆盖采矿工程的全流程;特许经营板块主要涉及在轨道交通、收费公路、桥梁和机场建设等领域 PPP、BOT、BT、BOO、BOOT 等各种项目模式。

按照国际财务报告准则编制的经审核综合财务报表,Aecon 公司于 2016 年 12 月 31 日的股东权益约为 7.54 亿加元。2015 年和 2016 年的净利润(除税及非经常性项目前后)如表 23 所示。

表 23 Aecon 公司 2015 年和 2016 年的净利润

	2015 年	2016 年
除税及非经常性项目前利润(加拿大元)	113 673 000	65 512 000
除税及非经常性项目后利润(加拿大元)	68 677 000	46 757 000

二、收购事件一览

● 2017 年 10 月 10 日,公司第三届董事会第三十九次会议审议通过《关于基金公司发起设立中交路桥并购合伙基金壹号、中交路桥并购合伙基金贰号投资高速公路项目的议案》。

● 2017 年 10 月 26 日,公司下属全资子公司中交国际及其 SPV 公司与 Aecon 公司就建议收购事项订立协议,SPV 公司将在加拿大商业公司法下根据协议安排收购 Aecon 公司的 100% 股份。本次交易金额预计为 14.5 亿加元(约合人民币 75.09 亿元)。

● 2017 年 10 月 27 日,上市公司发布《关于收购加拿大工程公司的公告》。

三、收购方案

中国交通建设股份有限公司下属全资子公司中交国际(香港)控股有限公司(简称中交国际)以及中交国际的全资附属公司(简称 SPV 公司)与 Aecon

Group Inc.(简称 Aecon 公司)就建议收购事项订立协议,SPV 公司将在加拿大商业公司法下根据协议安排收购 Aecon 公司的 100%股份。本次交易金额预计为 14.5 亿加元(约合人民币 75.09 亿元)。

本次收购 Aecon 每股代价为 20.37 加元,较该公司 8 月 24 日(公司公告确认其已委聘财务顾问寻求潜在销售机会前最后交易日)的成交价溢价 42%。当建议收购事项完成后,Aecon 公司将成为中国交建的间接全资附属公司,并在加拿大多伦多证券交易所摘牌退市。

本次交易不构成公司与关联方的关联交易。本次交易未导致上市公司主营业务、资产、收入的比例发生重大变化,不构成《上市公司重大资产重组办法》中规定的重大资产重组。

四、案例评论

(一) 加拿大建筑业的"百年老店"易主

Aecon 公司成立于 1877 年,已经有整整 140 年的历史,堪称加拿大建筑业的"百年老店"。公司总部设在多伦多。该公司在加拿大建筑工程企业中位列三甲,在业界享有较高的声誉。

Aecon 自 2007 年起每年都被评为加拿大最好的雇主之一,2013 年被《环球邮报》评为"最佳雇主"。2012 年,加拿大建筑协会授予 Aecon 国家安全奖。但是,该公司也面临着挑战。2005 年,Aecon 在安大略省温莎的一处工作场所发生瓦斯爆炸,造成两名雇员死亡,当时面临 30 万美元的罚款。2011 年,Aecon 因 2008 年的安大略天然气爆炸事故和造成一名房主死亡的事件被罚款 22.5 万美元(CAD)。在 2017 年,Aecon 建筑材料有限公司被发现违反了 2013 年安大略北部一项建筑合同的《安大略水资源法》(Ontario Water Resources Act)。为了缓解挑战、压力,并且改善企业形象,Aecon 公司选择出售股权。

(二) 立足长远,布局北美发达国家业务

此次收购作为公司国际化业务布局的一部分,将有助于公司全面进入北美市场,从而进一步推动"五商中交"在发达国家的布局。加拿大政治、经济、社会

环境良好,政府基建投资计划在未来五年内显著增长,公司将借助 Aecon 公司的行业领先地位在加拿大市场占据一席之地。

(三) 国际化业务路线清晰,海外业务占比持续提升

此次交易是上市公司继成功收购美国 F & G 公司、澳大利亚 John Holland 公司、巴西 Concremat 公司之后又一例跨国并购。公司国际化发展模式日渐明朗,即传统"一带一路"等国以项目为基础,欧美发达国家以并购为主要手段,2017 年上半年公司海外订单占比已提升到 30%,公司向世界一流跨国企业集团迈进的步伐更加坚定,相信未来公司在成熟市场展开的并购将更加频繁,手段也将更加丰富。

(四) 促进公司业务协同和业务拓展

Aecon 公司 2016 年度营业收入为 32.13 亿加元(折合人民币约 166.39 亿元),税后利润为 0.47 亿加元(折合人民币约 2.43 亿元),总资产为 20.05 亿加元(折合人民币约 103.83 亿元)。截至 2017 年 6 月 30 日,在手未完成合同额约为 43.51 亿加元(折合人民币约 225.23 亿元)。公司主营业务分为基础设施、能源、采矿及特许经营四大板块。Aecon 业务呈现多元化的特点,且各业务板块协同的"一体化"运作模式十分成熟,这种覆盖工程项目全生命周期的自营能力使其独具竞争优势,赢得众多客户认可,尤其是其在特许经营板块的经验,进一步巩固了其市场地位。

收购后,预期公司与 Aecon 将在基建业务板块形成协同,同时 Aecon 在能源和采矿板块工程领域的实力也将促进公司的业务领域拓展。此外,收购后公司还将推动 Aecon 与 John Holland 发挥业务协同效应,增强中国交建在高端成熟市场的博弈能力。

收购完成后,Aecon 作为中国交建的子公司将保持其原有品牌,持续开展在加拿大的业务经营,而中国交建也将适时为 Aecon 提供战略、资金、业务网络、技术等多方面的支持,与其形成良好的业务互补、互动与融合,帮助其赢得更多大型综合性复杂项目,并向国际市场逐渐拓展。

五、市场表现(601800)

中国交建交易前后股价变动情况见图 52。

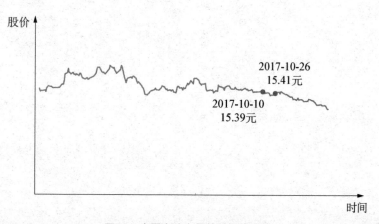

图 52　中国交建交易前后股价走势

第七辑 "一带一路"典型并购

000063

中兴通讯：
跨境并购，响应"一带一路"政策

一、收购相关方简介

(一) 收购方：中兴通讯股份有限公司

中兴通讯股份有限公司于 1985 年成立，致力于设计、开发、生产、分销及安装各种先进的 ICT 领域系统、设备和终端，是全球领先的综合通信信息解决方案提供商。1993 年初，中兴进行了股份制改制，国有股份占 51%，技术管理人员占 49%的股份，并在国内首创了"国有民营"的新机制。1995 年中兴开始了国际化探索之路。1997 年，中兴通讯 A 股在深圳证券交易所上市，进入资本市场后的融资便利为中兴在 3G、数据和光通信等领域的研发提供了巨大的经济后盾。2004 年 12 月，中兴通讯在香港主板上市，成为国内 A 股上市公司成功登陆 H 股的首例。

(二) 收购标的：NETAŞ TELEKOMÜNİKASYON A. Ş

NETAŞ TELEKOMÜNİKASYON A. Ş. (简称 Netaş)于 1967 年成立，注册于土耳其伊斯坦布尔，主营业务为电信设备的制造和销售、项目安装、技术支持、维修服务、IT 外包服务、项目交付及相关服务。Netaş 是土耳其最大的系统集成商之一,同时也是土耳其最大的私人研发中心。Netaş 在通信以及互联网方面为用户提供服务,在诸如网络、IT 安全、云端、多媒体融合等领域提供解决方案以及维护和支持服务等增值服务。同时,Netaş 还为国防和政府通信提供解决方案等。该公司于 1993 年 3 月 15 日在土耳其伊斯坦布尔证券交易所(BIST)上市,股票代码为 TRANETAS91H6,股票简称为 NETAS: IS,总股本为64 864 800 股,其中 51%为 A 股即 33 081 048 股,49%为 B 股即 31 783 752 股。表 24 所示为 Netaş 公司的股权结构。

表 24　Netaş 公司股权结构

股东名称	股份类别	持股数量(万股)	持股比例
OEP Turkey Tech. B. V. (即 OEP)	A 股	2 335.1	36%
	B 股	781.1	12.04%
Turkish Armed Forces Foundation (即 TAFF)	A 股	973.0	15%
公众持股	B 股	2 397.3	36.96%
合计	—	6 486.5	100%

二、收购事件一览

● 2016 年 12 月 6 日,中兴通讯发布《关于收购土耳其上市公司 Netaş 公司48.04%股权的公告》,通过全资附属公司收购 OEP Turkey 所持土耳其上市公司 NETAŞ 公司 48.04%股权。本次交易完成后,中兴通讯将间接持有 Netaş 的 48.04%股权,并成为 Netaş 的第一大股东。

● 2017 年 5 月 5 日,中兴通讯境外全资子公司荷兰控股与 OEP 及 OEP Network Integration Services Cooperatief U. A. 签署相关补充协议(《股权购买协议》及补充协议涉及的交易),根据补充协议,荷兰控股已向 OEP 支付 1 000 万美元保证金。

● 2017 年 7 月 29 日,中兴通讯发布公告称其境外全资子公司荷兰控股将根据补充协议以及土耳其本地法律法规发起强制要约收购。

● 2017 年 10 月 19 日,中兴通讯发布公告称荷兰控股已根据土耳其本地法律法规完成强制要约收购,荷兰控股共支付 18 380 美元收购了 5 781.71 股

Netaş 公司的 B 股,约占 Netaş 已发行股份总额的 0.01%。要约收购完成后中兴通讯间接持有 Netaş 公司 23 351 328 股 A 股、7 817 023.34 股 B 股,合计占 Netaş 已发行股份总额的 48.05%。

三、收购方案

本次收购为现金收购,且不是重大资产重组,交易方案较为简单,主要包括:(1)交易标的:OEP 所持有的 Netaş 的 48.04%股权,即 31 162 569.63 股,其中,A 股 23 351 328 股,B 股 7 811 241.63 股。(2)收购价款:本次交易的收购价格结合 Netaş 公司的市值分析,经交易双方友好协商,一致确定本次交易收购价格为不低于 95 981 703 美元且不高于 101 280 539 美元,最终交易价格以交割审计为准。(3)4G 奖励机制:荷兰控股将根据交割后 Netaş 的 4G/4.5G 业务情况对 OEP 进行奖励,奖励金额不高于 1 500 万美元,在交割后 4 年内支付。(4)资金来源:本次交易的资金来源于自有资金。

四、案例评论

(一)上市公司背水一战,寻求盈利增长点

中兴通讯是我国老牌的综合通信信息解决方案提供商,并且从 1995 年起就开始积极开拓国际市场。但是近年来由于行业竞争加剧,其手机产品的市场份额已处于业界边缘,加之近年来中兴通讯老一代技术没落,新一代技术尚未爆发,2007 年至 2013 年,中兴通讯业绩增速一直呈下滑趋势,尤其是 2012 年和 2013 年,业绩出现负增长。2016 年,中兴通讯遭遇美国贸易制裁,作为和解条件,中兴通讯需向对方支付 8.92 亿美元的刑事和民事罚金,这是美国政府迄今向中国企业开出的最高金额罚单,并且直接导致中兴通讯在 2016 年净亏损 14 亿元。就在中兴通讯发布其收购土耳其 Netaş 公司交割完成的公告的前一天,中兴通讯宣布将所持控股子公司努比亚 10.1%的股权,以 7.272 亿元转让给南昌高新。转让完成后,中兴通讯持有努比亚 49.9%的股权,同时,努比亚不再纳入中兴通讯合并报表范围。此次出售努比亚印证了上市公司资金的缺乏和近几年业绩的下滑,上市公司急需获得资金来开拓新业务。

中兴通讯将新的业务增长点押在了5G技术上,推动移动终端的革命性创新。而Netaş在运营网络方面,具备了4.5G‑LTE技术,可以为客户提供端到端4.5G语音和数据传送服务。这将为中兴提供技术上的支持从而创新产品。同时,Netaş是土耳其政府和公共安全生态系统首选系统集成商,这将为中兴与土耳其政府合作搭建很好的桥梁。土耳其市场的开拓,将成为中兴通讯在面对美国贸易制裁后国际化的另一条蹊径。另外,Netaş在物联网方面也经验丰富,曾为土耳其最大的能源公司提供设计定制解决方案,这也将与中兴现有产品以及解决方案进行互补。

(二) 跨境并购,响应"一带一路"政策

随着国家"一带一路"战略的推进,越来越多的中国企业积极开拓沿线国家市场,从技术、管理、资金和人才等方面进行深度合作,走出国门、走向世界。作为全球领先的综合通信信息商的中兴通讯也在积极响应"一带一路"的号召。中兴通讯直属的企业大学中兴通讯学院在"一带一路"沿线建设了印尼、马来西亚、印度、巴基斯坦、埃塞俄比亚、埃及等16个海外培训中心,一方面实现外派员工和海外本地员工的能力提升培养,另一方面服务于当地ICT产业人才培养和储备,取得了极好的社会效益。在2017年5月召开的"一带一路"国际合作高峰论坛上,中兴通讯总裁赵先明认为中兴通讯在"一带一路"建设中所扮演的角色包括三个方面:首先,为其他"走出去"的相关基建企业和科技型企业提供信息化服务。其次,在沿线国家的信息通信整体规划和网络基础设施的设计方面,中兴通讯也可以提供相应的支持和服务。最后,中兴通讯可以根据全球数字化经济的愿景,助力"一带一路"沿线国家、各级政府和企业,以及中国走向海外的企业进行数字化转型。

本次交易的标的公司Netaş公司是土耳其上市公司。土耳其是"一带一路"沿线国家,地处亚欧大陆交会点,因独特的地理优势,曾在丝绸之路上扮演重要角色。收购土耳其系统集成商龙头Netaş将帮助中兴通讯进一步开拓欧洲市场。

五、市场表现（000063）

中兴通讯交易前后股价变动情况见图53。

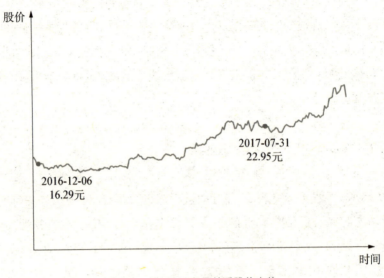

图53　中兴通讯交易前后股价走势

000553

沙隆达 A：
海外并购，让农化行业走出国门

一、收购相关方简介

（一）收购方：湖北沙隆达股份有限公司

1958 年湖北沙隆达股份有限公司开始建造，其前身为沙市农药厂，原名沙市市农药化工厂，为湖北化工厅直属企业。1992 年 8 月湖北省体改委等部门批准沙市农药厂改组为湖北沙隆达股份有限公司，由沙市市国资局与公司内部职工共同持股。1993 年 11 月公司首次公开发行人民币普通股 3 000 万股，并于 1993 年 12 月 3 日在深圳证券交易所挂牌上市。1996 年荆州市国资局为保障其所持国有股的经营管理，设立沙隆达集团公司，并将其持有的上市公司的股权转让给沙隆达集团公司。至此，沙隆达股份有限公司的第一大股东为沙隆达集团公司，持股比例为 44.66%。1997 年 4 月 29 日至 5 月 5 日国务院证券委批准，公司发行境内上市外资股（B 股）10 000 万股，股票于同年 5 月 15 日在深圳证券交易所挂牌上市。沙隆达股份有限公司主营业务为自采盐矿、氯碱、化学农药及化工中间体，设有国家发改委批准建立的国家认定企业技术中心和微生物农药国家工程研究中心验证基地，手性药物和中间体技术国家工程研究中心以及手性农药基地，是全国农化行业的领军企业之一。

(二) 收购标的：ADAMA AGRICULTURAL SOLUTIONS LTD.

ADAMA 原为以色列上市公司,由两家老牌以色列化工公司 Makhteshim Chemical Works Ltd.(1952 年创建)、Agan Chemical Manufacturers Ltd.(1954 年创建)在 1997 年合并而成。经过半个多世纪的发展,ADAMA 成为全球第七大农药生产商,是世界最大的非专利农药生产企业。2011 年 10 月,中国农化完成对 ADAMA 的 60% 股份的收购,收购完成后 ADAMA 股票从以色列特拉维夫证券交易所退市,但 ADAMA 发行在外的公司债券仍然在特拉维夫证券交易所上市。中国农化已在本次交易前由农化新加坡完成对 ADAMA 剩余 40% 股权的收购,并向农化新加坡收购 ADAMA 的 100% 股权。

(三) 关联控股方：中国化工农化总公司

中国农化前身为中国明达化学矿山总公司,成立于 1992 年 1 月 21 日,1993 年更名为中国明达化工矿业总公司,2004 年 6 月国务院国资委决定将其划归中国化工集团公司管理,成为中国化工集团全资子公司。2005 年 3 月,中国明达化工矿业总公司更名为中国化工农化总公司,主要负责中国化工集团公司农用化学品业务板块的管理和运营。中国化工农化总公司现有以色列 ADAMA 公司、沧州大化集团有限责任公司等十余家子公司,主营业务涵盖除草剂、杀虫剂、杀菌剂、植物生长调节剂及膳食补充剂、食品添加剂、芳香产品和环境保护服务等领域,中间体 TDI、一硝基甲苯、六氯环戊二烯等产品在国内产能均处于领先地位。

二、收购事件一览

- 2016 年 9 月 13 日,上市公司召开第七届董事会第十五次会议,审议通过了本次发行股份购买资产并募集配套资金暨关联交易的相关议案。
- 2016 年 9 月 21 日,公司收到深圳证券交易所下发的《关于对湖北沙隆达股份有限公司的重组问询函》。
- 2016 年 10 月 13 日,公司发布《湖北沙隆达股份有限公司关于延期提交〈重组问询函回复〉暨重大资产重组停牌进展公告》。
- 2016 年 10 月 14 日,公司向深圳证券交易所提交了针对问询函的相关回复。

● 2016 年 10 月 15 日,公司公布了《关于对深圳证券交易所重组问询函的回复公告》及其他相关公告。

● 2017 年 1 月 9 日,上市公司召开第七届董事会十七次会议,审议通过了《发行股份购买资产并募集配套资金暨关联交易报告书(草案)》等的相关议案。

● 2017 年 2 月 24 日,上市公司召开第七届董事会十八次会议,审议通过了《关于调整公司发行股份购买资产并募集配套资金暨关联交易方案》及《发行股份购买资产并募集配套资金暨关联交易报告书(草案)(修订稿)》等相关议案。

● 2017 年 3 月 24 日,上市公司收到实际控制人中国化工集团公司转来的国务院国有资产监督管理委员会《关于湖北沙隆达股份有限公司资产重组及配套融资有关问题的批复》。

● 2017 年 3 月 27 日,沙隆达召开 2017 年第一次临时股东大会,审议通过了《发行股份购买资产并募集配套资金暨关联交易报告书(草案)(修订稿)》等的相关议案。

● 2017 年 3 月 28 日,公司向中国证券监督管理委员会提交了重大资产重组相关申请文件。

● 2017 年 3 月 31 日,公司收到中国证监会出具的《中国证监会行政许可申请受理通知书》(170560 号),公司重大资产重组申请已获中国证监会受理。

● 2017 年 5 月 12 日,上市公司召开第七届董事会 2017 年第七次临时会议,审议通过了《关于调整公司发行股份购买资产并募集配套资金暨关联交易方案》及《发行股份购买资产并募集配套资金暨关联交易报告书(草案)(修订稿)》等相关议案。

● 2017 年 6 月 1 日,公司收到中国证券监督管理委员会的通知,经中国证监会上市公司并购重组审核委员会于 2017 年 6 月 1 日召开的 2017 年第 26 次并购重组委工作会议审核,公司发行股份购买资产并募集配套资金暨关联交易的重大资产重组事项获得无条件通过。

● 2017 年 7 月 3 日,公司收到中国证券监督管理委员会《关于核准湖北沙隆达股份有限公司向中国化工农化总公司发行股份购买资产并募集配套资金的批复》(证监许可〔2017〕1096 号)。

● 2017 年 7 月 4 日,本次交易标的资产 ADAMA AGRICULTURAL

SOLUTIONS LTD. 100%股权在以色列完成股权过户,原中国农化持有的ADAMA 的 100%股权已过户至沙隆达名下,沙隆达持有 ADAMA 的 100%股权。

三、收购方案

重组的整体方案由以下三步组成:(1)发行股份购买资产;(2)定向回购 B股;(3)发行股份募集配套资金。

(一) 发行股份购买资产

沙隆达以 2016 年 6 月 30 日作为评估基准日拟向中国农化发行股份购买其持有的 ADAMA 的 100%股权。ADAMA 100%股权评估价值为 282 573.32万美元,折合人民币 1 873 800.22 万元。上市公司向交易对方中国农化合计发行 1 810 883 039 股,占发行后上市公司总股本的 77.33%,至此 ADAMA 的100%股权将过户至沙隆达或沙隆达全资子公司名下。

(二) 定向回购 B 股

本次交易前,ADAMA 的间接持股 100% 的下属子公司 Celsius 持有62 950 659 股沙隆达 B 股,持股比例为 10.60%。为避免本次交易后上市公司与下属子公司交叉持股情形,本次交易资产交割完成后公司向 Celsius 回购其所持有的全部沙隆达 B 股股份并予以注销。上市公司自 Celsius 受让上述沙隆达 B 股的定价根据本次交易首次停牌日前 30 个交易日的每日加权平均价格算术平均值,即 7.70 港元/股,回购价格合计为 484 720 074.30 港元。

(三) 发行股份募集配套资金

为提高本次交易完成后的整合效应,上市公司拟向不超过 10 名特定投资者发行股份募集配套资金,募集配套资金发行股份数量不超过 118 784 644 股,募集配套资金总额不超过 198 291 万元。本次募集配套资金发行股份数额不超过本次重组前上市公司总股本数的 20%,且本次募集配套资金规模不超过拟购买资产交易价格的 100%。本次募集的配套资金拟用于标的公司 ADAMA 主营业务相关的项目建设、产品开发和注册登记以及本次重组交易相关的中介费用和交易税费,实际募集金额与拟募集资金上限缺口部分,由公司自筹资金解决。交易完成前后沙隆达 A 股权结构变化情况如表 25 所示。

表 25　交易完成前后沙隆达 A 股权结构变化情况

股东名称		本次交易前		本次发行股数(万股)	股份转让(万股)	本次交易后	
		股数(万股)	持股比例			股数(万股)	持股比例
沙隆达		11 968.72	20.15%	—	—	11 968.72	20.15%
中国农化	(A 股)	—	—			181 088.30	77.33%
Celsius	(B 股)	6 295.07	10.06%			—	—
中国农化合计		18 263.79	30.75%			193 057.02	82.44%
募集配套资金认购方		—	—	11 878.46		11 878.46	4.83%
上市公司其他股东		41 128.54	69.25%			41 128.54	17.56%
合计		59 392.32	100%	11 878.46	—	246 064.02	100%

本次重组交易构成关联交易,构成重大资产重组,但上市公司自实际控制权于 2005 年变更至今未再发生控制权变更。截至收购报告书出具日,上市公司前次控制权变更事项至今已经超过 60 个月,同时,沙隆达是深交所主板上市公司,因此根据《重组办法》的规定,本次交易将不构成重组上市。

四、案例评论

(一) 紧跟国家战略,发展全球市场

为更好地贯彻落实《中共中央关于全面深化改革若干重大问题的决定》,中共中央、国务院于 2015 年 8 月印发了《关于深化国有企业改革的指导意见》,从做强、做优、做大国有企业、进行资源整合等方面提出国企改革目标和举措,继续深入推进国企改革战略。沙隆达作为国内农化行业的领军企业,又作为一家拥有良好国有背景的优秀企业,自然应该扛起国企改革的大旗,在国有企业改革、整合、合并的路子上首先迈步。

ADAMA 作为全球第七大农药生产商,是世界最大的非专利农药生产企业,具有优良的海外市场资源。通过本次交易,沙隆达将借助 ADAMA 一跃成为全球排名第七的农化上市公司,这对迅速提高国有资本在国际农化行业话语

权具有重大意义。此次交易前,上市公司未在境外其他国家或地区办理销售原药类或制剂类农药所需的注册登记,因此上市公司并未直接进行海外销售,海外市场均通过中国的出口商或国外的进口商完成,且其出口产品大多为原药类农药。但是在交易完成后借助 ADAMA 已有的海外基础,上市公司的产品范围将获得大幅拓宽,且销售市场亦将在全球和中国市场范围内进一步拓展。通过本次交易,沙隆达将成功打通境内境外两个交易平台,形成境内和境外的良性互动,从而一跃成为中国最大、世界领先的农化公司,成为我国农药行业的旗舰型企业。整合后的沙隆达将与 ADAMA 产生境内外协同效应,从企业定位、核心竞争力、产品供应,以及销售方式等方面进行全方位转变,这些转变对上市公司以及我国农化行业的持续发展有至关重要的作用。

(二) 改变市场格局,打造旗舰企业

首先,与国际农药行业相比,我国农药行业集中度不高,规模小的区域性制剂企业众多,整体技术水平薄弱,存在恶性竞争、缺乏强竞争力的企业。与之相反的是,跨国农药企业以其技术、资金、市场渠道、品牌等优势主导全球农药市场,从而造成国内市场竞争加剧。其次,我国农药行业对落后的非专利品种大规模投入,产能严重过剩,加上价格竞争,导致国内生产商难以健康发展。第三,我国农药产品生产技术壁垒较低,技术研发相对落后,在日趋严格的环境保护政策和节能减排要求下,国内生产商面临较大的转型压力。行业内急剧的竞争使得中国企业只有并购这唯一一个破冰手段。而中国农化收购 ADAMA,再将 ADAMA 置入沙隆达无疑是这条破冰之路上的重要节点。ADAMA 作为海外农药行业的优良企业,拥有多项合成专有技术,先进的环保处理技术,以及遍布全球的销售网络。将 ADAMA 注入沙隆达,符合农药生产集中化、规模化、效率化及环保化的要求,有利于引进先进的技术,促进我国农药行业产业升级,也有利于国内的农药产品通过 ADAMA 的国际化营销网络及海外登记许可进入国际市场,提高国际竞争力。

对沙隆达而言,有了 ADAMA 在农药行业的领先技术,公司能够进一步做好国内市场的发展,凭借技术优势对国内零星的农药行业进行整合,从而将自身打造成为旗舰型企业。对整个农化行业而言,ADAMA 拥有国际领先的节能减排和三废处理技术,环保处理水平达到最高的环保标准,且产品定位于安全、

低毒、低残留的品种。其新型环保制剂及先进的环保处理措施,对提高我国农药行业生产、加工及服务水平,生产使用高效、低毒、低残留的环境友好型农药、保证国家食品安全具有重要意义。

(三) 小球撞大球,沙隆达实现蛇吞象

从两公司近三年收入利润情况表中可以看到,沙隆达三年的收入利润情况远低于 ADAMA,另外,沙隆达的资产体量相较于 ADAMA 也差异巨大。但是,在这次并购活动中,沙隆达却吃下了 ADAMA 这家资产和收入数倍于自身的公司,实现了小鱼吃大鱼的操作。在这次并购中,沙隆达主要收购途径是向中国农化发行股份换取资产,而中国农化(新加坡)在并购之前就已经获得了 ADAMA 公司 100%的控制权。所以沙隆达能够成功地吃下 ADAMA,实现蛇吞象,更多还是得益于国有资本在其中的助力。本次并购完成后,中国农化对沙隆达的持股比例达到了 82.44%。另外伴随着 2016 年重组新规的出台,沙隆达的这次交易成功避免了成为"重组并购",得以在 2016 年 9 月 13 日发布交易预案,最终在 2017 年 6 月 1 日成功地无条件过会。沙隆达和 ADAMA 近三年收入利润情况分别如表 26 和表 27 所示。

表 26　沙隆达近三年收入利润情况　　　　单位:万元

项目	2016 年度	2015 年度	2014 年度
营业收入	185 473.27	216 993.66	313 118.63
营业利润	− 12 042.89	18 332.25	66 691.87
利润总额	− 9 698.25	18 902.54	66 866.60
归属于上市公司股东的净利润	− 7 449.00	14 184.05	49 177.19

表 27　ADAMA 近三年收入利润情况　　　　单位:万元

项目	2016 年度	2015 年度	2014 年度
营业收入	2 041 807.82	1 909 978.14	1 981 643.02
营业利润	121 279.76	99 492.60	118 719.63
利润总额	124 337.21	99 035.52	118 552.48
归属于上市公司股东的净利润	107 852.87	68 566.45	89 969.65

五、市场表现(000553)

沙隆达 A 交易前后股价变动情况见图 54。

图 54　沙隆达 A 交易前后股价走势

000979

中弘股份：
名股实债巧设 AB 股，两步走收购 A & K

一、收购相关方简介

(一) 收购方：中弘控股股份有限公司

中弘控股股份有限公司是由安徽宿州科苑集团有限责任公司整体变更设立的股份有限公司，于 1997 年 8 月 18 日在安徽省工商行政管理局登记注册，2000 年 6 月 16 日在深圳证券交易所挂牌交易。公司主营业务是房地产开发与销售，其他业务包括物业服务、餐饮服务、贸易等。公司坚持以房地产开发为主业，在加快销售型物业开发的同时，一定规模开发休闲旅游地产、主题商业地产，积极探索创新型地产产品的开发。在文化旅游地产领域，公司将倾力打造"新奇世界"的全新品牌。"新奇世界"国际度假区以旅游度假地产、康体养生地产、文化创意地产为主导，致力于开发复合型旅游休闲地产产品。同时，公司重视在全球范围内旅游资产的配置和布局。

(二) 收购标的：Abercrombie & Kent Group of Companies S.A.

A & K 为一家根据卢森堡法律注册并存续的公司，主要通过旗下子公司从事旅游管理、旅游服务，包括提供定制化及针对团体的高端旅游行程服务。公司主要业务为旅游项目的设计、开发和销售,包括旅游目的地的旅游行程运营及执行,并对旅游目的地的酒店、飞机以及船舶开展运营活动。从事该业务50多年以来,A＆K凭借其为全球客户提供的专业、高端、个性化的尊享服务,在全世界高端旅游界备受好评,先后被世界旅游大奖(World Travel Awards)评为"世界一流高端旅游供应商",被《旅游周刊》(*Travel Weekly*)和《全球旅行者》(*Global Traveler*)评价为"最好的高端旅游供应商",更是连续14年获评非洲最佳供应商。

(三) 境外SPV:衍昭環球有限公司

衍昭是一家依据英属维尔京群岛(BVI)法律注册并存续的公司,无实际经营业务。2016年9月23日,其原有股东中弘集团下属子公司崇知香港将100%股权转让给Massive Reward。2016年12月,经债务重组,股东变更为Forest Asset和Massive Reward,分别为投资基金RRJ Capital、中国华融(股票代码:2799.HK)的下属子公司。

二、收购事件一览

● 2016年7月22日,中弘集团下属境外子公司衍昭与A＆K Cayman LP、AK Equity Holdings Ltd.等相关方签订《A＆K购买与出售协议》,购买其持有的A＆K 90.5%的股权。

● 2016年9月22日,衍昭、Massive Reward、崇知香港、王永红签署《股份认购及转让协议》。同时,投资基金RRJ Capital通过其下属子公司Forest Asset与衍昭签署《借款协议》。

● 2016年9月23日,各方完成交割,最终交割价格为3.86亿美元。

● 2017年2月10日,中弘控股股份有限公司因筹划重大资产重组事项停牌。

● 2017年5月7日,公司召开第七届董事会2017年第十次临时会议,审议通过《关于〈中弘控股股份有限公司重大资产购买暨关联交易报告书(草案)〉的议案》等相关议案,批准本次重大资产重组以及交易协议的签署。同时,审议通过上市公司向Forest Asset和Massive Reward进行合计3.35亿美元的并购借款、向控股股东中弘集团进行 7 750 万美元无息借款的关联交易。

● 2017 年 6 月 12 日,公司召开 2017 年第七次临时股东大会审议通过议案。

● 2017 年 9 月 12 日,向俄罗斯反垄断部门申报并完成审查程序,并完成坦桑尼亚公平交易委员会的相关审查通知程序。

● 2017 年 10 月 2 日,交易卖方衍昭已向交易买方 NEO DYNASTY 提交标的公司 A & K 90.5% 的股份的登记簿副本,A & K 的股权变更已在卢森堡完成登记。

三、收购方案

中弘股份拟通过境外子公司以支付现金的形式收购 A & K 90.5% 的股权。总体收购方案分两个阶段进行。第一阶段: 由中弘集团主导,通过衍昭向美国上市公司 FORTRESS 投资集团下属主体及相关方收购 A & K 公司 90.5% 的股权。第二阶段: 由中弘股份通过境外子公司 Neo Dynasty 以支付现金的方式向衍昭收购其持有 A & K 公司 90.5% 的股权。

(一) 第一阶段

第一阶段的重点是借助中资背景金融机构和 PE 机构从初始股东手中拿下标的,具体是通过下属子公司衍昭购买 A & K 公司 90.5% 的股权。为了按照约定时间交割,同时获得境外融资,一是将衍昭转让给了 Massive Reward,并向其发行股份获得 1 亿美元;二是向 Forest Asset 借款 2.35 亿美元,共计获得 3.35 亿美元完成交割。最后衍昭通过债务重组,将 Forest Asset 的 2.35 亿美元借款转为 23 500 股 A 类股份,并将 Massive Reward 股份转为 B 类股份。

1. **境外 SPV 支付定金签订收购协议**

2016 年 7 月 22 日,中弘集团下属境外子公司衍昭与 A & K Cayman LP、AK Equity Holdings Ltd. 等相关方签订《A & K 购买与出售协议》,购买其持有的 A & K 公司 90.5% 的股权。根据约定,衍昭于 2016 年 7 月 22 日先行支付 5 100 万美元作为本次交易的定金。

2. **名义"出让"境外 SPV 完成并购款筹资**

受我国对外投资政策的影响,该交易完成境外备案和审批可能性不大,为了保证按照约定时间完成交割,同时为支付交易价款获得境外融资,中弘集团将其通过崇知香港间接控制的衍昭100%股权转让给中国华融(2799.HK)间接控制的子公司Massive Reward。

2016年9月22日,签署《股份认购及转让协议》,衍昭以1亿美元对价向Massive Reward发行10 000股股份,崇知香港将其持有的衍昭100%股权合计5 100股股份以1美元转让给Massive Reward。股份认购及转让前后股权结构如图55所示。

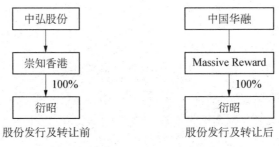

图55　股份发行转让前后股权结构

与此同时,投资基金RRJ Capital通过其下属子公司Forest Asset与衍昭签署《借款协议》,向衍昭提供2.35亿美元借款用于收购A&K公司90.5%的股权,该股权同时质押给Forest Asset,作为上述借款的担保。2016年9月23日,各方完成交割,最终交割价格为3.86亿美元。

上述操作简单来说就是,与A&K初始股东签署的收购协议估计可能很快到期,中弘集团不得不将进行跨境并购的境外子公司(本案例为衍昭,也即本次境外并购搭建的SPV)"名义"转让给具有中资背景的筹资机构(本案例是华融旗下的境外子公司)以获得1亿美元,但其实相当于"过桥贷款";另外,再从境外的PE投资机构(本案例是投资基金RRJ Capital的子公司)获得2.35亿美元并购贷款,从而完成总价格3.86亿美元的并购款项。衍昭收购股权构成如图56所示。

3. 衍昭完成债务重组,重新安排资本结构

为保留RRJ Capital提供的并购借款,同时完成上市公司对A&K90.5%股权的收购,衍昭于2016年12月进行了债务重组。Massive Reward持有的合计15 100股股份变更为B类股份,Forest Asset对衍昭的2.35亿美元借款转为23 500股A类股份,同时解除对A&K 90.5%股权的质押。Massive Reward与

图 56 衍昭用于收购 A & K 90.5% 股权的 3.86 亿美元构成

Forest Asset 成为衍昭的股东。债务重组前后衍昭股权结构情况如表 28 所示。

表 28 债务重组前后衍昭股权结构变化情况

股东名称	债务重组前		本次债务重组	债务重组后	
	股数(股)	持股比例		股数(股)	持股比例
Massive Reward	15 100	100%	变更为 B 类股份	15 100(B 类)	39.12%
Forest Asset	—		2.35 亿美元借款转为 23 500股 A 类股份	23 500(A 类)	60.88%
合计	15 100	100%	—	38 600	100%

上述操作的含义是,为了便于上市公司收购,一定要解除标的资产,也就是 A & K 90.5% 股权质押问题,通过债务重组形式,将签署并购支付款项时的"名义"股东和贷款出资人的股份进行重组,使二者成为境外 SPV 的 A 类和 B 类股东,从而实现"债转股",并解除标的质押。值得注意的是,该次交易后,上市公司及其控股股东均不持有标的 A & K 公司股权,而是由提供过桥贷款的 Massive Reward 和并购贷款的 Forest Asset 持有。

(二) 第二阶段

第二阶段的重点是上市公司向中资背景金融机构和 PE 机构现金收购标的。具体是通过中弘股份下属境外子公司 Neo Dynasty 向衍昭购买 A & K 公司 90.5% 的股权。最终将 Forest Asset、Massive Reward 提供的第一阶段并购融资从衍昭的股权转变为向 Neo Dynasty 母公司 Ocean Sound 提供的并购借款。

2017 年 5 月 7 日,交易各方签署《股份购买与出售协议》,拟以支付现金方式,购买衍昭持有的 A & K 公司 90.5% 的股权。交易对价构成为:交易价格 41 249.26 万美元 = 衍昭收购 A & K 支付的价款 38 600 万美元 + 前次收购支付的中介机构费用 274.09 万美元 + 衍昭持有 A & K 股权期间承担的融资成本

2 375.17万美元。相关交易步骤按如下操作:

首先,由 Neo Dynasty 的母公司 Ocean Sound 代为支付本次交易对价。

然后,衍昭以其获得的本次交易价款分别向 Forest Asset 和 Massive Reward 按照其持股比例回购其持有的衍昭股份;由于衍昭获取本次交易价款后需要直接向 Forest Asset、Massive Reward 支付回购款,因此本次交易价款拟直接由 Ocean Sound 支付给 Forest Asset 和 Massive Reward。

最后,Forest Asset、Massive Reward 以衍昭回购股份所得价款,分别向 Ocean Sound 提供1亿美元、2.35亿美元借款。

综合来看,第二阶段交易收购资金来源为公司自筹资金及境外机构借款。其中,境外机构 Forest Asset、Massive Reward 将为公司提供不超过3.35亿美元的借款。其余约7 750万美元将由控股股东中弘集团以境外资金向公司提供无息借款。

股权收购方案如图57、图58、图59所示。

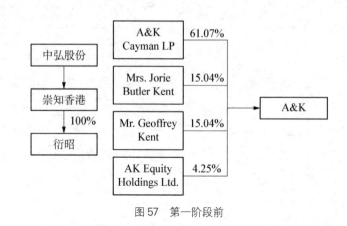

图57　第一阶段前

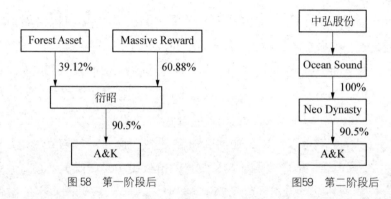

图58　第一阶段后　　　　　图59　第二阶段后

四、案例评论

(一) 名股实债巧设 AB 股,统筹解决融资问题

名股实债,通常指投资回报不与被投资企业的经营业绩挂钩,不是根据企业的投资收益或亏损进行分配,而是向投资者提供保本保收益承诺,根据约定定期向投资者支付固定收益,并在满足特定条件后由被投资企业赎回股权或者偿还本息的投资方式,常见形式包括回购、第三方收购等形式。

本案例在上市公司资金无法出境的情况下,运用了名股实债设立 AB 股的方式,巧妙地完成了并购。具体来说,上市公司通过转让境外 SPV 的股权,以债转股的形式和 AB 股的主体设计,取得了 3.86 亿美元的贷款。而这 3.86 亿美元的贷款分为两部分,一部分是期限有弹性、利率较高、无质押担保品的过桥贷款;另一部分则是期限无弹性、利率适中、质押和担保品较为充足的中短期贷款。中弘股份根据这一名股实债的融资结构,通过两次交易,一次债务重组转换为 AB 股解决无担保品问题,一次债务平行置换解决标的注入上市公司的问题,统筹性地完成了融资。

(二) 一根金线串珍珠,完善"地产+ 旅游"双轮驱动模式

中弘股份目前定位于休闲度假物业的开发与经营,侧重开发休闲度假地产和主题商业地产,已经在北京、海南、云南、吉林、浙江、山东等旅游区域完成了"地缘幅度纵贯南北、涵盖山湖岛海多种类型"的文旅地产项目布局。但是这些项目犹如一盘散落的珍珠,此时亟待一根"金线"能够将其串联起来。也就是说,想要最大限度开发利用这些优质的旅游地产资源,需要非常成熟的运营调度能力。A & K 作为一家历史超过 50 年的高端旅游服务商,在管理经验、品牌知名度、全球高端客户群体和高端个性化定制产品的设计能力方面都有优势。对 A & K 的收购,不仅将帮助中弘股份快速进行各方旅游地产资源整合,而且可以在原有业务基础上重点开拓高端旅游业务版图,有助于公司在文化旅游产业链的布局,提升在文化旅游行业的地位和市场竞争力,进一步完善"地产 + 旅游"双轮驱动模式。

(三) 发挥协同效应,助力公司轻资产转型战略快速推进

中弘股份赖以起家的房地产业务,具有"高投入、高负债、高风险"的特点,

尤其在国家调控政策频出,以及房地产行业已迈入白银时代的背景下,这种风险日益突出。为此,近年来,中弘股份提出实施轻资产战略转型,即"A+3"战略,"A"就是在 A 股已经上市的中弘股份公司,未来将以旅游地产为主;"3"是针对公司收购的三家境外上市公司(KEE 公司、中玺国际、亚洲旅游),一是采取收购或合作的方式将 KEE 公司打造成互联网金融平台和营销平台;二是以亚洲旅游为主体,打造互联网旅游平台,进行在线旅游营销;三是以中玺国际为主体,在管理运营"新奇世界"品牌的基础上,打造一个全开放的品牌管理及运营平台。

本次收购的 A&K,从事的是高端定制旅游服务,是一家典型的轻资产公司,它的商业模式表现为:旅游因具有明显的消费属性,能够形成长期稳定的利润和现金流;资本投入小,并且可以通过占用上下游的款项,形成较强的盈利能力。对于 A&K 而言,中弘股份在国内积累了丰富的休闲度假物业开发运营资源,借助公司在境内及境外市场开拓地的旅游管理资源和平台,将为 A&K 发展亚洲市场提供强有力的支持,形成新的利润来源。根据中弘股份在并购方案中披露的 A&K 公司发展规划,其在 2017 年到 2019 年将加大中国市场的开发,预计 2017 年的营业收入较 2016 年增长14%,2018 年和 2019 年的同比增幅预计在 10% 和 12%,基于其边际成本效应,如果能够实现这一业绩增长,经营利润将得到极大释放。另外比利润增厚更有价值的是,A&K 公司是预付费经营模式,其账面上拥有充足的经营现金流。根据并购方案所披露财务数据显示,A&K 公司在 2015 年和 2016 年的经营活动现金流量净额分别为 1.75 亿元和 1.66 亿元;预期在 2017 年到 2019 年的净现金流量分别为 2.28 亿元、3.07亿元和 3.98 亿元。

所以,此次收购 A&K,将为中弘股份带来稳定的利润及现金流,有助于公司旅游板块的全球布局,且公司与 A&K 之间在旅游业务上可以发挥协同效应,形成优势互补,这些将极大地助力公司轻资产转型战略快速推进。

五、市场表现(000979)

中弘股份交易前后股价变动情况见图 60。

图 60　中弘股份交易前后股价走势

002505

大康农业：
或有支付对赌海外，点亮"一带一路"新时代

一、收购相关方简介

(一) 收购方：大康农业

湖南大康国际农业食品股份有限公司(简称"大康农业")成立于1997年，2010年11月在深交所中小板上市，股票代码为002505。2014年大康农业通过非公开发行股票募集资金50亿元，鹏欣集团成为公司新的控股股东。2016年大康农业正式更名(原名湖南大康牧业股份有限公司)，并确定了两大产业(农业＋食品)和五大核心主业(粮食贸易、乳业、食品分销、肉牛、生猪)的产业布局。采用"产业加金融、投资加并购、海外资源对接国内市场"发展战略，通过全产业链的运营模式，打造"国内＋海外"的产业平台，探索农业新的商业模式，努力铸就受人尊敬、享誉全球的大康品牌。2016年大康农业实现营业收入62.23亿元，同比增长58.91%；净利润为7 622.33万元，同比增长360.12%。

近年来，大康农业以"全球现代农业食品资源集成商和价值链增值服务商"为战略定位，积极响应并践行国家"一带一路"和"走出去"战略，顺势而为，通过实施国际化战略，加快推进全球农业和食品优质资源的布局，对接国内消费升

级,满足国内需求,着力打造服务 13 亿中国人民粮食及食品安全的国内领先的现代农业和食品产业集团。大康农业在推进国际化战略布局中,坚持服从、服务国家战略,聚焦"农业＋食品"投资方向,坚定不移地开展全球资源布局,深耕海外农业资源。

(二) 收购标的

1. DKBA Participações Ltda(SPV)

DKBA 成立于 2017 年 1 月,是一家持股平台公司,成立至今未进行任何商业或金融业务,也未雇佣任何员工,鹏欣香港为其单一股东。

2. LandCo 公司

LandCo 成立于 2016 年 12 月,实际是为满足当地法律需求,承接 Belagrícola 剥离的相关物业而设立的公司。2016 年 12 月 30 日,向 LandCo 转让了其持有的 DBR 和 DBM(及其子公司 DBP 和 GREENFIELD)的股权。DBR 和 DBM 主要资产为标的公司持有的农村物业和其他固定资产。

3. Belagrícola

Belagrícola 成立于 1985 年 11 年,是巴西最大的农业生产资料销售平台之一,在巴西拥有 57 家零售店,向农户提供种子、农药、化肥等农业生产资料的一站式采购方案。Belagrícola 的业务主要位于巴西的巴拉纳州北部和圣保罗州南部,与当地 12 000 户农户有良好的合作关系,在当地的大豆市场占有率高达 20%,玉米市场占有率高达 15%。Belagrícola 的农业生产资料销售业务呈现出独特的"以物易物"模式。这种独特的"以物易物"模式,使得 Belagrícola 将农资销售服务与农业金融服务相结合,提高了自身利润率;并且与当地农户建立了紧密的合作关系,获得了稳定的粮食来源。报告期内,Belagrícola 的大豆、玉米和小麦贸易量均超过 200 万吨。

作为整体,Belagrícola 和 LandCo 在 2015 年、2016 年分别实现营业收入 55.48 亿元、52.15 亿元;实现净利润 0.49 亿元、-2.64 亿元。

(三) 关联控股方

1. 鹏欣香港

鹏欣香港于 2011 年 7 月在香港成立,没有具体经营业务,是为实施本次交易架构安排的特殊目的主体。鹏欣香港是本次交易中大康农业收购 DKBA 交易的直接交易对方。

2. 鹏欣集团

上海鹏欣(集团)有限公司成立于 1997 年 3 月,由上海鹏欣房地产开发有限公司和上海崇明城乡建设开发有限公司共同出资设立,注册资本为 10 000.00 万元,设立时公司的组织形式为有限责任公司(国内合资)。南通盈新投资有限公司持有鹏欣集团 100%的股权,姜照柏持有南通盈新投资有限公司 99%的股权,为鹏欣集团的实际控制人。

鹏欣集团是一家集房地产开发、矿产实业和股权投资等于一体的民营企业集团。近年来,鹏欣集团业务发展良好。

3. 其他境外自然人

本次交易的境外交易对方为 João、Flávio、Carlos、Ana 和 Gisele,均为境外自然人。

二、收购事件一览

- 2017 年 1 月 27 日,鹏欣集团、DKBA 与境外交易对方和标的公司共同签署了《投资协议》。
- 2017 年 3 月 13 日,大康农业拟筹划重大事项开市起停牌。
- 2017 年 4 月 25 日,本次交易已获巴西 CADE 审查完成。
- 2017 年 6 月 13 日,鹏欣集团、DKBA 与境外交易对方和标的公司共同签署了《第一修正案》。
- 2017 年 6 月 15 日,大康农业、大康卢森堡与鹏欣香港和鹏欣集团共同签署了《股权转让协议》。同日,大康农业与鹏欣集团签署了《盈利补偿协议》。
- 2017 年 6 月 17 日,大康农业发布《重大资产购买暨关联交易报告书(草案)》公告。
- 2017 年 8 月 14 日,鹏欣集团、DKBA 与境外交易对方和标的公司共同签署了《第二修正案》。
- 2017 年 8 月 30 日,大康农业召开第六届董事会第六次会议审议通过了关于调整本次重大资产重组方案的相关议案。大康农业与鹏欣集团签署了《盈利补偿协议之补充协议》。

- 2017 年 8 月 31 日,大康农业为子公司及拟收购子公司向境内外合格金融机构申请并购贷款提供担保。为本次重大资产购买而设立或拟收购的海外公司拟向金融机构申请不超过 4 亿元人民币或者等值美元的并购贷款,用于公司或公司为本次重大资产购买而设立或拟收购的海外公司履行《投资协议》及其修正案约定的相关支付义务。同日,康农业发布《重大资产购买暨关联交易报告书(草案)修订稿》公告。

- 2017 年 9 月 14 日,大康农业股票复牌。

- 2017 年 9 月 15 日,大康农业召开 2017 年第四次临时股东大会,通过了本次重大资产重组的相关议案。

- 2017 年 10 月 27 日,本次交易取得国家外汇管理局上海市分局、经办银行上海银行股份有限公司黄浦支行关于本次交易涉及的境内机构境外直接投资外汇业务登记凭证(业务编号:3531000020170263060)。

- 2017 年 11 月 4 日,大康农业发布重大资产购买项目完成交割的公告。

三、收购方案

本次交易的方案设计非常特别。上市公司在本次交易中拟向控股股东购买的 DKBA 公司作价仅 2 000 元。原来,DKBA 公司仅为一个持股平台,但是 DKBA 已与巴西交易对手签订了协议,有权以 2.53 亿美元获得 Belagrícola 及 LandCo 的控股股权。

本次交易的整体方案由以下两部分组成:

(1)大康农业控股股东鹏欣集团及其境外全资子公司 DKBA 将通过认购发行的股份和受让现有股东股份的方式获得 Belagrícola 53.99%的股份,并通过认购新发行股份的方式获得 LandCo 49.00%的股份,同时认购 LandCo 发行的 1 000 份具有利润分配权的可转换债券。

(2)大康农业全资子公司大康卢森堡于 2017 年 6 月 15 日与鹏欣香港签署《股权转让协议》。大康卢森堡拟支付 1 000 雷亚尔(约人民币 2 067 元)对价受让 DKBA 100%股权。上市公司收购 DKBA 公司之后,将通过 DKBA 公司与巴西交易对手进行交易,进而控制 Belagrícola 及 LandCo。

　　交易对价的首次付款额 125 000 000.00 美元于交割日支付,其中以 124 884 675.31 美元取得 Belagrícola 新发行的股份,以 100 000.00 美元受让现有股东股份。交易完成后 Belagrícola 的股权结构如表 29 所示。

表 29　交易前后 Belagrícola 的股权结构变动情况

股东名称	本次交易前		取得新股		受让老股		本次交易后	
	股数(万股)	持股比例	股数(万股)	增资金额(万美元)	股数(万股)	转让价款(万美元)	股数(万股)	持股比例
DKBA	—	0.00%	15 589.75	12 488.47	1 345.5	−10.00	16 935.28	53.99%
Joao	9 310.2	59.00%	—	—	−793.86	590.00	8 516.33	27.15%
Ana	157.8	1.00%	—	—	−13.46	0.1	144.34	0.46%
Carlos	2 687.33	17.03%	—	—	−229.14	1.70	2 458.19	7.84%
Flavio	2 687.33	17.03%	—	—	−229.14	1.70	2 458.19	7.84%
Gisele	937.33	5.94%	—	—	−79.92	0.59	857.41	2.73%
合计	15 780	100%	15 589.75	12 488.47	—	—	31 369.75	100%

　　另外,以 15 012.19 美元认购 LandCo 新股并以 312.50 美元认购 LandCo 1 000 份可转换债券。交易完成后 LandCo 的股权结构如表 30 所示。

表 30　交易前后 LandCo 的股权结构变动情况

股东名称	本次交易前		取得新股		取得新股后	
	股数(万股)	持股比例	股数(万股)	增资金额(万美元)	股数(万股)	持股比例
DKBA	—	0	4.80	1.50	4.80	49.00%
Joao	2.95	59.00%	—	—	2.95	30.09%
Ana	0.05	1.00%	—	—	0.05	0.51%
Carlos	0.85	17.03%	—	—	0.85	8.69%
Flavio	0.85	17.03%	—	—	0.85	8.69%
Gisele	0.30	5.94%	—	—	0.30	3.03%
合计	5.00	100%	4.80	1.50	9.80	100%

　　假设按照交易对价调整机制的上限支付剩余交易对价 128 000.000 00 美元,LandCo 的股权结构不变,Belagrícola 的股权结构如表 31 所示。

表 31 交易前后 Belagrícola 的股权结构变动情况

股东名称	本次交易前		取得新股		受让老股		本次交易后	
	股数（万股）	持股比例	股数（万股）	增资金额（万美元）	股数（万股）	转让价款（万美元）	股数（万股）	持股比例
DKBA	16 935.28	53.99%	0.000 1	10 800.00	—	2 000.00	16 935.28	53.99%
Joao	8 516.34	27.15%	—		—	1 180.00	8 516.34	27.15%
Ana	144.34	0.46%	—			20.00	144.34	0.46%
Carlos	2 458.19	7.84%	—			340.60	2 458.19	7.84%
Flavio	2 458.19	7.84%	—			340.60	2 458.19	7.84%
Gisele	857.41	2.73%				118.80	857.41	2.73%
合计	31 369.75	100%	0.000 1	10 800.00		—	31 369.75	100%

本次交易完成后大康农业股权结构如图 61 所示。

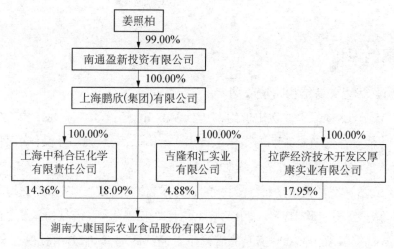

图 61 交易完成后大康农业股权结构

本次交易实施后标的公司的股权结构如图 62 所示。

本次交易构成重大资产重组,亦构成关联交易,由于鹏欣集团是大康农业的控股股东,DKBA 是鹏欣集团的全资子公司,大康农业收购 DKBA 交易构成关联交易。本次交易采用 100%现金收购的方式,不涉及发行股份,因此不会对上市公司股权结构产生影响。上市公司完成本次交易前后,大康农业的控股股东仍为鹏欣集团、实际控制人仍为姜照柏。

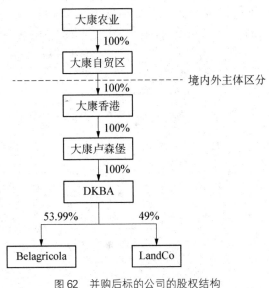

图 62　并购后标的公司的股权结构

四、案例评论

(一) 巧设 SPV 交易结构跨境收购

上市公司大康农业此次出价约 17 亿元人民币,巧设 SPV 交易结构,收购巴西第一大农业生产资料采购与销售平台 Belagrícola,一系列巧妙操作可谓吸引了众多人的眼球,让我们来看看是如何设计的:

第一步,在交易锁定期,首先对标的进行了"债务绑定"。在本次交易之前,控股股东子公司鹏欣 BVI 于 2016 年 12 月 12 日签署了《借款协议》,约定向 Belagrícola 提供 15 000 000 美元的借款用于经营活动,标的公司股东 Joo 以其持有的 Belagrícola 31 560 000 股和 LandCo 10 000 股质押给鹏欣 BVI。在收购前,这一借款协议对标的进行了有效的绑定,对交易双方达成互信,以及对之后的谈判、交易的推进等方面有一定的作用。

第二步,控股股东出面成立"过桥方"进行海外收购的同时,上市公司以 2 000 元将过桥方接手,这个过桥方正好就是上市公司控股股东鹏欣集团控股的 DKBA。DKBA 公司只作为一个持股平台与巴西交易对手签订了协议,有权以 2.53 亿美元获得 Belagrícola 及 LandCo 的控股股权,形成了 SPV 收购格局。

第三步,控股股东只是在做前期筹划,境外并购交易实际由上市公司操刀。

标的公司股东 João 质押的股份数较少,且鹏欣 BVI 与 DKBA 为同一控制下的主体。2017 年 6 月 15 日,大康农业全资子公司大康卢森堡与控股股东鹏欣集团子公司鹏欣香港签署《股权转让协议》,作价 1 000 雷亚尔(按照当日汇率 1 雷亚尔 = 2.067 1 元人民币,约合人民币 2 067 元)现金对价受让 DKBA 100% 股权。之后,大康农业通过 DKBA 这个 SPV 公司继续进行对境外标的 Belagrícola 和 LandCo 的并购。

步步为营的交易方案设计手法使得这次并购顺利规避了法律和操作风险,为整个并购交易添上了浓墨重彩的一笔。

(二)"VAM""或有支付方式"亮相农业市场,齐刷眼球更添风采

继 SPV 的设计后,接下来就配合"VAM""或有支付方式"的登场。境外交易的总对价为不超过 2.53 亿美元同等价值的雷亚尔,本次交易根据标的公司未来业绩设置了交易对价调整机制(即 VAM 支付安排),交易的首次付款额 1.25 亿美元等值雷亚尔于交割日支付,剩余不超过 1.28 亿美元等值雷亚尔将依据《投资协议》及其修正案约定的 VAM 支付安排,在未来 VAM 期间视标的公司业绩情况支付。这种 VAM 支付安排也叫做"或有对价支付法",是本次交易一大特色,海外交易对手无法通过交易一次性实现套现。这个完整的对赌吸引了众多人的眼球,应该是一次"双赢"的完美设计。

首先来看对赌协议和安排。

根据《盈利补偿协议》及其补充协议,鹏欣集团将以在本次交易中从大康卢森堡处取得的现金对价 1 000 雷亚尔等值欧元为上限,全额向上市公司进行补偿。

标的公司利润补偿承诺期间为本次重组完成后的三个完整会计年度(含当年),即 2017 财年、2018 财年、2019 财年。如本次交易未能于 2017 年度实施完毕,则利润补偿承诺期间顺延。标的公司于利润补偿承诺期间累计实现的经调整的净利润不低于 16 693.9 万雷亚尔(约合 0.50 亿美元)。DKBA 公司拟支付的第二期支付款为 1.28 亿美元。具体对赌安排如下:

(1) 假设标的对赌期内净利润小于 0.50 亿美元,则第二期支付款为 0;

(2) 假设标的对赌期内净利润大于或等于 0.50 亿美元,则 DKBA 向 Belagrícola 增资 1.08 亿美元,且向巴西交易对手支付 0.20 亿美元;

其次来看预测的结果。

标的在对赌期内实现 0.50 亿美元的净利润,标的才能获得后续增资,巴西交易对手才能获得后续股权转让款。如果标的未来三年达不到 0.50 亿美元的净利润,那么巴西交易对手最终能拿到的就是第一期股权转让款 10 万美元;假设标的实现 0.50 亿美元的净利润,那么 DKBA 最多向标的增资 1.08 亿美元并向巴西交易对手支付 0.20 亿美元。也就是说,在业绩达标的情况下,巴西交易对手最多能拿到 2 010 万美元。

标的公司在 2016 年业绩亏损,在巴西这个竞争激烈的农业市场中陷入困境,大康农业通过本次交易收购其 53.99% 股权及剥离的物业资产 LandCo,采用的 VAM 支付安排为其增资,有利于标的公司尽快获取营运资金,走出困境,并且扩大经营规模。因此,"或有对价支付法"为在风雨中漂泊的标的送去资本,又可以让上市公司在标的公司未来的收益中分一杯羹。同时,在业绩不能承诺的情况下,又保障了上市公司股东的最大利益,确实是下了一盘"走一步看五步"的棋局。交易双方在未来的业务发展中是否能够乘胜追击,旗开得胜,让我们拭目以待。

(三) 民企出海,打开"一带一路"战略新姿态

在"一带一路"倡议背景下,民企"走出去"的呼声此起彼伏。随着中国经济进入结构调整和产业升级期,中国企业和资本从"走出去"已迈入"走上去"的阶段。以前民营企业出海为找技术、找市场、找品牌,现在一些有实力的民企对战略资产更感兴趣,进行战略性海外布局。紧随这个美好愿景的脚步,大康农业不甘示弱,以创新方式进行"一带一路"新思路的实践。

我国虽然是一个农业大国,却也是世界第一大大宗商品的进口国。在国际市场,大豆、玉米的出口长期由以巴西为主的国家垄断。Belagrícola 是巴西最大的农业生产资料销售平台之一,向农户提供种子、农药、化肥等农业生产资料的一站式采购方案。2016 年受天气影响,Belagrícola 以物换物的运营模式遭重创,又加上巴西政府紧缩对农业生产者的信贷资源,粮食收购业务和农业生产资料业务中所需的运营资金发生短缺。此前收购 Fiagril,已经使得上市公司海外收入占比增加,大康农业核算好两家公司可发挥的协同作用,紧锣密鼓地布局继续收购巴西 Belagrícola,拟在巴西整合更大的市场规模,坐南朝北,为打开

南美和美国的市场似乎已经做好了充分的准备。

本次收购很好地吻合了大康农业的愿景,符合自身发展和战略布局需求,成为全球现代农业食品的资源集成商和价值链增值服务商,为民企出海翻开了新的篇章,为"一带一路"的战略姿态找寻了新的方向。

(四) 并购意义

1. 上市公司融资优势和贸易平台整合,有助于提高其核心竞争力

上市公司及拟收购子公司在融资渠道上相对占有优势。在这次收购交割日前,大康农业为子公司及拟收购子公司向境内外合格金融机构申请并购贷款提供担保,向金融机构申请不超过 4 亿元人民币或者等值美元的并购贷款。相反,Belagrícola 存在大量负债,承担了较高的财务费用,加上信贷资源的短缺,制约了其业务的发展。本次收购交易的增资进入标的公司将为 Belagrícola 提供流动性支持,优化资产负债结构,降低融资成本,为业务的发展提供充分的资金支持。

打造完整的贸易平台,扩大市场规模,提高核心竞争力。自上市公司收购 Fiagril 后,上市公司海外收入占比增加,海外经营风险将直接影响上市公司利润水平。根据上市公司规划,2 年内对标的公司进行投后整合,并与 Fiagril 合作成立平台,进行农资的集中采购和粮食的销售,预计 Fiagril 与 Belagrícola 合计每年可产生约 15 亿雷亚尔的农资销售额,占巴西化肥、种子和农药市场的 2% 到 3%。根据目前两家公司粮食业务的规模,农产品贸易业务预计在未来 2—3 年内能够合并达到 1 000 万吨以上,占巴西 4%—5% 的市场份额,农资业务占巴西市场份额达到 3% 以上。资金上的补充,可增加与生产资料供应商的议价能力,降低采购成本,提高自身盈利能力。市场份额的增加,将使整体增强对上下游的议价能力,提高农产品采购能力,进一步提高利润,市场竞争力进一步加强。

2. 捍卫国家粮食安全,掌握国际市场大宗农产品定价权

我国是大豆、玉米进口大国,对进口依赖程度非常高。我国大豆的需求量近年呈现稳步增长的状态,已经成为全球最大的大豆进口国。然而,我国国内大豆种植与产量受耕地播种面积限制、农业结构等因素的影响,自身的产量呈现缩小的趋势。此外,我国玉米的需求量也在不断上升,而玉米种植产量逐年

递减,处于持续萎靡的状态。随着经济的快速发展,中国已成为大宗商品在整个国际贸易领域中的最大购买者。即便如此,中国企业还只能是价格接受者,在国际市场上的议价能力弱。以四大粮商为首的国际粮商早已控制了南美大豆和美国大豆产业链,控制着全球70%以上的大豆货源,掌控了全球大豆贸易。再加上世界大豆定价权由芝加哥商品交易所(CBOT)垄断,中国作为占全球大豆进口总量1/3的进口国,由于没有定价权而处处被动。

大康农业此前已收购了Fiagril公司。标的公司与Fiagril公司同属农业生产资料与农产品贸易,且商业模式相似。这种良好的协同作用,有助于加深上市公司在农业产业链上的国际布局。在收购Belagri完成后,大康将在巴西间接完成对近700万吨的粮食资源控制,且在下一步通过整合平台,有望在巴西控制千万吨粮食,最后借以掌控部分粮食分销平台资源来部分替代国际四大粮商的话语权。这对发出我国在大宗贸易领域自己的"声音",从而建立中国自身在大宗商品定价领域的话语权是非常有利的。

五、市场表现(002505)

大康农业交易前后股价变动情况见图63。

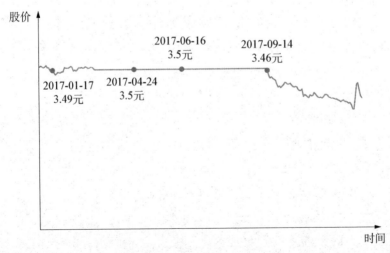

图63　大康农业交易前后股价走势

300362

天翔环境:
二次过桥,跨境并购的"速度与激情"

一、收购相关方简介

(一)收购方:成都天翔环境股份有限公司

　　天翔环境成立于 2001 年,自设立以来主营业务为大型节能环保及清洁能源设备的研发、生产和销售。公司的主要产品为大型节能环保及清洁能源设备,包括分离机械系列设备和水轮发电机组设备。经过多年的快速发展,公司不断提升自身技术装备水平,逐渐发展成为我国中西部地区技术装备水平领先的民营重型装备制造企业,并于 2014 年成功登陆创业板。近年来,随着我国经济结构调整、水电投资放缓、传统化工行业淘汰落后产能,公司水电和化工产品遇到发展瓶颈。天翔环境及时调整公司发展战略,将公司业务重心全面转向环保领域,把转型的着眼点放在国际产业整合,通过自主创新、并购、战略联合、外延式扩张、国际化战略等方式,逐渐形成了环保设备及工程、环保监测服务、油田环保、PPP 业务四大业务板块。2014 年公司以 100 万欧元收购德国 CNP 45%股权,2015 年作价 5 亿元收购美国圣骑士 80%股权,天翔环境通过国际化合作与并购,实现公司技术、品牌、市场以及规模的跨越式发展。

(二) 收购标的

1. 直接标的: 成都中德天翔投资有限公司

中德天翔成立于2016年, 系为最终收购AS公司100%股权而设立的特殊目的公司。中德天翔除间接持有AS公司100%股权外, 无其他经营业务。

2. 最终标的: Aqseptence Group GmbH(简称"AS公司")

AS公司是全球知名的工业过滤和分离、水处理设备与系统解决方案的综合供应商, 总部位于德国。AS公司全球业务由七大业务板块构成, 包括水处理设备、水井设备、取水设备、真空设备、工业过滤设备、一般工业设备、烃加工设备, 紧紧围绕"水处理与利用"的主题, 沿着取水、污水的收集、固液分离、污染物处理等环节展开。公司七大业务板块在研发、生产、市场等领域相互协同发展, 产品/系统解决方案广泛应用于公用市政、建筑、石油化工、医药、冶金采矿、电力、食品饮料、纸浆/造纸等行业, 客户包括EPC承包商、工业/市政运营商等。截至2017年6月30日, AS公司在德国、美国、法国、意大利、澳大利亚等11个国家的18个地区设立了制造基地, 在境内外共拥有84项专利。

(三) 并购基金: 成都东证天圣股权投资基金

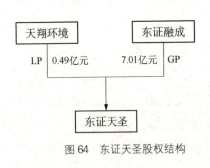

图64　东证天圣股权结构

东证天圣成立于2015年, 是天翔环境联合东北证券全资子公司东证融成资本管理有限公司共同发起设立的环保产业并购基金, 专门投资于国内外环保行业优质企业、相关高端装备制造企业。东证天圣股权结构如图64所示。

二、收购事件一览

- 2016年1月15日, 公司首次停牌, 筹划重大收购事项。
- 2016年1月22日, 四川省商务厅出具《四川省商务厅关于成都天翔环境股份有限公司和成都东证天圣股权投资基金合伙企业境外并购德国贝尔芬格水处理技术有限公司项目情况的函》, 东证天圣将7.39亿元换汇后以股东借款的形式汇入全资子公司 Mertus 243. GmbH。

● 2016 年 2 月 6 日,东证天圣全资子公司 Mertus 243. GmbH 作为买方,天翔环境作为最终买方,Bilfinger SE 作为卖方的三方共同签署了《股权转让协议》,协议约定 Mertus 243. GmbH 系收购 AS 公司 100% 股权的买方。

● 2016 年 3 月 11 日,设立中德天翔。

● 2016 年 3 月 28 日,中德天翔与东证天圣、天翔环境签署了受让 Mertus 243. GmbH、Mertus 244. GmbH 100% 股权的转让协议。

● 2016 年 3 月 30 日,中德天翔办理完成 Mertus 243. GmbH、Mertus 244. GmbH 股权变更登记。

● 2016 年 3 月 31 日,四川省发改委出具《备案通知书》,同意中德天翔收购 AS 公司 100% 股权。同日,Mertus 244. GmbH 借款 1. 14 亿欧元给 Mertus 243. GmbH。

● 2016 年 4 月 1 日,Mertus 243. GmbH 办理完成 AS 公司股权变更登记。

● 2016 年 4 月 21 日,Mertus 243. GmbH 完成对 Mertus 244. GmbH 的吸收合并。

● 2016 年 7 月 8 日,披露预案,公司拟通过发行股份购买中德天翔 100% 股权,实现对 BWT 的 100% 控股。

● 2016 年 7 月 14 日,本次重大资产重组标的 BWT(贝尔芬格水处理技术有限公司)更名为 AS(欧盛腾集团有限公司)。

● 2016 年 10 月 10 日,公司与中德天翔签订经营管理协议,受托享有中德天翔表决权。

● 2016 年 11 月 29 日,召开董事会临时会议,审议批准发行股份购买资产并募集配套资金草案。

● 2016 年 12 月 15 日,临时股东大会通过发行股份购买资产事宜。

● 2017 年 10 月 31 日,召开董事会临时会议,通过撤回公司发行股份购买资产申请文件并更换独立财务顾问。

● 2018 年 1 月 5 日,证监会无条件通过公司发行股份购买资产事宜。

三、收购方案

此次天翔环境对 AS 公司的收购采取了三步走的方式：(1)海外 SPV 先行收购标的资产；(2)置换过桥资金；(3)上市公司发行股份购买资产。

(一) 海外 SPV 先行收购

引入并购基金东证天圣，由东证天圣在德国收购壳公司 Mertus 243. GmbH，并借款 7.39 亿元给 Mertus 243. GmbH；天翔环境在德国收购壳公司 Mertus 244. GmbH，并借款 8.36 亿元给 Mertus 244. GmbH。

Mertus 243. GmbH 作为标的资产的买方，向 AS 公司的股东 Bilfinger SE 支付了 1.03 亿欧元，同时 Mertus 244. GmbH 向 Mertus 243. GmbH 提供 1.14 亿欧元借款，并代 Mertus 243. GmbH 支付给 Bilfinger SE，最终海外 SPV Mertus 243. GmbH 持有 AS 公司 100% 股权。具体内容如图 65 所示。

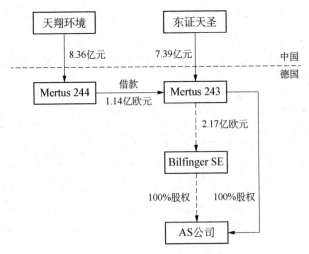

图 65　海外 SPV 先行收购示意图

(二) 过桥资金的置换

天翔环境发起设立中德天翔，并引入外部投资者向中德天翔增资。中德天翔分别以 8.75 亿元、7.57 亿元的对价收购 Mertus 244. GmbH、Mertus 243.

GmbH 100% 股权,Mertus 243. GmbH 对 Mertus 244. GmbH 进行吸收合并,中德天翔成为 AS 公司的最终控制人,东证天圣实现退出。中德天翔股权结构如表 32 所示,过桥资金置换情况如图 66 所示。

表 32　中德天翔股权结构

序号	持股股东	认缴出资额(万元)	持有中德天翔股权比例
1	中泰创展	82 000.00	48.24%
2	亲华科技①	35 000.00	20.59%
3	星润泰祥	20 000.00	11.76%
4	中讯建通	13 000.00	7.65%
5	深商兴业	10 000.00	5.88%
6	四海汇智	10 000.00	5.88%
合计		17 000.00	100%

(三) 发行股份购买中德天翔 100% 股权并募集配套资金

天翔环境向中德天翔的全体股东发行股份购买其合计持有的中德天翔 100% 股权,交易作价 17 亿元,发行价格 13.45 元/股,共计发行股份 1.26 亿股。

同时,上市公司拟采用询价方式向不超过 5 名符合条件的其他特定投资者募集配套资金,募集资金总额不超过 2.97 亿元。此次募集配套资金拟用于 AS 公司中国环保设备制造及环境治理工程服务项目、AS 公司中国环保技术创新研发中心建设项目以及支付本次交易中介机构费用和交易税费。

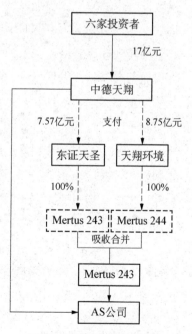

图 66　过桥资金置换示意图

---

① 由天翔环境实际控制人发起设立,与天翔环境构成关联关系。

四、案例评论

　　天翔环境此次出海收购德国 AS 公司,是继 2014 年以来的第三次跨境并购。不同于前两次的是,此次并购面临的条件尤为艰难,交易对方设置了苛刻的时间与资金要求。为成功竞买 AS 公司股权,天翔环境借助并购基金以及围绕并购基金灵活的方案设计,迅速筹集到并购资金。天翔环境从筹资到换汇出境仅用了 10 天,到完成最终交割仅用了 100 天,虽然最后注入上市公司的方案遇到了波折,但最终成功过会,成为 2018 年第一起获无条件通过的跨境并购案。该宗案例在对并购基金的运用以及过桥方案的设计上,具有十足的创新与借鉴意义。

(一) 持续加码环保产业,贯彻国际化发展战略

　　天翔环境原有主业为大型水电装备设备的研发、生产与销售。随着国内外发电设备市场的急剧萎缩以及下游市场的持续低迷,公司的主营面临着严峻的挑战。2014 年天翔环境及时调整了公司的发展战略与经营思路,决定将业务重心全面转向环保领域。为践行该战略,公司不断通过国际化合作与并购,实现环保业务的跨越式发展。此次的收购标的 AS 公司是全球范围内屈指可数的具备从给水到污水等水端完整处理工艺技术装备研发和制造的跨国企业集团,旗下所拥有的超过百年的知名品牌包括 Geiger、Passavant、Airvac、Roediger Vacuum 等,在全球 11 个国家的 18 个地区拥有制造基地,设立了覆盖全球的销售网络,在德国、美国、意大利和澳大利亚设立了 4 个研发中心。收购 AS 公司,天翔环境能实现对"给水" + "污水" + "污泥"环保处理各个环节的全面覆盖,极大地增强公司在环保产业领域的核心竞争力。

(二) "时间+资金"的严格限定,催生现实版"速度与激情"

　　鉴于 AS 公司是 Bilfinger SE 旗下独立运作的优质资产,是全球水处理领域的领先企业之一,国内外多家大型机构都在积极参与竞买 AS 公司股权,其中不乏欧洲知名的私募机构和大型企业集团。天翔环境 2015 年 12 月才获悉出售消息,此时交易对方已与其他竞买方进行了多轮谈判,并推进到最后一轮竞标阶段。与其他竞争对手相比,天翔环境在企业规模、股东背景、市场地位、经营业绩、资信实力等方面均不具有优势,存在着先天不足。雪上加霜的是,

Bilfinger SE 在交易中设置了苛刻的交易条件,对交易时限、资信情况、收购实力均设置了严格的要求。时间方面要求竞标方最晚不迟于 2016 年 1 月 8 日发出指示性要约函,最晚不迟于 2016 年 1 月底与其签订正式收购协议,并在 2016 年 3 月底前完成交割;资金方面要求能证明竞标方具有现金支付收购款项的能力,收购款项的支付不存在障碍。而 2015 年底天翔环境账面上只有 14.38 亿元的货币资金,无法满足 17 亿元的现金交易对价。在如此劣势的情况下,天翔环境迅速筹集到全部并购资金,并在 10 天内完成换汇出境,47 天内完成协议签署,100 天完成标的交割,成功解决了时间与资金的双重难题。

(三) 并购基金显"神通",控股股东二次过桥

此次并购的"速度与激情"得益于并购基金东证天圣的存在。东证天圣 2015 年曾助力上市公司收购美国圣骑士公司80%股权,但在这次交易方案中,并购基金的方案设计及退出机制有着显著的特点。

第一,并购基金的方案设计有着"名股实债"的特点。东证融成作为并购基金的 GP,出资 7.01 亿元;天翔环境作为 LP,出资 0.49 亿元,可见 GP 对并购基金的控制力更强。交易层面,收购标的的主体是并购基金的子公司,但与此同时,上市公司通过境外壳公司向收购主体提供 1.14 亿欧元借款(境外壳公司的存在系满足将资金存放于德国银行账户的需要)。交易完成后,上市公司约出资 8.36 亿元,并购基金出资约 7.39 亿元,虽然上市公司出资占一半有余,但由于其提供的是债权出资,并未获得 AS 公司的股权。并购基金成为 AS 公司的实际控制人,至此第一次过桥成功完成。

第二,东证天圣的退出基于大股东成立的并购基金。第一次过桥完成后,上市公司预计短时间内无法实现将 AS 公司置入上市公司,但由于之前筹集的资金除少部分自有资金外,大部分是临时性资金安排,公司面临限期还本付息压力。于是天翔环境的大股东牵头设立了并购基金中德天翔,由中德天翔收购东证天圣与上市公司分别持有的境外壳公司股权,从而间接收购 AS 公司,实现东证天圣与上市公司的退出,完成资金的二次过桥。东证天圣的退出收益方面,其与中德天翔约定 5.5 亿元按 12%年化收益,余下 2 亿元按 15%年化收益,最终资金占用约 2 个月,成本为 1 840 万元;天翔环境的退出收益方面,按 12%年化收益计算资金溢价,资金占用约 5 个月,成本为 3 910.84 万元。可见,与一

般的并购基金不同(大多作为标的企业股权质押人,非过桥性质),东证天圣提供的是名副其实的过桥资金,并在上市公司披露预案前成功退出,保证了12%左右的年化收益率。

(四) 财顾独立性遭问询,交易进程"急刹车"

天翔环境随后推出将 AS 公司注入上市公司的方案,相继回复了两次证监会反馈意见后,按理应上会接受重组委审核,但交易进程却停滞下来,其原因出于财务顾问。在境外标的交割时,东北证券的关联企业担任了并购基金的 GP,并提供了相应过桥资金,但同时东北证券又担任上市公司后续资产注入方案的独立财务顾问,这引发了财顾独立性的问题,也是方案迟迟未上会的关键。虽然天翔环境详细阐明了东北证券未向上市公司提供融资服务、与上市公司不存在利害关系,且东北证券具有独立性,但从结果来看,天翔环境最终还是更换了财务顾问。由此可见,独立财务顾问最好不要参与到交易方案中,哪怕是完全独立,抑或已在并购预案披露前实现资金退出,因为证监会问询起来公司还是有口难辩。

五、市场表现(300362)

天翔环境交易前后股价变动情况见图 67。

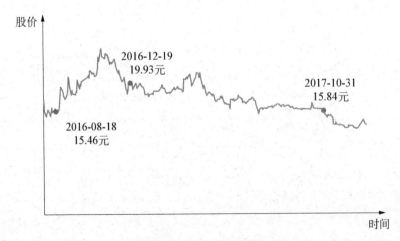

图 67　天翔环境交易前后股价走势

300473

德尔股份：
跨境并购两步走，承债式收购有魔法

一、收购相关方简介

(一) 收购方

1. 阜新德尔汽车部件股份有限公司

德尔股份2004年成立于辽宁阜新，主要从事汽车转向泵、齿轮泵、自动变速箱油泵、电动助力转向系统(EPS)电机、电液泵和无钥匙进入及启动系统等产品的研发、生产和销售。公司系国内汽车转向泵市场领先企业，产品型号众多，广泛适用于乘用车、商用车和汽车发动机主机配套，已与比亚迪汽车、一汽轿车、一汽海马、华晨汽车、江淮汽车、吉利汽车、力帆汽车、北京汽车、玉柴机器、云内动力等国内主要自主品牌整车厂商及主机厂商建立了长期稳定的合作关系。在面临产品转型升级压力之际，公司是较早投入研发生产新产品的国内企业，已为部分客户批量供货，其中公司的EPS电机产品主要针对国内高端无刷电机EPS，是未来市场应用的主流，拥有良好的发展前景。

2. 辽宁万成企业管理中心(有限合伙)

辽宁万成由德尔股份与全资子公司上海阜域共同设立，是本次交易的收购主体之一，受让阜新佳创99%的股权及对其的全部债权。为了实施本次重组，辽宁万成引入外部投资人,出资结构变更如表33所示。

表33　辽宁万成外部投资人出资结构变更情况

序号	合伙人名称	合伙人类型	出资额/认缴出资额(万元)	
			重组前	重组后
1	上海阜域	普通合伙人	1	1
2	德尔股份	有限合伙人	999	100 000
3	外部投资人	有限合伙人	—	93 700
合计			**1 000**	**193 701**

其中,外部投资人招商银行上海分行拟投资不超过9.37亿元,期限不超过24个月,用途仅限于债权置换,年化收益7.0%。德尔股份需在约定期限内对招商银行上海分行LP份额进行回购。

(二) 收购标的

1. 直接标的:阜新佳创企业管理有限公司

阜新佳创于2016年设立,是为收购卡酷思国际有限公司(CCI)而专门设立的公司,成立时的股权结构如表34所示。

表34　阜新佳创设立时股权结构

序号	股东名称	出资额(万元)	出资比例
1	德尔企管	4 950	99%
2	李毅	50	1%
合计		**5 000**	**100%**

2. 最终标的:卡酷思国际有限公司(CCI)

CCI的前身为1952年成立的ILLBruck旗下的汽车事业部。2001年,ILLBruck将旗下的汽车事业部销售给同年成立的PE机构AlpInvest,由其承接CCI汽车事业部业务及客户。

CCI主要从事声学控制及隔热性产品的研发、生产和销售,其中95%的产品应用于汽车领域,主要包括汽车减振降噪产品、绝热产品、结构加强零部件等,另少量应用于消费品和工业领域。CCI在行业中具有很高的地位,持续服务于奔驰、宝马、奥迪、福特、大众和雷诺尼桑等世界级整车企业及 BOSCH 等知名家用及工业产品厂家。

二、收购事件一览

- 2016 年 10 月 28 日,阜新佳创自筹资金,通过全资子公司德国佳创完成对德国 CCI 公司 100% 股权的收购。
- 2016 年 11 月 1 日,首次停牌,筹划重大资产重组事项。
- 2017 年 1 月 10 日,披露预案,公司及下属公司辽宁万成拟以支付现金方式购买阜新佳创 100% 股权,并向德尔实业购买其持有阜新佳创的全部债权。
- 2017 年 3 月 3 日,招商银行上海分行出具《贷款承诺函》,同意为本次交易提供不超过 9.37 亿元的贷款额度。
- 2017 年 3 月 14 日,公司以自筹资金向辽宁万成增加出资 9.9 亿元,作为辽宁万成本次交易资金的一部分。
- 2017 年 4 月 1 日,招商银行上海分行出资委托华能贵诚设立事务管理类单一资金信托,投资辽宁万成 LP 份额,投资额不超过 9.37 亿元,投资期限不超过 24 个月。
- 2017 年 4 月 6 日,临时股东大会通过重大资产购买事宜。
- 2017 年 4 月 19 日,阜新佳创股权过户完成。
- 2017 年 4 月 21 日,阜新佳创债权转移给辽宁万成。

三、收购方案

此次德尔股份对德国 CCI 的收购,实质上是借助控股股东的"两步走"战略而实施的跨境并购。

(一)控股股东先行收购

德尔企管是上市公司控股股东德尔实业为进行过桥收购而设立的有限合伙企业。德尔企管下设子公司阜新佳创,阜新佳创通过设立境外 SPV 德国佳创完成了对 CCI 的 100% 股权收购及债务偿还,支付价款共计 2.17 亿欧元(约合 15.79 亿元人民币),其中支付给 CCI 的 100% 股权作价 1.1 亿欧元(约合 8.18

亿元人民币),CCI 全部股东债权转让款 0.37 亿欧元(约合 2.4 亿元人民币),支付给金融机构债权转让款 0.7 亿欧元(约合 5.21 亿元人民币)。德国佳创收购 CCI 的资金来源由两部分组成:一是阜新佳创注册资本 5 000 万元,二是阜新佳创向德尔实业的借款 18.22 亿元。并购交易如图 68 所示。

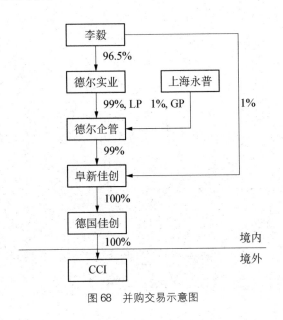

图 68　并购交易示意图

(二) 置入上市公司

上市公司及其下属企业辽宁万成,以支付现金方式购买德尔企管和李毅合计持有的阜新佳创 100%股权,并向德尔实业购买其对阜新佳创享有的全部债权。其中,阜新佳创 100%股权价格为 1 亿元,债权价格为 18.37 亿元,标的资产价格总计 19.37 亿元。

四、案例评论

德尔股份此次拿下奔驰、宝马、奥迪的专业供应商 CCI,核心在于控股股东的出海过桥方式及并购支付的"股权 + 承债式"模式。

(一) 顺利进军国际市场,实现战略转型

德尔股份目前的主要产品为汽车转向泵和齿轮泵。自 2015 年以来,行业产品的加速更替使公司面临主要产品转型升级的压力,同时国内汽车行业整体发展速度的放缓对汽车零部件企业造成不利影响。在这样一个增速放缓、竞争激烈的大背景下,德尔股份选择出海并购优质企业 CCI,将不仅实现从汽车转向部件的龙头企业向降噪隔热等创新产品解决方案服务商的转型、分散经营风险,还可借助 CCI 的品牌知名度提升企业形象。更为重要的是,于德尔股份而言,欧美发达市场渠道及重点客户资源弥足珍贵,若仅依靠自身拓展需要几年甚至几十年才能有所成就,而本次收购则将此进程大大缩短,对于自身产品的出海,尤其是开拓国际高端市场和核心客户,可能事半功倍。

(二) 控股股东亲自出海,承债式收购有"魔法"

控股股东通过境外设立的 SPV 德国佳创实现对 CCI 的收购,收购标的为 CCI 的 100% 股权及债权。从已披露的 CCI 资产负债表中看出,CCI 在 2014 年、2015 年的净资产均为负数,处于"资不抵债"的境况。这是由于 CCI 在被原股东 Alplnvest 收购后,持续在欧洲地区实施生产场地搬迁、全球范围内建厂,扩张较快,固定资产等资本性投入较大,导致历年折旧摊销较大,同时借款金额较大导致历年财务支出较大,以及非经营性的支出较多,合并导致前期亏损较大。

德国佳创之所以收购 CCI 债权有两方面原因:一是 CCI 的债主包括原大股东 Alplnvest,承债式收购能实现交易对手的完全退出;二是 CCI 的金融机构借款均设置了"控制权转让条款",该条款规定当 CCI 的控制权发生变更时,新的收购方必须承接债务。虽然承担债务是唯一选择,但承债式收购对于此次交易而言有着重要意义,即方便德国佳创后续调整 CCI 的财务结构。从方案中可看出,在替 CCI 偿还了金融机构借款后,2016 年 10 月 31 日 CCI 的净资产一举实现扭亏为盈,这也使得上市公司对 CCI 的收购更为顺利。同时,德国佳创替 CCI 偿还股东借款后,这笔借款的债权人变成德国佳创,借款的年利率由原来的 0.30% 变为 4.88%,更加保证了德国佳创的投资安全,德国佳创除了获得分红之外还能获得利息收入,而且债权投资比股权投资更加安全稳定。

(三)"内保外贷"提高跨境并购效率

此次出海并购的资金安排也值得关注,即德国佳创是如何完成资金筹集、出境与交付的。德国佳创收购CCI的资金来源包含两部分,一是阜新佳创对其注入的2 513万欧元,二是中国银行法兰克福支行提供的借款2.12亿欧元,该笔借款由阜新佳创通过"内保外贷"形式提供融资担保。在对CCI收购交割完成后,阜新佳创办理了换汇出境手续,汇出资金约16亿元,协助德国佳创偿还前期借款,解除了"内保外贷"。其中,"内保外贷"是指境外公司向银行的境外分行借入外汇,由境内公司为贷款提供担保。在"内保外贷"形式下,人民币不会立即流出境外。只有当境外公司无法及时还款时,境内分行才可将境内公司的人民币保证金换成外币偿还在境外分行的借款,此时人民币资金流出境外。由此可见,通过换汇以及"内保外贷",境外标的并购的效率得以提高,境内人民币也可实现快速的间接出境。

五、市场表现(300473)

德尔股份交易前后股价变动情况见图69。

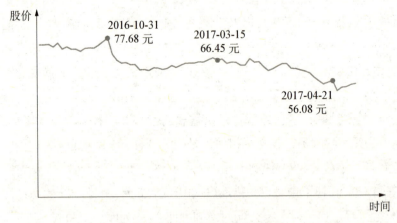

图69　德尔股份交易前后股价走势

600233

圆通速递：
收购港股，成就中国快递跨境第一购

一、收购相关方简介

(一) 收购方：圆通速递股份有限公司

圆通速递股份有限公司创建于 2000 年，是国内领先的综合性快递物流运营商，以快递服务为核心，提供代收货款、仓配一体等物流延伸服务，2015 年全年业务量在快递行业排名第一。圆通速递目前在全国范围拥有自营枢纽转运中心 60 个，终端网点超过 24 000 个。截至 2015 年底，圆通速递的快递服务网络覆盖全国 31 个省、自治区和直辖市，地级以上城市已实现全覆盖，县级以上城市覆盖率达到 93.9%；圆通速递航线覆盖城市 101 个，累计开通航线数量 1 110 条；圆通速递汽运网络运输车辆超过 32 000 辆，陆路运输干线 2 928 条。2015 年 10 月，圆通航空正式开航运营，圆通速递成为当时国内仅有的两家拥有自有航空公司的民营快递企业之一。圆通速递于 2016 年 9 月完成借壳上市。

(二) 收购标的：先达国际物流控股有限公司

先达国际系香港上市的国际物流货物运输代理公司，以空运及海运货运代理为核心，为客户提供仓储、配送、清关、合约及配套物流服务。先达国际排名全球上市海空运货物运输代理公司前列,其货物运输代理规模亦位列香港地区前列。目前先达国际在全球 17 个国家和地区拥有公司实体,在全球拥有 52 个自建站点,业务范围覆盖超过 150 个国家,国际航线超过 2 000 条。先达国际已建立广阔的客户群,覆盖不同行业中的货运代理商及直接客户。

二、收购事件一览

● 2017 年 5 月 8 日,圆通速递与先达国际股份出售各方签署了《股份买卖协议》,约定圆通速递或其指定的全资子公司以现金方式收购出售方合计持有的先达国际 255 820 000 股股份,占先达国际全部已发行股份的 61.872 4%。同时,圆通速递将触发香港《公司收购及合并守则》规定的要约收购义务。

● 2017 年 5 月 8 日,圆通速递发布《关于收购香港上市公司先达国际物流控股有限公司控股权的公告》,圆通速递全资子公司上海圆钧国际贸易有限公司(简称"圆钧贸易")作为公司指定的子公司收购先达国际。

● 2017 年 7 月 18 日,圆通速递收到中华人民共和国商务部反垄断局出具的《不实施进一步审查通知》。

● 2017 年 8 月 11 日,圆通速递收到上海市发展和改革委员会出具的《项目备案通知书》,同意对圆钧贸易收购先达国际控股权项目予以备案。

● 2017 年 11 月 3 日,圆钧贸易子公司圆通国际控股有限公司与出售各方办理了相关股权交割手续。截至彼时,先达国际 806 000 份认股期权已行权,先达国际发行股本增加至 414 270 000 股。交割完成后,圆通速递通过圆通国际控股持有先达国际 61.75% 的股份,实现对先达国际的控股。

● 2017 年 11 月 3 日,圆通速递与先达国际发布联合公告,圆通速递将就先达国际全部已发行股份(不包括公司已通过本次收购持有之股份及出售方承诺不接受要约之剩余部分股份)及所有尚未行使的认股期权作出无条件现金要约。

● 2017 年 12 月 1 日,圆通速递与先达国际发布联合公告,宣布要约收购截止,要约方及其一致行动人合计持有的股份占先达国际已发行股本约 86.17%,不符合最低公众持股量的规定。

● 2017 年 12 月 11 日,香港联交所向先达国际授出豁免,自 2017 年 12 月 1

日起至 2018 年 4 月 30 日止,豁免严格遵守有关最低公众持股量的规定。

● 2018 年 1 月 17 日,先达国际发布《恢复公众持股量及恢复买卖》的公告,在向两名独立第三方转让股份后,先达国际的公众持股数量至少恢复至公司已发行股本的 25%,符合上市规定。

三、收购方案

收购的整体方案由以下三步组成: (1)现金收购目标股份;(2)触发全面要约收购;(3)恢复公众持股量。

(一) 现金收购目标股份

圆通速递指定其全资子公司圆通国际控股有限公司以现金方式收购出售方合计持有的先达国际 255 820 000 股股份,占先达国际全部已发行股份的 61.872 4%,目标股份对价为 1 041 116 160 元港币(折合每股 4.069 8 元港币)。

收购前,先达国际股东及股权情况如图 70 所示。

图 70　先达国际原股权结构

收购完成后,先达国际股权架构如图 71 所示。

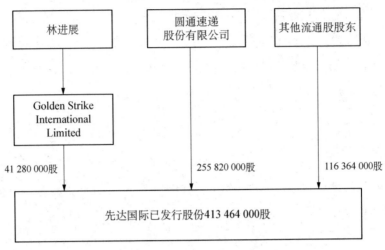

图 71　收购后先达国际股权结构

(二) 触发全面要约收购

　　根据香港《公司收购及合并守则》,按先达国际的股权及认股期权情况,在收购完成后,圆通速递须就先达国际全部已发行股份(不包括已通过本次收购持有之股份及出售方承诺不接受要约之剩余部分股份)116 364 000 份股权及所有尚未行使的 2 122 000 份认股期权作出无条件现金要约。

　　随后海通国际证券代表圆通速递提出要约,以每股现金 4.069 8 港元收购全部要约股份,并以每份购股权现金 2.419 8 港元进行购股权要约(即注销行使价为每股新股份 1.65 港元)。至要约收购截止日,要约方圆通速递共有效接纳59 891 370 股要约股份(相当于先达国际已发行股本的 14.46%)及 1 316 000 份购股权(相当于购股权要约项下全部尚未行使购股权)。此时圆通速递及其一致行动人共持有先达国际 86.17% 的股权。

(三) 恢复公众持股量

　　根据《香港联交所证券上市规则》的相关规定,上市公司已发行股本总额必须至少 25% 由公众人士持有;若公众人士持股比例跌至 25% 以下,香港联交所有权将该上市公司的股份停牌,直至该上市公司已采取适当措施,以恢复须由公众人士持有的最低百分比为止。

　　在本次要约收购结束后,公众持有先达国际约 13.44% 的股权,即先达国际的公众人士持股比例低于 25%,未达到香港联交所公众持股最低要求,联交所暂停先达国际股份交易。

在向香港联交所申请五个月的豁免后,圆通速递向两名独立第三方转让共 47 481 962 股股份,相当于先达国际已发行股本的约 11.46%。在股份转让完成后,圆通速递及其一致行动人持有的先达国际股权降至 74.83%,公众持股达 25.17%。即先达国际公众人士持股比例恢复至 25% 以上,消除了先达国际可能存在的从香港联交所退市的风险,先达国际在联交所恢复交易。

四、案例评论

(一) 收购标的业绩欠佳,全年利润出价收购

受空运和海运市场低迷的行情影响,先达国际空运及海运舱位供应过剩,行业内价格竞争激烈,同时销售团队的扩充、配套及合约物流服务业务的增加等导致员工成本及租金开支增大,先达国际近年的业绩持续下滑。2016 年,先达国际总营收同比下跌 11.05% 至 28.79 亿港元,净利润为 630 万港元,同比暴跌近 90%。相比于圆通速递 2016 年 13.7 亿元的净利润,先达国际净利润仅占 0.37%。在货代业务受整个宏观经济影响而出现下滑时,先达国际利用其货代资源,与菜鸟物流进行合作,抵补了部分货代业务不佳所造成的影响。

对于收购标的业绩欠佳的状况,圆通速递曾在公告中披露:先达国际主营业务为货物代理运输业务,其业务及盈利受经济发展周期、国际贸易活动、行业竞争、燃油价格变动等多种因素影响,可能使得先达国际盈利下降或亏损。

而此次收购金额及要约收购金额合计上限为 15.23 亿港元(约合 13.51 亿元人民币),约占圆通最近一年经审计净资产的 16.47%,而圆通速递 2016 年归属母公司的净利润为 13.7 亿元,刚好覆盖了本次收购金额的上限。圆通速递用其一年的净利润收购亏损标的,可见这起并购案的战略意义更胜于其经济意义。

(二) 立足国际化战略,率先拓展海外市场

2016 年,圆通、申通、中通三大快递竞相上市,嗅觉灵敏的圆通速递耗时 8 个月完成上市,成为中国快递行业上市的第一家公司。随着这几家快递龙头企

业登陆资本市场,快递行业的集中度不断提升,快递公司开始逐渐追求产业化和国际化,而跨境贸易很可能成为未来快递业的需求爆发点之一。

圆通收购先达的案例是中国快递行业第一起跨境并购案。从国际快递巨头的发展经验来看,海外网络的快速布局大多通过并购的方式进行。而目前,国内快递公司多选择小规模自建自营体系或用代理模式出海,圆通的此次并购开辟了中国快递企业海外扩张的新方法,是其国际化战略布局的重要突破。并购完成后,先达国际将成为圆通唯一的海外业务平台。

先达国际排名全球海空运货物运输代理上市公司前列,同时,其货物运输代理规模亦位列香港本土地区前列。先达国际在全球拥有 52 个自建站点,业务范围覆盖超过 150 个国家、超过 2 000 条国际航线。而这些国家地区正是中国贸易的主要伙伴、"一带一路"沿线的重要国家市场。在收购完成后,先达国际现有的国际网络布局将快速提升圆通的全球网络覆盖率,延伸国际业务服务范围,实现圆通国内与国际两个网络的充分互补与协同,为中国及全球客户提供互联互通的物流服务。

同时,先达国际也将以其全球服务据点网络、全球航线订舱优势资源、全球关务、运输、仓储资源、品牌服务能力及跨境小包裹等优势,与圆通速递高效的国内网络覆盖以及丰富的客户资源等相结合,助力圆通打造高效而低价的跨境物流全链路,为其奠定海外竞争的先发优势。

此外,先达国际的核心团队来自香港及欧美,经过长期的发展,各地子公司均建立了成熟的本土化管理运营团队及关务团队,较好地融合了中西文化。作为圆通国际业务总部,先达的国际化团队能够凭借其在物流领域丰富的经验和较高的品牌影响力助力圆通汇聚国际人才,大大缩短了圆通自建国际业务团队所需的时间,同时在一定程度上还能够减缓圆通推进国际化战略中所可能遭遇的文化冲突与国际化管理运营能力不足的问题。另外,圆通还将把公司的快递人才融入先达国际团队,实现双方业务、区域人才与能力的互补。

(三) 构建境外融资平台

先达国际为香港联交所主板上市的公司,在本次收购完成后,圆通将得以"曲线登陆"香港股市,拥有境外融资平台。作为离内地最近的境外资本市场,香港凭借其效率高、成本低、融资渠道多样化等优势获得了极强的境外筹资能力,将香港股市作为圆通的资本平台之一,将有助于圆通快速获得多元化资本,促进其高效发展。而通过香港上市公司平台进行国际并购,圆通速递也将得益于市场化运作、无需行政审批等特点,大大优于涉及跨境审批的 A 股公司平台。

本次战略并购项目高度契合圆通国际化发展战略。以香港作为核心枢纽,配合圆通的全球发展战略,跟随国家"一带一路"倡议携手走出去,在多元化的资本平台上进一步整合双方优势资源,开发全链路产品,加速国际业务发展。更为重要的是,圆通欲实现海外版图的扩张,绝不止步于收购先达,未来必将持续寻求更多新的并购标的,如东南亚、欧洲等都是圆通重点关注的区域。

(四) 快递物流一体化

本次收购还进一步凸显了圆通速递在航空货运方面的野心。对标海外成熟的快递市场,领先的快递公司已基本实现所有物流门类的覆盖,比如美国的快递巨头联合包裹服务公司(UPS),其空运板块的业务便包含了航空货物代理,同时还拥有完备的货运、供应链、物流金融版图。相比之下,中国的快递市场虽在过去几年凭借电商市场的高增速与庞大市场体量,已经超越美国成为全球第一快递大国,但快递公司目前的绝大部分收入仍来源于最传统的快递业务,整体的行业集中度与各家快递公司的业务版图仍处于较不成熟的阶段。

作为通达系快递公司中唯一一家自有航空运力的企业,圆通在航空业务上始终走在前列。目前圆通航空以萧山国际机场作为行政总部及主运营基地,在手飞机运力包括 3 家波音 737 - 300 型号货运飞机,在上市后还将有计划地持续扩张。

此次收购先达国际物流可以辅助圆通布局航空货代、航运货代等业务。在收购完成后,圆通在航空上的布局将呈现"自有运力 + 租用运力 + 货代运力"的结构,有助于圆通未来在航空快递、国际快递市场上的发展。

随着快递行业增速掉头,快递公司出于规模成本、用户黏性等角度的考虑,必然选择布局"大物流",未来快递物流一体化的趋势已成。回顾美国联合包裹服务公司(UPS)和联邦快递(FedEx)等的发展历程,它们也几乎都是在立足快递业务的基础上,逐渐发展为覆盖快递、货运、供应链金融、商贸等的综合物流企业。圆通本次对货代企业的收购也符合快递物流一体化的进程,随着其在香港股市与 A 股平台上市获得的资本助力与本次并购先达后所收获的国际市场优势,有望成长为一家真正的"综合物流服务商"。

五、市场表现(600233)

圆通速递交易前后股价变动情况见图72。

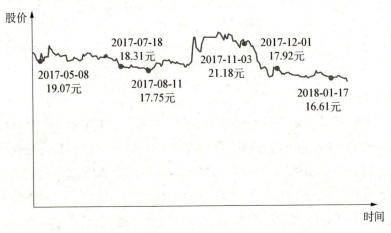

图72　圆通速递交易前后股价走势

第八辑　其他典型并购

300037

新宙邦：
承债式收购，高效盘活不良资产

一、收购相关方简介

(一) 收购方：深圳新宙邦科技股份有限公司

深圳新宙邦科技股份有限公司成立于 2002 年,2008 年 4 月 21 日正式改制为股份制企业,并于 2010 年 1 月 8 日在深交所创业板挂牌上市。公司自成立以来一直专注于新型电子化学品的研发、生产、销售和服务,主要产品包括电容器化学品、锂离子电池化学品、有机氟化学品、半导体化学品四大系列。公司立足于内生发展和外延并购持续发力的战略目标。内生性方面,不断推进技术创新,持续优化管理流程,提升内部运营效率,积极拓展现有业务;外延方面,公司围绕"相关多元化"的发展战略,积极寻求兼并重组的可能性,从长远布局,保障公司经营业绩的持续稳步增长。

(二) 收购标的：巴斯夫电池材料(苏州)有限公司

巴斯夫电池材料(苏州)有限公司是一家外商合资企业,成立于 2008 年 9 月 22 日,注册资本为 1 073.6 万美元。公司的实际控制人和最终控制人为巴斯夫集团。公司主要负责生产碳酸(二)乙酯、碳酸(二)甲酯、1,2 -二甲氧基乙烷、二氧戊环、高氯酸锂;加工、生产和研发应用于锂电池和电容器等市场的特殊配方的溶剂以及相关的化合物产品;销售本公司产品并提供相关售后服务等相关业务。

二、收购事件一览

● 2017 年 5 月 15 日,新宙邦以通讯方式召开第四届董事会第二次会议,会议有条件通过了本次对外投资事项,待交易双方就董事会提出的问题达成一致后形成会议决议。

● 2017 年 5 月 26 日,双方就本次交易的交割时间达成了一致。

● 2017 年 6 月 1 日,交易双方就公司第四届董事会第二次会议提出的问题达成了一致。

● 2017 年 6 月 2 日,新宙邦与各位董事进行了电话会议,审议通过了《关于对外投资收购巴斯夫电池材料(苏州)有限公司 100% 股权的议案》,公司独立董事就该投资事项发表了明确同意的独立意见。

● 2017 年 10 月 24 日,交易双方完成交割,巴斯夫电池材料(苏州)有限公司按照股权转让协议要求完成了相关事项的工商变更。

三、收购方案

新宙邦以自有资金收购巴斯夫投资有限公司、巴斯夫(中国)有限公司持有的巴斯夫电池材料(苏州)有限公司 100% 股权,交易对价为 1 美元(折合人民币约 6.9 元);同时,公司为巴斯夫(苏州)应归还巴斯夫及其关联公司总额人民币213 333 421 元的债务提供担保。

四、案例评论

(一)承债式收购,高效盘活不良资产

与多数以现金或股票购买资产的并购交易不同,公司采取承债式的支付方式。承债式并购一般发生在被收购公司资不抵债或资产债务相当的情形下,并

购方以承担标的公司全部或部分债务为条件,获得目标公司控股权。截至2017年3月31日,巴斯夫电池材料(苏州)有限公司的所有者权益为-198 701 347.89元,出现了资不抵债的情形,新宙邦通过提供标的公司的部分债务担保获得了巴斯夫电池材料(苏州)有限公司的控制权,接受了其资产。

承债式并购实质上是运用了债转股的原理,最大的特点在于以承担债务的方式实现了股权的无偿或低价转让(并非真正的无偿,其对价已体现在承债环节),而因资不抵债,无偿或低价转让不存在因违反公允价值而被税务部门处罚的问题,同时免除了股权转让过程的大量税费负担,并购公司直接享受了税收优惠的政策。另一方面,债务承担中的债务利息可以转化为财务费用,可在税前列支,同样起到了抵税的作用。然而在并购完成后,公司的资产负债率将上升,会在一定程度上降低公司的快速反应能力。新宙邦2016年末合并报表资产总额为2 797 121 418.75元,负债总额为492 366 733.29元,承担巴斯夫电池材料(苏州)有限公司213 333 421元的债务之后资产负债率保持在30%以内,因此本次收购对公司的资本结构不会造成过大影响,公司的融资能力等各方面能力不会出现太大的改变。

运用承债式的支付方式,新宙邦的并购成本低于直接用现金购买股权所需支付的现金。同时,公司接受巴斯夫电池材料(苏州)有限公司的资产,使其面临的资不抵债的境况得到逆转,巴斯夫电池材料(苏州)有限公司的资产由此被盘活。

(二)承继创新思路,巩固领导地位

本次股权收购是新宙邦基于对新能源汽车行业未来市场前景的客观预期所采取的投资决策,是公司实施做强做大主业发展战略的重要举措。收购巴斯夫电池材料(苏州)有限公司之后可以整合相关的业务,有利于提升公司电解液产品的产能,进一步强化公司在电解液领域的技术优势,扩大公司电解液业务的国际影响力,巩固公司在全球电解液领域的领导地位。

本次对外投资承继了公司技术创新的发展思路。巴斯夫电池材料(苏州)有限公司在锂离子电池电解液方面积累了多项专利,本次并购完成后,公司可将标的公司的专利技术运用于公司的产品研发、生产、改造的过程中,缓解了公司内部的技术约束,使公司技术创新所面临的不确定性得到改善,进一步完善了公司在电解液领域的专利布局,为公司带来整合锂电池电解液业务方面的技

术资源的机遇,进一步提升公司产品在新能源产业链内的核心竞争力,是公司"内生外延"战略目标的一大举措。

(三) 放眼世界,机遇与挑战并存

新宙邦 2017 年度围绕"聚焦战略领域、压强重点项目、推进绩效管理、提升组织效能"的工作主题,公司内生发展和外延并购持续发力,寻求更大的市场份额及更稳固的市场地位。本次股权收购正是公司外延战略方面的重要举措,符合公司全球化业务发展的需要。巴斯夫电池材料(苏州)有限公司的管理团队在锂电业务方面积累了多年的国际化管理经验,本次并购完成后,公司可以借助与国际一流企业合作的契机,在管理方面形成国际化协同效应,打造电解液领域的国际领导品牌,进军全球市场。

然而,本次并购标的巴斯夫(苏州)在过去几年中,连续出现较大幅度的亏损,如在 2016 年度净利润亏损额达到 170 172 641.21 元;收购后,尽管公司对改善标的公司管理和生产效率,提升产能利用率有充足的信心,但由于标的公司历史投资成本和管理费用较高,收购后标的公司在短时间能否实现盈利依然存在一定的不确定性。

五、市场表现(300037)

新宙邦交易前后股价变动情况见图 73。

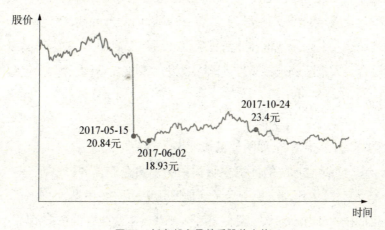

图 73   新宙邦交易前后股价走势

600079

人福医药：
杰士邦历时 11 年重回人福医药

一、收购相关方简介

(一) 收购方：人福医药集团股份公司

人福医药集团股份公司是以房地产、生殖健康、医药为主要产业的集团公司，成立于 1993 年，于 1997 年在上海证券交易所上市，是湖北省第一家上市的民营高科技企业。经过 20 多年的发展，已成为湖北省医药工业龙头企业、中国医药工业百强企业、中国民营 500 强企业、全国科技创新示范企业。人福医药坚持做医药领域"细分市场领导者"战略，已在国内的麻醉药、生育调节药、维吾尔药等领域建立了领导地位；同时，积极发展医疗服务业，实现医药健康全产业链深度融合。人福医药正稳步推进国际化发展，建立世界级的全球经营的医药公司。

(二) 收购标的：安思尔全球两性健康业务

Ansell Ltd. 是全球隔绝性卫生防护用品知名企业，产品线覆盖安全套、工业用防护手套、医用乳胶防护手套及其他民用健康防护用品，拥有全球先进的安全套生产技术、质量体系、产品储备和生产线。本次收购的资产范围是 Ansell

Ltd. 包括安全套业务在内的全球两性健康资产和业务。

在收购协议签订后,Ansell Ltd. 将其全球(除中国外)的两性健康业务和资产重组整合进入其下属的 6 家子公司,这 6 家子公司的 100% 股权成为本次收购的标的之一。分别为:SxWell Australia Pty Ltd、Suretex Limited、SxWell USA LLC、Unimil SP. Z. o. o. 、Ansell UK Limited 和 Fabrica de Artefatos de Latex Blowtex LTDA。

(1) SxWell Australia Pty Ltd 注册地位于澳大利亚,是 Ansell Ltd. 为实施本次交易新设立的公司,用于重组澳大利亚和新西兰市场两性健康业务,并且拥有绝大部分的相关商标和知识产权,为 Ansell Ltd. 全球两性健康业务的主营业务公司。

(2) Suretex Limited 注册地位于泰国,主要从事天然乳胶和化学聚合物制成的安全套的研发、生产和销售。

(3) SxWell USA LLC 注册地位于美国,是 Ansell Ltd. 为实施本次交易新设立的公司,用于重组美国和加拿大市场两性健康业务。

(4) Unimil SP. Z. o. o. 注册地位于波兰,主要在波兰及东欧市场经营两性健康业务。

(5) Ansell UK Limited 注册地位于英国,主要在英国、法国、意大利等欧洲市场经营两性健康业务。

(6) Fabrica de Artefatos de Latex Blowtex LTDA 注册地位于巴西,主要在巴西等南美洲市场经营两性健康业务。

而 Ansell Ltd. 中国区域的两性健康业务标的公司即杰士邦公司。杰士邦公司于 2001 年在中国武汉成立,人福医药原持有杰士邦公司 80% 的股权,后于 2006 年以 1.37 亿元将杰士邦公司 70% 的股权转让给 Ansell Ltd. 。杰士邦公司主要从事天然乳胶和化学聚合物制成的安全套的研发、生产和销售,拥有并运营"JISSBON(杰士邦公司)"、"SIXSEX(第 6 感)"等著名品牌,在中国安全套市场具有领导地位。截至 2017 年 3 月 31 日,杰士邦公司总资产 5 838.45 万美元,净资产 4 086.04 万美元,2016 年度实现营业收入 6 589.50 万美元,净利润 1 207.22 万美元。

二、收购事件一览

● 2017 年 5 月 24 日, 人福医药签署《武汉股权购买协议》, 与 CITIC Capital Cupid Investment Limited 共同收购 P. D. International Pty Ltd(简称"PDIPL")和太平洋邓禄普投资(中国)有限公司(简称"邓禄普")持有的杰士邦公司合计 90% 的股权。

● 2017 年 5 月 24 日, 人福医药签署《股权出售协议》, 与 CITIC Capital Cupid Investment Limited 共同投资设立合资企业新加坡健康护理, 新加坡健康护理以 4 亿美元收购 Ansell Ltd. 下属全球(除中国外)两性健康业务全部 6 家子公司 100% 的股权。

● 2017 年 5 月 24 日, 人福医药第九届董事会第三次会议审议通过了《关于收购武汉杰士邦卫生用品有限公司 54% 股权的议案》和《关于同意与 CITIC Capital Cupid Investment Limited 共同投资收购 Ansell Ltd. 海外资产的议案》。

● 2017 年 10 月 10 日, 人福医药与 CITIC Capital Cupid Investment Limited 已支付全部股权转让款, 所有交易标的已完成交割, 杰士邦公司以及新加坡健康护理下属子公司自此纳入公司合并报表范围, 本次交易实施完毕。

三、收购方案

重组的整体方案为人福医药集团股份公司与 CITIC Capital Cupid Investment Limited 共同出资, 收购 Ansell Ltd. 下属全球两性健康业务。方案共分为两部分: (1)收购武汉杰士邦卫生用品有限公司; (2)收购 Ansell Ltd. 下属全球(除中国外)两性健康业务。

(一) 收购杰士邦公司

本次交易的杰士邦公司 90% 股权的转让价格为 2 亿美元, 其中, 人福医药以 1.2 亿美元收购 PDIPL 和邓禄普所持有的杰士邦公司合计 54% 的股权, CITIC Capital Cupid Investment Limited 以 0.8 亿美元收购 PDIPL 所持有的杰士邦公司 36% 的股权。

交易完成前后杰士邦公司股权结构变化情况如图 74 所示。

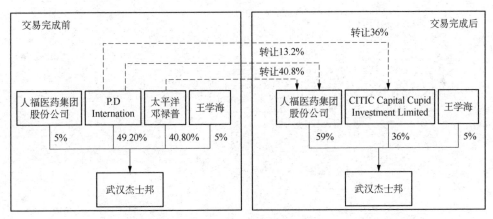

图 74　杰士邦公司股权结构变化情况

(二) 收购 Ansell Ltd. 下属 6 家子公司

人福医药全资子公司 RFSW Investment Pte. Ltd. (简称"人福新加坡")与 CITIC Capital Cupid Investment Limited 共同设立合资企业 RFSW Management Pte. Ltd. (该公司已更名为"Lifestyles Holdco Pte. Ltd.",简称"新加坡健康护理")。人福新加坡出资不超过 1.2 亿美元,持股新加坡健康护理的比例为 60%, CITIC Capital Cupid Investment Limited 配比现金出资,持股新加坡健康护理的比例为 40%。

新加坡健康护理以 4 亿美元收购 Ansell Ltd. 下属全球(除中国外)两性健康业务全部 6 子公司 100% 的股权。其中,新加坡健康护理以 2.4 亿美元在澳大利亚设立全资子公司 SxWell Aus Bidco Pty Ltd(简称"澳大利亚健康护理")收购 SxWell Australia Pty Ltd 100% 的股权,以 1.6 亿美元直接收购另外 5 家子公司 100% 的股权。

本次收购情况如图 75 所示。

四、案例评论

(一) 重金回购杰士邦

本次收购中备受关注的知名品牌"杰士邦"其实曾是由人福医药创立的"本

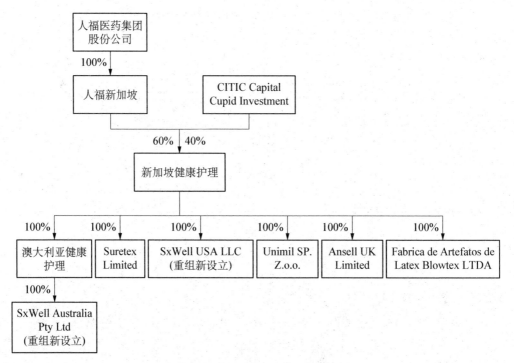

图75　Ansell Ltd.下属子公司收购情况

土品牌"。2006年,因现金流紧张等原因,人福医药以现金总价1.37亿元人民币将其持有的杰士邦公司70%股权出售给合作伙伴 Ansell Ltd.,随后 Ansell Ltd.将股权增持至90%。"杰士邦"当年在国内市场占有率达25%,仅次于杜蕾斯。时隔11年后,人福医药联手中信资本用2亿美元从 Ansell Ltd.手中买回了杰士邦90%的股权,杰士邦又重回人福医药的怀抱。

与2006年相比,杰士邦公司净资产从0.6亿元人民币增至约2.8亿元人民币,整体估值也有了大幅增长,这间隔11年的一卖一买交易价格相差近7倍。根据人福医药的解释,交易价格的差异主要源于标的价值和交易方式的不同。人福医药卖出股权时,杰士邦公司仅为 Ansell Ltd.在中国的经销商,其品牌、产品及技术均来自 Ansell Ltd.。而 Ansell Ltd.收购杰士邦后对其逐步输入品牌、管理、新产品及新技术等,使杰士邦公司成长为国内专注于两性健康细分领域、品牌优势和技术优势突出、市场体系和营销网络健全的知名企业,企业价值已经显著提升。另外,人福医药卖出杰士邦时是协议形式,再买回则是投标形式。Ansell Ltd.出售其全球两性健康业务时进行了公开招标,全球范围内有

20多家企业参与竞标,最终人福医药与中信资本合作的价格符合双方的要求。

对于人福医药来说,收购回"亲儿子"杰士邦的股权,不仅是出于情结,更是其在"做医药健康细分市场领导者"发展战略指导下向国际化迈进的重要一步。在收购前,人福医药已积极布局医药健康产业多年,其下属北京玛诺生物制药股份有限公司、武汉人福健康护理产业有限公司、天津中生乳胶有限公司、北京人福卫生用品有限公司等控股子公司近年来在健康护理、两性健康等细分市场快速发展,已培育"aware 爱卫"、"Key"、"西妮"等品牌和产品线。本次收购并控股杰士邦公司,有利于发挥杰士邦公司的引领作用,充分利用资源拓展人福医药相关医药健康业务。

当然,在收购完成之后,人福医药也面临着情趣用品市场的激烈竞争。虽然国内市场发展空间广阔,但众所周知,杜蕾斯凭借着其强大的市场营销能力和高质量的产品常年占据着该市场的第一位,Ansell Ltd. 此前经营多年也未能改变杰士邦"千年老二"的状况。在面对如此强力的竞争对手时,人福医药如何带领杰士邦在市场份额上取得突破,是未来人福医药所要挑战的核心难题之一,也是判定本次收购是否成功的关键。

(二) 海外资产集中收购

在收购杰士邦的同时,人福医药与中信资本还联合收购了 Ansell Ltd. 在全球(除中国外)包括安全套在内的所有两性健康业务。加上杰士邦,人福医药在收购完成后将拥有 Ansell Ltd. 的全球两性健康业务,取代其成为全球安全套市场第二大企业。

Ansell Ltd. 是拥有超百年历史的澳洲橡胶制品巨头,在全球55个国家运营30多个品牌,旗下包括杰士邦、SKYN、Lifestyles、Manix 等多个安全套及情趣用品品牌。2016全年 Ansell Ltd. 两性健康业务全球销售额约为2.1亿美元,利润约3 000万美元。Ansell Ltd. 是全球两性健康产品细分市场的领导者,人福医药通过收购其业务板块将得以拥有全球先进的产品研发体系、生产技术、质量体系和产品储备以及多个全球知名品牌,并能够通过其全球营销体系和销售渠道进一步拓展健康产业的全球业务。本次并购使人福医药"做医药健康细分市场领导者"的战略进一步落地,实现其在两性健康领域的领先地位,增强人福医药的综合实力与核心竞争力。

　　在此基础上,人福医药还计划将旗下子公司培育的"爱卫"、"Key"、"西妮"等多个两性健康品牌与 Ansell Ltd. 的全球渠道实施整合,注入新的两性健康业务平台,择机启动海外上市工作,打造人福医药的海外资本平台。

五、市场表现(600079)

　　人福医药交易前后股价变动情况见图 76。

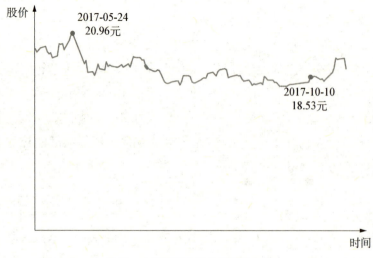

图 76　人福医药交易前后股价走势

601579

会稽山：
发行可转债迎娶咸亨

一、收购相关方简介

(一) 收购方：会稽山绍兴酒股份有限公司

会稽山绍兴酒股份有限公司是一家老字号绍兴酒生产销售企业,于 1743 年创建,原名"云集酒坊"。公司地处绍兴鉴湖水系中上游。会稽山绍兴酒股份有限公司的主打产品之一是绍兴酒,绍兴酒系列包括加饭酒、元红酒、善酿酒、香雪酒及其年份酒。在黄酒中会稽山也是我国最大的黄酒生产企业,根据 2010 年中国酒类行业协会举办的"华樽杯"酒类品牌价值排行榜黄酒品牌价值榜单中显示其品牌价值为 42.98 亿元,位居黄酒第二。

(二) 收购标的：绍兴咸亨食品股份有限公司

公司前身为 1984 年 2 月 23 日设立的咸亨食品厂,1994 年 6 月 30 日更名为绍兴咸亨食品制造公司,1998 年 12 月 21 日绍兴咸亨食品制造公司改制为绍兴咸亨食品有限公司,2015 年 9 月 18 日有限

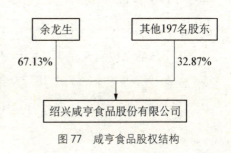

图 77　咸亨食品股权结构

公司整体变更设立为绍兴咸亨食品股份有限公司。公司股权结构如图77所示。

　　咸亨股份主营业务为腐乳、黄酒及其他调味品的生产和销售。公司历史悠久,为"中华老字号"企业,其主要产品腐乳为"国家原产地标记保护产品"。2016年度,咸亨股份腐乳、调味品和酒类的销售收入分别为10 857.10万元、1 406.00万元和545.31万元,占其当年营业收入的比重分别为83.65%、10.83%和4.20%。

(三)关联控股方:精功集团有限公司

　　始创于1968年的中国精功集团是一家高科技、外向型的大型民营企业,总部位于浙江绍兴。历经几十年的发展,精功集团已拥有多家控股、参股公司,总资产达120多亿元,员工14 000余人,产业基地遍布浙江、北京、上海、广东、江苏、安徽、湖北、陕西、内蒙古等省市区,形成了钢结构建筑、装备制造、绍兴黄酒三大主导产业和汽车制造、通用航空服务、房地产开发三大培育发展的产业格局。2016年8月,精功集团在"2016中国企业500强"中排名第469位。关联控股方股权结构如图78所示。

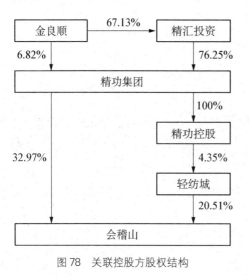

图78　关联控股方股权结构

二、收购事件一览

　　● 2017年10月31日,会稽山绍兴酒股份有限公司与绍兴咸亨食品股份有限公司全体股东代表余龙生签署《股份转让意向书》。

　　● 2017年11月6日,公司召开第四届董事会第八次会议和第四届监事会第七次会议,审议通过了《关于公司公开发行A股可转换公司债券方案的议案》。

- 2017 年 11 月 8 日,公司发布《公开发行 A 股可转换公司债券的预案》。
- 2017 年 11 月 8 日,公司发布《关于募集资金收购股权公告》,公司拟通过公开发行 A 股可转换公司债券的方式募集资金不超过人民币 7.35 亿元。
- 2017 年 11 月 8 日,公司发布《绍兴咸亨食品股份有限公司收购报告书》。

三、收购方案

本次收购的资金总额:咸亨股份 100% 股权的交易价格为人民币 73 502 万元。

本次收购的方式为协议收购,收购人与余龙生等 198 名自然人(即咸亨股份全体股东)签署了《关于绍兴咸亨食品股份有限公司之附生效条件的股份转让协议》,购买其合计持有的咸亨股份 100% 股份。

收购人本次收购的支付方式为现金,由收购人通过发行可转换公司债券的方式募集收购所需资金(若实际募集资金净额低于收购所需资金,不足部分由收购人自筹解决;募集资金到位之前,收购人将根据实际情况以自有资金或其他方式筹集的资金先行投入,并在募集资金到位后予以置换)。

本次发行证券的种类为可转换公司债券。该可转换公司债券及未来转换的 A 股股票将在上海证券交易所上市。结合公司财务状况和投资计划,本次拟发行可转换公司债券募集资金总额不超过人民币 73 500 万元。可转换公司债券每张面值为人民币 100 元,按面值发行。根据相关法律法规的规定和募集资金拟投资项目的实施进度安排,结合本次发行可转换公司债券的发行规模及公司未来的经营和财务状况等,本次发行的可转换公司债券的期限为自发行之日起六年。

本次交易为会稽山绍兴酒股份有限公司收购绍兴咸亨食品股份有限公司 100% 股份;本次交易未构成关联交易,未构成重大资产重组,不存在重大法律障碍。

本次收购前,收购人未持有咸亨股份的股份。本次收购完成后,收购人将直接持有咸亨股份 100% 股份。本次收购将导致咸亨股份的控制权发生变化,本次收购完成后,收购人将获得咸亨股份的控制权,咸亨股份将成为公司的全资子公司。

四、案例评论

(一) 并购融资方式的创新：发行可转债降低融资成本

可转债可以转换为公司的股票,从本质上讲,相当于在发行公司债券的基础上附加了一份期权,因此兼具"股性"和"债性"。可转债通常具有较低的票面利率,能够显著降低公司的融资成本。

本次可转换公司债券若能顺利发行,将有效优化公司资本结构,增强持续盈利能力和抗风险能力,增强公司的综合竞争力,为公司的长期持续发展奠定坚实基础,具体意义如下:

1. 低成本融资,可以减轻公司的财务负担

在其他条件相同的情况下,可转换债券的票面利率会比纯粹债券低。从中国已经推出的若干可转换债券发行方案来看,低廉的利率水平使其兼具股票的特征,再加上债务利息特有的"税盾"作用,可以极大地减轻公司财务上的负担,降低财务危机的可能性,更有助于缓解处于财务困境的公司所容易发生的"投资不足"现象,保证对公司发展有益的投资能够得到资金支持,促进公司的长远发展。

2. 有利于稳定发行公司的股票市价

无论是配股还是增发,都直接涉及公司股本规模的即期扩张,而在中国这个不尽规范的市场中,由于多种因素的影响,股本规模的扩张几乎是股价下跌的代名词。与配股和增发等融资手段相比,可转换债券融资在相同股本扩张下融资额更大,而且它转换成股票是一个渐进的过程,不会像配股和增发那样一步到位,对公司股票价格的冲击也比较舒缓。正如斯坦因所指出的,"转券发行比直接股票发行能够传递更好的信号给投资者,股票发行公告会激起市场对股价高估的担心,通常使股价下跌,而转券是债券与股票的混合物,传递较少的不利信号"。

3. 有利于降低代理成本,完善公司治理结构

债权人只能获得固定收益和优先资产清算权,而不能分享公司盈利高涨带来的收益,从而一般偏爱低风险的投资;而股东大多偏好高风险投资。因此股东和债权人之间一直存在着代理问题。可转换债券使得债权人具有向股东转变的选择权,从而在债权人和股东之间架起了一座单向通行桥。当公司经营良好、股价稳定上升时,债权人会适时地将可转换债券转换成股票,以享受公司成

长收益。股东收益的减少在一定程度上降低了股东高风险投资和"逆向选择"的可能性，从而减少了与负债融资相关的代理成本。同时，所有权和经营权的分离，使得股东和管理者之间同样存在着利益冲突。可转换债券作为一种"处于发行权益产生的消极影响与发行债务可能产生的财务危机的中间地带"的财务工具，同样有利于缓解股东和管理者之间的矛盾。当公司经营不景气、股价下跌时，转债投资者将不会行使转换权，这样，可转换债券就成为实质意义上的普通债券。作为一种具体形式的债务承担方，管理者将面临还本付息的压力。同时，竞争和被接管的风险迫使管理者为维护自己的声誉、威望和实物报酬等利益而努力实施各种有效决策来改善企业的经营状况，降低资本成本，提高公司市场价值。可见，可转换债券能够在一定程度上缓解股东和债权人以及股东和管理层之间的代理问题，降低代理成本，进而完善公司的治理结构。

4. 有利于调节权益资本和债务资本的比例关系

由于可转换债券兼有债务和股票期权的特性，它对公司的资本结构也会产生特殊的影响。当公司经营良好、公司股票价值增值、市场价格超过转换价格时，可转换债券持有人将执行其股票期权，将所持可转换债券转为普通股。这样，公司的资本结构将在投资者的决策过程中得到自然优化。债务资本在公司资本结构中的比例下降，而股权资本的比例将逐渐提高，降低了公司的财务风险。同时偿债压力的减轻，可使公司把更多的资金投放到高收益的项目上，以提高公司的经营业绩。

(二) 此次并购的意义

1. 有利于品牌强强联合，提升公司品牌实力

会稽山为历史悠久的"中华老字号"酒类企业，咸亨股份是历史悠久的"中华老字号"腐乳类企业。

本次收购完成后，公司拥有的"中华老字号"将由现有的 2 个（"会稽山"、"西塘"）增加到 3 个（再增加"咸亨"），会稽山在传承创新发展中华民族产业的道路上，将更具品牌实力。

2. 有利于进一步整合黄酒产业，提升公司实力

会稽山作为国内知名的黄酒生产企业，为了实现战略目标，必须抓住行业快速发展机遇，优化产业资源整合，提升公司自身实力。会稽山上市后先后收

购乌毡帽酒业、唐宋酒业、参股塔牌,持续推进行业内整合。

咸亨股份历史悠久,在行业内具有较大的市场影响力和通畅的销售渠道;与公司在产品和原材料方面交叉重合,咸亨股份的业务与公司业务同属酿造发酵领域,具有较大的协同效应。通过实施本次收购,公司将咸亨股份变为全资子公司,有助于增加归属于上市公司股东的净利润,增强公司的盈利能力,更有利于推动公司发展战略的实现。

3. 有利于快速切入调味品行业,发力料酒细分市场

咸亨股份的主营产品腐乳属于调味品行业,具有良好的基础和优秀的资源,同时也生产销售料酒等其他调味品。公司通过本次收购,可以快速进入调味品行业。本次收购完成后,依托会稽山优秀的酿造工艺、管理能力和技术研发实力,公司有望在巩固、提高咸亨股份在腐乳产品领域的竞争力的同时,进一步提升在料酒等其他调味品领域的竞争力。

4. 有利于整合渠道优势,发挥协同效应

会稽山的商超、经销商等全国性网络在黄酒领域拥有较强的竞争力。咸亨股份历史悠久,在腐乳等调味品细分行业具有较大的市场影响力,拥有较为广阔的渠道优势。收购后双方渠道将实现相互支持,共同提升各自产品的竞争力。

咸亨股份与公司在产品和原材料方面有交叉重合,咸亨股份的主营业务与公司主营业务同属酿造发酵领域,在业务上与公司有较强的互补性和关联性,具有较大的协同效应。

5. 有利于提升公司整体盈利能力,为股东创造价值

咸亨股份目前在腐乳领域已形成一定的规模和良好的盈利能力,其主要产品腐乳以优质大豆为原料,配以绍兴黄酒为发酵卤汁,公司在绍兴黄酒领域的技术和经验有助于提升其产品品质和市场竞争力,进而增强盈利能力。

本次收购完成后,咸亨股份将成为上市公司全资子公司,纳入公司合并报表范围,有助于增加归属于上市公司股东的净利润,增强公司的盈利能力,拓宽公司业务的经营领域,完善公司整体产业链,促进公司可持续发展,为全体股东创造更大价值。

五、市场表现(601579)

会稽山交易前后股价变动情况见图 79。

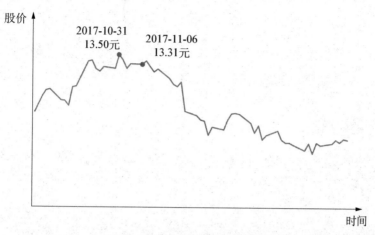

图 79 会稽山交易前后股价走势

603518
维格娜丝：
巧设并购基金，巨额借款"蛇吞象"

一、收购相关方简介

(一) 收购方：维格娜丝时装股份有限公司

维格娜丝时装股份有限公司由南京劲草于 2010 年整体变更设立，是一家以服装、服饰设计、制作与销售为主的现代化股份制企业。2014 年 12 月，经中国证券监督管理委员会核准，公司公开发行人民币普通股 3 699.50 万股，并在上海证券交易所上市。发行后，公司总股本变为 14 798.00 万股。公司主营业务为高档品牌女装及云锦产品的设计、生产和销售。公司拥有高端女装品牌"V·GRASS"和云锦品牌。

(二) 收购标的：甜维你(上海)商贸有限公司

本次交易的标的资产为 Teenie Weenie 服装品牌及相关的资产和业务，包括中国境内及境外的资产(不包括中国大陆之外的有形资产和业务)，不包括任何现金和金融负债。本次重大资产重组中，衣恋香港及其关联方分别将所持有的 Teenie Weenie 品牌及该品牌相关的资产和业务转让至新设的标的公司甜维你(上海)商贸有限公司，维格娜丝通过其设立并控制的金维格(有限合伙)以增资的形式取得标的公司控股权,实现对衣恋香港及其关联方持有的 Teenie Weenie 品牌及该品牌相关的资产和业务的收购。甜维你(上海)商贸有限公司成立于 2016 年 7 月,是本次并购交易的境内 SPV。

二、收购事件一览

● 2016 年 8 月 30 日,维格娜丝发布公告,公司正在筹划关于收购资产的重大事项,公司股票紧急停牌。

● 2016 年 9 月 3 日,维格娜丝第三届董事会第四次会议审议通过了《关于公司与 E-Land Fashion Hong Kong Limited 签署〈关于 Teenie Weenie 品牌的资产与业务转让协议〉的议案》,由 E-LAND HONG KONG 及其关联公司将其持有的与 Teenie Weenie 品牌相关的资产与业务转让至甜维你(上海)商贸有限公司(简称"甜维你"),后公司以现金方式购买甜维你 100% 股权。同时审议通过了《关于设立有限合伙企业的议案》,公司拟出资不超过 8 亿元与相关合作方共同设立有限合伙企业,并通过该有限合伙企业进行本次交易相关的融资工作及款项支付事项。

● 2016 年 11 月 30 日,维格娜丝发布《维格娜丝时装股份有限公司重大资产购买预案》。并于同一天发布《维格娜丝时装股份有限公司 2016 年非公开发行 A 股股票预案公告》,本次非公开发行募集资金拟用于收购 Teenie Weenie 品牌及该品牌相关的资产和业务。

● 2016 年 12 月 2 日,标的公司甜维你召开董事会审议通过了本次交易。

● 2016 年 12 月 19 日,维格娜丝股票复牌。

● 2017 年 1 月 24 日,公司第三届董事会第八次会议审议通过了《关于〈维格娜丝时装股份有限公司重大资产购买报告书(草案)〉及其摘要的议案》等与本次交易相关的议案。

● 2017 年 2 月 11 日,维格娜丝发布公告称公司 2017 年第一次临时股东大会审议通过了本次重组方案及相关议案。

三、收购方案

本次交易中,衣恋香港及其关联方分别将所持有的 Teenie Weenie 品牌及该品牌相关的资产和业务转让至标的公司,维格娜丝设立并控制的有限合伙企业(本节简称"买方")以增资的形式取得标的公司控股权,实现对衣恋香港及其关联方持有的 Teenie Weenie 品牌及该品牌相关的资产和业务的收购。本次并购交易如图 80 所示,具体方案操作步骤如表 35 所示。

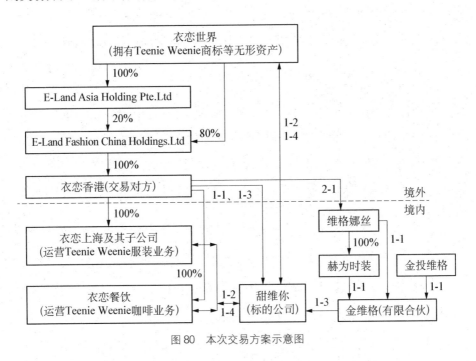

图 80　本次交易方案示意图

表 35　本次交易具体步骤

步骤	内容	具体操作
第一步收购:收购甜维你90%股权		
1-1	设立主体	衣恋香港在上海设立标的公司甜维你;维格娜丝出资 9 亿元(占 33.3%)作为 LP,杭州金投维格投资合伙企业(有限合伙)出资 18 亿元(占 66.6%)作为 LP,维格娜丝的全资子公司上海赫为时装有限公司出资 100 万元(占 0.04%)作为 GP,设立金维格(有限合伙)作为收购甜维你的主体,甜维你实际上由维格娜丝控制;招商银行出具贷款承诺函,以组建银团的方式向金维格(有限合伙)提供不超过 20 亿元或最终交易对价的 40%(以孰低为准)的并购款项

续表

步骤	内容	具体操作
1-2	业务重组	衣恋世界将其所持 Teenie Weenie 商标等无形资产,衣恋上海及其子公司将其所持 Teenie Weenie 服装业务、存货等有形资产、人员,衣恋餐饮将其所持 Teenie Weenie 咖啡业务、存货等有形资产、人员转让至标的公司,并形成甜维你对上述主体的应付账款,转让完成后,标的公司成为 Teenie Weenie 品牌全球唯一且合法的拥有者
1-3	买方取得标的公司 90% 股权	金维格(有限合伙)、衣恋香港分别对标的公司进行增资,增资后金维格(有限合伙)持有标的公司 90% 的出资,衣恋香港持有标的公司 10% 的出资
1-4	标的公司偿还应付账款	标的公司以资本金或向维格娜丝、衣恋香港的借款偿还对衣恋世界、衣恋上海、衣恋餐饮等的应付账款
第二步收购:收购甜维你 10% 股权		
2-1	买方收购标的公司 10% 股权	在标的公司运行三个完整的会计年度后,维格娜丝或其指定第三方收购衣恋香港持有的标的公司剩余 10% 出资

由以上可以看出,本次交易分两步取得标的公司甜维你 100% 的股权。

(一) 收购甜维你 90% 股权

维格娜丝或其指定第三方通过认缴甜维你新增注册资本方式持有甜维你 90% 的股权,与此对应,第一步收购的价款为标的资产整体价格的 90%。标的资产(包括全球范围内的知识产权)的整体价格为标的资产在中国范围内业务的 2015 年估值净利润的 11.25 倍。标的资产在中国范围内业务的 2015 年估值净利润为 43 840.06 万元,第一步收购中,标的资产整体价格为 493 200.63 万元,第一步收购的价格为 443 880.57 万元。

(二) 收购甜维你 10% 股权

《资产与业务转让协议》签订后,且甜维你运行三个完整的会计年度之后,维格娜丝或其指定第三方收购衣恋香港所持有的甜维你剩余 10% 股权。转让价格计算方法为:对经审计确定的 2019 年净利润进行调整,得出 2019 年估值净利润,按照本次交易价格形成的计算方法(即 2019 年估值净利润×11.25 倍×10%)确定购买甜维你剩余 10% 的股权对价。"2019 年估值净利润"以 2019 年经会计师事务所审计后的净利润为基础,调整内容如下:(1)不包含非 Teenie

Weenie品牌运营所需的借款产生的利息,以及由于本次交易产生的借款利息;(2)不包含商誉、商标权、评估产生的其他无形资产(除商标权外)和本次交易有形资产的评估增值部分的减值损失。

维格娜丝拟以非公开发行股票募集资金用于以上两个步骤的收购,且本次重大资产购买不以非公开发行股票核准为生效条件。为及时把握市场机遇,在本次募集资金到位前,上市公司根据本次交易进度的实际情况以自有资金、银行贷款或其他方式融资先行投入,待募集资金到位后,按照相关法规规定的程序以募集资金对前期投入的资金进行置换。

本次交易采用现金形式进行收购,不涉及发行股份,因此不会对上市公司股权结构产生影响。

四、案例评论

(一)巧设并购基金,实现"蛇吞象"

上市公司维格娜丝主营高档女装,目前市值45.53亿元,标的公司100%股权的交易对价为50亿元,全部以现金支付,定增募资44亿元。Teenie Weenie是亚洲知名的中高端服装品牌,营收和净利润都接近于维格娜丝的3倍,另外定增方案的审核及实施时间较长,公司在取得定增资金之前需先通过其他途径进行融资。因此维格娜丝此次收购Teenie Weenie的资金结构设计及资金来源十分值得关注。巨大的资金压力,让维格娜丝引入了并购基金,而正是通过对并购基金的使用,才实现了接近36亿元的外部融资。

并购第一步(即收购甜维你90%股权)对价的资金来源于三个部分:自有资金、银行贷款,其他外部资金。根据1月25日最新披露的信息显示,自有资金共计9.01亿元,银行贷款为18亿元,其他外部投资为18亿元。交易合计外部融资金额预计为35.76亿元,约占80.55%。资金结构具体为:(1)维格娜丝全资子公司上海赫为时装作为GP出资100万元,维格娜丝作为LP出资9亿元,杭州金投维格(有限合伙)作为LP出资18亿元,共计27.1亿元出资,成立并购主体金维格(有限合伙)。(2)招商银行南京分行以组建银团的方式向并购主体金维格(有限合伙)提供"不超过20亿元或最终交易对价的40%(以孰低为准)"的并购款项(公告显示这部分贷款约为18亿元),年化融资成本约为

5.36%,期限为 3＋2 年。(3)金维格(有限合伙)向标的公司甜维你增资共计44.39 亿元,占标的公司 90%的股权。并购基金设立和投资示意图如图 81 所示。

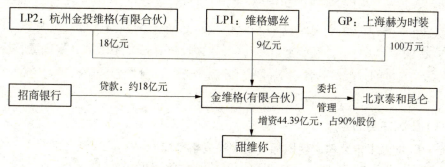

图 81 并购基金设立和投资示意图

图 81 中的 LP2 杭州金投维格(有限合伙)成立于 2016 年 12 月,GP 为杭州泰恒投资,LP 为杭州市金融投资集团有限公司,均为杭州市政府下属国有企业。根据相关协议的约定,杭州金投维格(有限合伙)在设立并购主体金维格(有限合伙)时认缴出资 18 亿元,每年的投资收益为 8%。值得注意的是,本次交易来自杭州金投维格(有限合伙)的融资虽然以杭州金投维格(有限合伙)对金维格(有限合伙)的出资实现,但上市公司实控人对这部分资金提供了质押与担保。

(二) 资产负债率剧增,融资成本高

本次并购第一步的价款约为 45 亿元,通过设立并购基金进行前期融资,待非公开发行股票筹集资金到位后置换前期融资。设立并购基金时,上市公司自有资金出资仅为 9.01 亿元,其他通过外部融资,外部融资比例达到 80%。融资成本方面,通过杭州金投维格(有限合伙)的融资成本每年为 8%,银团贷款年化融资成本约为 5.36%。因此本次交易完成后,上市公司负债将会大幅增加,以2016 年 6 月 30 日为基准日,公司资产负债率由 8.34%上升至超过 70%。本次交易完成后,如公司非公开发行股票融资方案未获得证监会通过或不能顺利实施或实施时间过长,存在上市公司负债较交易前有较大幅度上升、融资成本提高和财务压力增大的风险。

(三) 卖方成立境内 SPV 进行业务整合，形成上市公司巨额应付账款

以往中国企业并购外国企业，大多是设立境外 SPV。而此次交易，则是由韩国衣恋设置境内 SPV(即甜维你(上海)商贸有限公司)将其所持有的 Teenie Weenie 品牌及该品牌相关的资产和业务转让至甜维你达成交易。而且也是因为设置境内 SPV 进行资产整合的关系，其会计核算按照中国会计准则，所以维格娜丝支付的并购价款，以"支付应付账款"的形式支付给韩国衣恋。

(四) 此次并购的意义

1. 助力上市公司实现国际化发展的战略目标

近年来，随着中国经济的快速发展和国际影响力的提升，国际时尚舞台越来越喜爱中国文化和中国元素，为中国服装品牌"走出去"创造了良好的机遇；同时，国际化也是我国服装品牌企业参与贸易新角力的必然选择。国际化战略是维格娜丝重要战略目标，公司已在韩国、意大利设立设计团队，并即将在意大利米兰开设旗舰店，逐步推进国际化发展的战略。Teenie Weenie 品牌已形成融合韩国元素的独特风格，拥有全球化的知识产权、开展全球化生产，在亚洲地区具有较高的品牌知名度和丰富的国际经营经验。本次交易完成后，公司可以充分借鉴 Teenie Weenie 品牌国际化经营的经验，加速发展现有品牌的国际化经营进程。

2. 与交易标的可实现优势互补、发挥协同效应，全面提升公司价值

本次交易完成后，维格娜丝与交易标的在客户资源、渠道、设计等方面将发挥协同效应，有利于进一步提升上市公司整体价值。(1)客户资源方面，维格娜丝现有云锦品牌和 VGARSS 品牌分别定位于奢侈和高端女装，为大淑女装，主要面向 25—35 岁的中高收入时尚职业女性；Teenie Weenie 品牌定位中高端，其女装主要面向 18—28 岁中高收入女性，为少淑女装，同样面向中高收入群体。公司现有品牌与 Teenie Weenie 品牌针对的是在不同年龄阶段的中高收入群体。(2)渠道方面，Teenie Weenie 品牌店铺基本覆盖一、二、三线城市的中高端渠道，VGARSS 品牌渠道更侧重高端，本次重组完成后，各品牌对接不同档次的商场，可以加强公司与商场集团的合作；公司与终端渠道的议价能力将提高，从而获得更好的店铺位置和更好的合作条件。(3)设计方面，Teenie Weenie 品牌由韩国设计师团队负责，围绕其标志性的小熊形象开展营销和设计工作，具

有较为独特的品牌风格。维格娜丝在研发方面坚持产品自主设计与开发,在保持品牌"修身"风格的同时,紧密跟踪国际流行趋势,对时尚敏感性更高。本次重组完成后,公司将在保持 Teenie Weenie 品牌风格的同时,提升其时尚性、设计风格的多样性。

五、市场表现(603518)

维格娜丝交易前后股价变动情况见图82。

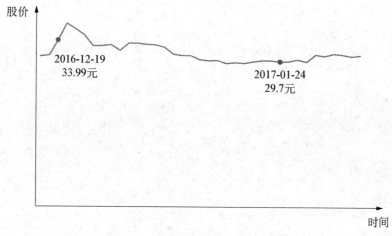

图82 维格娜丝交易前后股价走势